名家散文
自选集

散文就是同亲人谈心

陶人：远古之神

杜卫东／著

民主与建设出版社

·北京·

陶人：远古之神

目录

下辑·履痕

上辑 · **遇上**

优优的眸子（外一篇）

优优是我退休后结识的第一个小朋友。他是早市卖菜女的孩子，剪一个盖儿头，穿一身泛白的牛仔服。大眼睛忽闪忽闪的，充满好奇；黑葡萄一样的眸子天真无邪，仿佛一潭清澈的泉水，能让你的心沉进去。

算是机缘巧合，那天我在家门口的街心公园散步，见一个小男孩儿在前面走，天性喜欢孩子的我赶上去拍了一下他后脑勺。男孩儿回眸一笑，目光纯净如水。我问你叫什么？优优。几岁了？五岁。给我当孙子吧？本是一句玩笑话，没想到他停住脚步，很认真地用南方口音的普通话拒绝道：不行啊，我有爷爷了。我笑了，那……就叫我干爷吧。他煞有介事地歪头做思考状，少顷，似乎觉得这个折中方案还不错，就眨眨眼说，干爷？好，就叫你干爷吧！

从此，我们成了朋友。

散步时遇到他，小家伙总会陪我走上一段。我们会聊很多很好玩儿的话题，比如楼房可不可以盖在天上，地球为什么是圆的而不是方的。他还很神秘地向我透露过一个非常接地气的秘密：他们中的孩子头儿其实不是孟虎，而是小胖儿，因为小胖儿的爸爸在市场里收税，很厉害呢！说后几个字时，优优的眉峰上挑，双眸中闪过些许敬畏。有一次他忽然问我：干爷，你说每个人都会死吗？当然。那我妈妈也会死吗？我踌躇了一下，也会。他停下脚步：我不让她死。说着，眼睛中竟闪出泪花。我没有探究是什么契机，促使这个小脑瓜儿思考如此沉重的哲学命题，只是被他双眸中闪烁的真情感动，忙安慰他，只要你听妈妈的话，让妈妈高兴，你的妈妈就会活很久很久。很久是多久？一百年吧。看来，一百年——在优优的心目中是一段足以满意的时间长度，他嘴一咧，笑了。

通过优优，我认识了妞妞、小胖儿、大牛和孟虎。

我知道了，每天凌晨三四点，他们就会被父母从床上提溜起来，抱上三轮车或者小蹦蹦儿到郊区的批发站进菜、进水果、进各种小商品。赶到早市时，如果是冬天还黑咕隆咚，夏季天也才微微放亮。早市和街心公园比邻而建，有一扇门就开在公园里，父母们开始做生意了，他们就像一群羔羊，被放逐到公园随便玩耍。夏天还好，若是寒冬腊月，朔风像小刀一样刮在脸上，真够这些孩子受的。成了朋友后，他们一见我，就会一起高喊干爷，欢呼雀跃着扑上来。接下来便会簇拥着我来到公园的小卖铺，为他们买上一支棒棒糖、一根雪糕或是一张贴画。假如我外出有几天没在公园出现，他们再见到我时会问，干爷，这两天你怎么没来呀？我们都想你了。我逗他们，你们是想雪糕和棒棒糖吧？孩子们也不避讳，拖起长音齐声高喊，对——！

和孩子们在一起，成了我最快乐的时光。他们的双眸是那么纯洁，那么清澈，那么让人心醉。我懂了，孩子所以被称为天使，或许就是因为那一双纯洁无瑕的眸子吧？相对成人世界的龌龊与欺诈，他们的双眸真的是上天为我们点亮的雪谷明灯，在寒风凛冽的情感世界，向我们传递了多少美好与希望啊！

妞妞是个三岁的小丫头儿，月牙眼、娃娃头。天凉时，圆圆的小脸上会淌出两道清鼻涕。我说，妞妞，小姑娘要注意仪表。再见到我时她就会用我递过的纸，把鼻涕擦得干干净净。有小伙伴欺负她，也会拉我去为她出头。有一次，小东西竟然指着一位扈三娘一样粗犷的中年妇女，抹着眼泪说，干爷，她不让我上她家的汽车。这事我摆不平了，又不能有损干爷的威信，只好敷衍她，不上就不上，将来妞妞长大了，买一辆更棒的汽车，好不好？妞妞知道这虽然遥远，但聊胜于无，总算有了念想，还是破涕为笑了。前不久我散步路过早市门口，见她噘着嘴，一个人站在那里不高兴，就走过去问，怎么了，嘴噘的能拴一头小毛驴。妞妞忽闪着月牙眼向我告状：干爷，他们说我唱歌不好听。谁这么说？我佯装生气。小胖儿和孟虎，优优也说了。不好听就不好听吧，也挡不了吃挡不了喝。我逗她。不——！我不让他们说，我要当歌星。为什么？歌星挣钱多。挣钱多？一个三四岁的小女孩居然有这样的商业意识，我有些愕然：挣那么多钱干吗？我要给我爸买一辆汽车拉货，不让他每天蹬三轮了！

我一时语塞，不由怦然心动。

说是早市，其实要到午后两点来钟才收摊儿。临近中午，小贩们要回家开始甩卖，一些退了休的老头老太太就赶来扫货，这时早市的生意最红火，摊主顾不上给孩子买饭。优优他们天不亮来到市场后，会被父母领到附近的大排档吃上一碗牛肉面，或是两个肉夹馍，就一直要扛到下午回家了。因为房租便宜，他们的家都在城乡结合部，从城里赶回去已到了吃晚饭的光景。正是长身体的时候，每天两顿饭怎么成呢？有一天优优陪我散步，路过我家时，我随手一指，说干爷就住在这栋楼的一单元702号，你们要是中午饿了，可以来找我啊。优优双眸一闪，叮问了一句，是这座楼吗？我说对。坐电梯到六层，再爬一层。

其后两天我因故没去散步，第三天临近中午听到有人按门铃。谁呀？没人答话，却听见有窸窸窣窣的声响。隔着门镜一看，哈，原来是优优带着妞妞、小胖儿、孟虎来了。我急忙开门，小东西齐声叫：干爷！厨房里的太太闻声出来，一看这阵势，明白了。她嗔怪地瞪了我一眼，又招小孩子了，怎么也不提前说一声？优优聪明，双眸一亮：这是干奶吧？对。我高兴地拍拍他的后脑勺：判断正确，加十分！优优也不客气，冲小伙伴一挥手：进屋，让干奶给我们做饭吃。太太问，我没有多准备饭啊，吃什么？是呀，吃什么呢？优优是江西人，妞妞是河北人，小胖儿家在安徽，孟虎来自山东，整个一个五湖四海呀。我想了想，说蒸点米饭，炒个鸡蛋西红柿吧，南北皆宜；再把你的老干妈辣酱拿出来，谁愿意吃谁吃。我的提议得到了孩子们的一致赞同，只有孟虎弱弱地问了一句，有大饼吗？我笑答，大饼会有的，大葱也会有的。孟虎一听，憨厚地笑了。吃完饭，妞妞要看动画片，小胖儿要玩电脑，优优和孟虎则在客厅里玩起了骑马打仗。像是一壶滚开的水，房间里顿时热闹起来。这种热闹自从儿子长大成人后便久违了，我有一种穿越时空的感觉，仿佛一下子又回到了逝去的岁月，——有纠结、有烦恼，但更多的是快乐与温馨。

一点多了，你们该回去了！老婆看了一眼墙上的挂钟，一人塞给了他们一块旺旺雪饼。孩子们接过饼却不走：不，干奶，让我们再玩一会吧！不行，回去晚了你们的爸妈该着急了。老婆知道早市要收摊了，催促着孩子们穿上鞋，送他们下电梯出大门进了街心公园。回来后她责备我，你以后能不能别再招惹小孩儿了，你就是不长记性，上次的事儿你忘了吗？

怎么会忘呢。大约是两年前，我在小区的楼前练健身器械，和一个半大小子聊得十分投机。那男孩儿十二三岁，活泼又有礼貌，我练完器械要去跑步，男孩儿追上来要和我一起跑。我们沿着亮马河跑了一圈，回来刚进小区门，就被两辆警车一前一后夹住。车门打开，下来四个警察，虎视眈眈把我围起来。我愣了，不知道出了什么事，一个警察指着那个男孩问，你认识他吗？我点点头，又摇摇头。警察追问，你认识他，他叫什么名字？不认识他，为什么和他在一起？这问题实在太怪异了，我无言以对，就说你们是不是误会了，我们只是一起跑了一圈儿步。另一个警察有些狐疑地看了我一眼，问那个男孩儿，是这样吗？男孩儿惶恐地点点头。我知道，我肯定是被冤枉了，忙说明身份并一指不远的楼房说，我就住在这小区，不信你们可以查。警察拿出手机调出我的信息和照片核对无误后，咂咂嘴：噢，确实误会了。是这样，这孩子和他妈到居委会办事，他要玩器械，他妈办完事出来一看，孩子没了，听人说是跟一个中年男人跑了，于是拨打了110。你这人也是，不知道眼下拐卖儿童案频发吗？

那次事件发生后，妻子就断言，你再招惹小孩儿非惹出点事端来不可，你说你喜欢小孩儿，别人会以为你居心叵测。没想到，事态的发展完美证实了她的预见性。第二天我到公园散步，发现风云突变，形势急转直下。孩子们见到我不再干爷、干爷地叫着扑上来，而是目光闪烁，视同路人。小胖儿和孟虎甚至还快步离我而去，我紧走两步，他们竟撒腿就跑，真是邪性了！经过早市门口，我看到了优优，优优也看到了我，他有些迟疑，想走又停下脚步，咬了咬嘴唇说干爷，妞妞的妈妈、小胖儿的妈妈，还有我的爸妈都说你是坏人，会把我们卖掉，不让我们和你接近。小胖儿的爸爸还说，你会把我们的心肝X出来换钱。用X替代的那个字太血腥了，请恕我不直接写出。

我靠！瞬间，我的心拔凉拔凉的。好像一盆炭火被一瓢冰水浇灭了，刺啦一声，腾起一股浓浓的怨气。这些为人父母者，真是善恶不分，皂白不辨，心理阴暗，不可理喻。人世冷漠，不就是由于人与人之间互相提防造成的吗？我真想拽上优优去找他们的父母论理。又一想，能怪他们吗？拐卖、伤害儿童案高发不下，多少父母痛悔终生！为了防止案发，不是有些幼儿园和学校在门口已经布置了警力吗？换位思考，如果我有了孙子，恐怕也不会让他随便和陌生人接近。只是，仍心有不甘，就问优优，你看干爷像坏人吗？优优眨眨眼，目光中是难言的纠结和疑虑：我……不知道。是呀，对于五岁的优优，这实在是一个无解的方程。我拍拍他的后脑勺，很郑重地说干爷不是坏人，但是干爷不能保证其他的陌生人不是坏人，你们爸妈说得有道理，听他们的话，以后不要再和陌生人说话了！

　　说完，我转身走了，一时心里空落落的，如坠枯井。走出没几步，我听见优优叫了一声：干爷！回头望去，见他站在那里怔怔地望着我，大眼睛忽闪忽闪的，依然充满好奇。只是不知从什么时候开始，双眸笼罩了一层令人心碎的阴霾。

　　　　　　　　　　　　原载于2016年1月29日《光明日报》

买 瓜 记

　　卖西瓜的小老板儿三十多岁，白净脸儿、板寸，眉眼轮廓有点儿像马云。当然比马云要饱满、年轻，应该是马云的"青春豪华版"。不过做起生意，这个小老板儿却十分奇葩。我第一次买瓜，他随手拿起一个煞有介事地拍了几下，然后往台秤上一掬，说十八块二。我掏出十八元递给他，随口说两毛抹了吧！这是农贸市场通行的交易规则，别说是十八元的大单生意，就是两三元的小笔买卖，一两毛钱的零头儿也会抹掉的。不想，这家伙毫不通融，还用马云似的小眼睛瞪着我说，不成，少一分把瓜放下！嘿，有这样儿的吗？干眼偏葬，整个一个生瓜蛋子！我摸出两毛硬币扔在台秤上，悻悻道：这么点零儿你都不抹，真是腊月初三响春雷——少见！走出老远了我还生气：你算白长一张马云脸了，要是马云像你一样做生意，阿里巴巴怎么能横空出世？就你这副德性，一辈子卖西瓜吧！

　　小老板儿的西瓜摊紧贴着农贸市场的门，客流量大，加上这家伙挑瓜确实在行，价格也还公道，所以他的态度对他的生意并没有造成太大负面影响。每天，摊位前依然人头攒动，或许是供求关系使然吧。市场里也有两个卖西瓜的摊位，一来要多走几步路，二来袖珍小西瓜只有他的摊位上有，入夏以后我每天散步时都会顺带买上一个。他说多少钱就多少钱，仨瓜俩枣儿的事，懒得再和他废话。

　　几天后，我又一次见识了这个小老板儿的狗怂。那天，一个胖大嫂挑瓜，拿起这个敲敲，举起那个拍拍，依我看，也是闻鼻烟儿咽吐沫——假充行家。果然，胖大嫂把一个西瓜往回放时，站在两米外的小老板儿眼一瞥，说一句：瓜裂了！走过来拿起西瓜举到胖大嫂眼前，果然裂了一道缝儿，可以看见里面粉红的瓤儿。胖大嫂辩称，这缝儿本来就有，跟我没有一毛钱关系。小老板儿用眼白瞟着她：再说？明明是你往回放时手重了，我站那儿都听到了西瓜开裂的声音，你还不认账？啧啧，这是什么耳朵呀，居然能够在人声嘈杂的市场里捕捉到这么一点点细微的异常。看来什么职业干长了，只要上心，都可以出神入化。小老板儿把裂了缝的西瓜放在台秤上，看一眼电子表说十六块二，掏钱！胖大嫂连连后退，仿佛那不是西瓜，而是一颗即将炸开的地雷，嘿、嘿，我不要！小老板儿凶巴巴吼：瓜生了你可以不要，瓜熟你凭什么不要？胖大嫂脑筋急转弯，说要也行，得降价。降价？没门儿！少给一分钱你也别想拿走。胖大嫂继续挖坑儿，一斤便宜一块我就买！小老板儿显然是被胖大嫂"绕"进去了，眼一瞪：便宜一块？走人吧你，没人留你吃晌午饭。

我在一旁冷眼观战，哭笑不得，从此和这小老板更是井水不犯河水。买瓜、付账、走人，多一句话也没有。

转机是从一个细节开始的。那天我买了一个瓜，十块三，因为手机响，我掏出十一块递给他说甭找了，用塑料袋装了瓜边走边接电话。没想到这个生瓜蛋子居然跟着我走出了十多米，等我挂断电话，他把那七毛钱往我手里一塞掉头就走，弄得我真有点不知所措。这家伙，丁是丁、卯是卯，一点也不含糊。其实，说不含糊是假的，以后再买西瓜我发现他的态度有了很大转变，不但几毛钱的零头抹了，还在分量上向我倾斜，明明台秤上显示的是七斤四两，他却按七斤收钱，这样抹去的就不只是零头了。我有些过意不去，就说，哎，公事公办啊，该收多少钱你收多少钱，这年头谁也不容易。他白了我一眼，语气中却流露出明显的友善：老主顾了，优惠一下也是应该的。你看，这个生瓜蛋子也并非油盐不进嘛。

最让我感动的事发生在一月前。市场门口有一块空地，一天不知从哪里来了一位盲人流浪歌手在那里献艺。他自备一个音箱，右腿上还绑着不知叫什么名的家伙什儿，随着腿一颤一抖，能够弹出节奏鲜明的锣鼓点。他手里举着麦克风，唱的是：我爱你中国，我爱你中国，我爱你春天蓬勃的秧苗，我爱你秋日金黄的硕果……他落魄的衣着和脸上洋溢的幸福感形成强烈反差。我被震撼到了——这位兄弟，人生这样颠沛，身体还有残疾，然而面对着阳光，面对着蓝天和白云，却动情地唱着这样一支歌，他那苍劲浑厚的歌声几乎让人落泪。我走过去，在他面前的钱盒里轻轻放进了一百元。虽然，它根本不足以表达我对一位盲人歌手的敬重。转身离开时，我见到小老板儿出来了，手上捧着一只瓜，来到盲人歌手面前，等他一曲唱完，说老哥，吃个西瓜吧，润润嗓子，不甜不要钱。盲人歌手吧嗒吧嗒嘴问，多少钱？小老板回答，裂缝瓜，优惠，一个一块。说着把西瓜一掰两半，又从兜里掏出一个一次性塑料勺。盲人歌手放下麦克风，左手接过瓜，右手从面前的钱盒儿里摸出一张一元的钞票，连连点头说谢了，谢谢兄弟。

　　这一幕被我尽收眼底。貌似冷酷的小老板儿，心中分明也有似水柔情呢。有人说，友情是瞬间开放的花，时间会使它结果，真是好。随着时间的推移，我和小老板在感情上也日渐拉近。买瓜时我们不再横眉冷对，每每会搭讪几句。他会说，又在锻炼呀。我会问，生意很不错吧？偶尔我的钱不够了，他会很慷慨地把西瓜递给我，说先拿去吃。前几天，我还被"强行"享受了一次赠瓜：那天，我刚来到他的摊位前，一辆闪着红绿灯的滑板车嗖一声滑过来，一个小姑娘冲我喊：干爷！我一看，是妞妞，只是几个月不见，小东西的一头乱发已经变成了一束漂亮的马尾巴。呀，妞妞，怎么老没见了？我回老家了。妞妞用手捋了一下额头前的刘海，然后冲小老板儿说，爸爸，他就是干爷！小老板儿有些愕然，怔怔地盯着我看，然后挑了一个大点的西瓜称了称，道，十六块八，你给十块吧。我说，这怎么行。没想到妞妞一手扶着车把，另一只手挥动着小胳膊有节奏地喊：免费！免费！免费！这小丫头真是仁义，但是我怎么能白要人家的西瓜呢？于是把二十块钱硬塞给她爸爸。妞妞一扭头做出生气状，冲小老板儿喊，不许要钱，不许要钱！小老板儿犹豫了一下，双手一摊：没办法，我们家大小姐发话了，钱不收了！我很不好意思，想扔下钱走，又怕伤了妞妞的心，便笑笑说，你们市场有许多小孩儿都是我的"忘年交"，我还写过一篇文章：《优优的眸子》呢。优优？小老板儿追问了一句。妞妞骄傲地用手指着不远处一个卖菜的摊位说，就是张姨家老二，我和优优还一起到干爷家吃过饭呢！怎么样，干爷不是坏人吧？小老板儿疑惑地看看我，问您的文章在网上能搜到吗？能啊！我很希望他们能够看到那篇散文。人心的冷漠，使人和人之间形成了多少偏见与误解呀。

那以后，小老板儿对我格外关照起来。不但称给得高，有时只收个三五元，近乎白送。我知道，他或许是看了那篇文章在传递一种感谢。可是，他们起五更、睡半夜，挣得就是这点儿辛苦钱，如果顾客都像我一样，他们岂不是要去喝西北风？我不再敢光顾他的西瓜摊了，我希望他们的生活富足，我害怕他们的生意受到影响。对那个美丽的西瓜摊，我选择了绕行。

八一那天，我正在家里上网，忽然听见有人按门铃，隔着门镜一看，是妞妞。我打开门，见地下放着一个塑料袋儿，里面放着一只足有十斤重的大西瓜，难为这小家伙把它提上了七楼。你怎么来了，我问。姐姐说，我爸说了，今天是八一建军节，干爷爱吃西瓜，我爸也当过解放军，他说这算是战友的一点心意吧。太太也出来了，惊讶地问，你们怎么知道干爷当过兵呀？姐姐一扭头，自豪地说，我们上网查的呗。

妻子回屋拿了一瓶饮料想给姐姐，姐姐一转身跑了：干爷，我妈还在楼下等我呐，再见！我怔在那里，一时感慨万端。妻子瞪了我一眼，说发什么愣呀你，咱还没谢谢人家呢。我们急忙赶到落地窗前，见姐姐一蹦一跳走出单元门，一位少妇牵起她的手正往外走。我推开窗子冲着她们的背景喊，姐姐，谢谢你！谢谢你爸妈！我心想，这位小兄弟外表冷漠，内心火热，有坚守、有担当，在今后的人生道路上肯定会大展宏图，成为第二个马云也并非毫无可能呀。

少妇回过身，微笑着冲我们挥挥手。姐姐则用稚嫩的童音大声回应：

——不用谢，祝干爷节日快乐！

原载于2016年10月28日《光明日报》

彩　虹

　　他，有五张儿了吧？可能实际年龄要比看上去年轻。常年的风吹日晒，已经使他的皮肤粗糙得像一张褐色的粗粒儿砂纸。不知为什么，第一次见到他，我不由想起了电视剧《家有儿女》中出演爸爸的演员高亚麟。我是高粉，我喜欢高亚麟质朴而又幽默的表演。他的身高、他肉乎乎的嘴唇以及他憨厚的微笑，使他和高亚麟颇有几分形似。当然，他远不如高亚麟那般玉树临风、光鲜整洁。他身上"朝阳绿化"的荧光橙色马甲，使他和高亚麟注定分属两个完全不同的世界。

　　第一次见面只是随便瞟了一眼。他正和一群五十岁开外扛着铁锹镐头的大叔大婶出工，开春了，作为街心公园绿化队的农民工，他们要给草地松土，给树木剪枝。我所以注意到他，是因为他有些鹤立鸡群，并像旗手一样双手举着铁锹，样子有些搞怪；同时，还四六不着调儿地哼着《乡村爱情》中的插曲《月牙儿》。我注意到，他唱的最靠谱的两句是："人都把月牙叫月老，月老儿专把那红线扎"，唱"扎"字的拖腔时，他两眼微闭，摇头晃脑，很是陶醉的模样。后来在街心公园散步，我们常常会相遇。他不是正给松树培土，就是在为柳树剪枝。要不，就是一根筷子插上几个馒头，就着稀汤寡水的白菜粉条呼噜呼噜吃饭。

他们住的地方是街心公园里的两间石头房子，男女各居一屋。出于好奇，我路过时曾探头往里张望。每间房子大约有二十平方米，左边一溜大通铺，铺盖卷儿一个挨一个。右边有一张长条木桌，上面放着几个软木塞的老式暖瓶和十多只大茶缸、铝饭盒。除了大通铺和长条木桌，屋里已经没有落脚的地方了。怪不得吃饭时他们或蹲或坐，像散落在门口的一片蘑菇；怪不得只要不是刮风下雨，他们每到夜幕降临的时候，就会在宿舍门口的台阶上支起一台16开杂志大小的平板电脑，每人一个小板凳，围在一起看《乡村爱情》呢！这是他们唯一的娱乐生活。早上八点出工，到晚上吃完饭坐在平板电脑前，是他们一天当中最为放松的时刻。广坤、刘能的吵嘴声伴着民工们的笑声，会像一圈一圈快乐的涟漪，在朦胧的夜色中向外荡漾。他的笑声最有特点，如同石子在水面溅起一溜水漂，清脆而悠远。

日子一天天过去。像两条平行的铁轨，注定我们的生活不会交集。充其量，在上下工或者吃饭的人群中，我会寻着他憨厚的笑声张望一眼。是的，一个退休的文字匠，一个讨生活的农民工，我们的喜怒哀乐、人生际遇，怎么会在同一个节点上交集呢？应该不会。

那天发生了一个意外。我散步时，见他蹬着一辆装满工具的小三轮儿迎面驶来，标志性的憨笑不见了，代之以一缕惶恐、一脸无奈。我有些愕然，因为在我的印象中，他一贯悠然、恬淡、干什么事都不紧不慢的。就是爬到树上修剪枝杈，他也会憨厚地笑着，嘴里有滋有味地哼着那首《月牙儿》。这是怎么了？像一匹被惊到的老马，一反常态。没容我多想，小三轮儿与我擦身而过，后面跟来一串儿京腔京味儿的叫骂，骂得很粗俗，很暴力，一个留着花白板儿寸的老哥站在路旁，正冲着他的背影吐沫星子乱飞。

事情的起因我不知道，我停下脚步，准备这哥们儿一旦追过来去劝解拉架。潜意识中，我有点怕他吃亏——从他憨厚的笑容和肉嘟嘟的嘴唇上，我感觉他是一个安分守己、心地善良的人。他在这个城市的边缘游走，他知道这个城市注定不能接纳他，所以他活得应该是小心翼翼。我N次看见他收工后洗完脸，从来不像别的工友那样扬手一泼，总是端起脸盆走到路旁的下水道旁弯腰倒掉。他时而把铁锹和镐头双手举着，并不仅仅是为了搞怪，也是怕人多时扛在肩上无意中碰到人。这样一个农民兄弟会招惹谁吗？我想不会，即便他给别人带来了不快，也应属无意。好在那位老哥骂了一会儿，见无人应战，于是用手掸掸裤子，臊么哒走了。

第二天是五月二十三日。北京人以及那一天在北京的人都不会忘记的日子。

那一天傍晚，北京的上空出现了难得一见的彩虹。当时，我正在街心公园散步，一场阵雨刚住，公园里几乎看不见一个游人。遗憾的是，树荫挡住了我的视野，我没有能看到彩虹出现的那一刻。我只是觉得眼前突然一亮，透过树叶洒在地上的阳光，也被涂上了耀眼的金黄色。走出树荫时，他出现了。那一刻，他绝对不像一个接近五张儿的人，欢乐得有如一个大男孩儿，拍着手、跳着脚，眺望着蓝天，嘴里一迭声地惊叫："彩虹！彩虹！太美了！"我一抬眼，也被震撼了：谁将一条七彩练，随风一抖挂九天？那彩虹实在是太绚丽了，任你用什么词去形容都淡如白水。或许，只有他脱口而出的"太美了"三个字才是最为贴切地表达吧！见到我，他像认识了一百年，紧跑几步，急切地问："师傅，你带手机了吗？快，快，快，快把这条彩虹拍下来呀！"得知我没带手机，他异常失望，望着壮观的彩虹，咂着嘴连声说："可惜，可惜，太可惜了，多可惜呀！"

　　我没有想到，这个在城里讨生活的民工，这个平常爱哼两句通俗歌曲的兄弟，这个穿一身褪色工装、腰间时不时扎着一根麻绳的壮汉，见到彩虹会如此欣喜若狂、手舞足蹈，会主动向一个陌生的城里人敞开心扉。真的，我非常感慨！原来面对美，面对清澈的蓝天和洁白的云絮，面对绚丽的彩虹，我们的心原本息息相通。这一份由美而生发出来的情感，完全可以穿越陌生、穿越世俗、穿越北京城时而爆表的雾霾，浸润每一颗真诚的心灵。

　　过了些日子，我在一次散步时又和他邂逅。他正在和一群妇女修剪路旁的矮树丛，见到我，他把大剪子递给身旁的一位大嫂。彩虹出现那天后，他对我的称谓从师傅变成了大哥，我们相遇时会彼此笑一笑、招招手，说上两句简单的客气话，随后，擦肩而过。这一次，我依然冲他笑了笑，并没有准备停下脚步，一分钟走一百一十步，每天早晚各走半个小时，是我雷打不动的健身计划。没想到他站到路中拦住了我，问："大哥，你带手机了吗？"说着，从兜里掏出一只看不出牌子的山寨手机，憨厚地笑了笑："你要是带了，我把那天的彩虹照片发给你，我老乡照的，可美了！"我告诉他，我没有带手机，不过那天彩虹的照片我已经收藏了。他不知道，当天晚上，彩虹的照片就已经在朋友圈里刷屏了，确实美到令人震撼。没事的时候我会打开欣赏，欣赏那一幅幅彩虹照片的时候，我还会想起他当时的模样，心中每每会涌出一阵莫名的感动。

　　他把手机揣回兜里，说那就好，不收藏了真是可惜。又说，现在京津冀实行一体化战略，他在河北的老家也掀起了投资热，就业的机会多得很，他明天就"打道回府"了，守着老婆孩子，挣得也比北京多，多美的事儿呀！一旁的大嫂逗他，大个子是想老婆啦！说着学他的腔调唱起那两句经典的歌词。他听了也不恼，憨厚地笑着。那笑容像一朵花，绽开在他饱经风霜的脸上，漾出一片盎然的春意。我被他的笑容感染了，也由衷地笑起来，我在想：

　　——人世间最动人的彩虹，其实不一定只是挂在天上呦！

　　　　　　　　　　　原载于2016年7月15日《光明日报》

老胡说他不姓胡

老胡我不认识，老胡是我给他起的绰号，老胡不知道他有一个绰号叫老胡。

老胡六十开外，肥头大耳、五短身材、皮肤黢黑、将军肚儿，远处一看，像半截没烧透的木炭。记不清从什么时候开始，老胡出现在街心公园我遛狗的必经之地。这是一个圆形花坛，直径约十多米，红砖砌就，大理石镶面。花坛中心种着月季和紫薇；芍药、牡丹围成一圈儿；最外围是修剪齐整的绿色灌木。一年中大多数光景姹紫嫣红、花开不败。即便是雪花纷飞的冬天，也有绿色绽放生命的光华。

老胡选择这个花坛作为落脚处颇有讲究：花坛四周是一条碎石铺成的小路，走一圈儿大约200步，碎石对脚底有按摩作用，很适合体弱多病的老年人健身。花坛里种的花草都不高，站在花坛任何一处，沿碎石路散步的人皆可尽收眼底。再有，花坛位于街心花园顶头儿，不会有外卖小哥的摩托车突然窜出，相对安全。自老胡出现后，便常见一个老妇人挂着拐棍沿碎石路散步，即便酷热难耐的三伏，她也裹得严严实实，而且无冬历夏头上总会戴一顶米色男士礼帽。后来我知道，这个老妇人是老胡的老伴儿。那次，我和老胡化干戈为玉帛，八成儿也是因为她的缘故。

"肇事者"是我家小宝。小宝是我收养的一条流浪狗，或许是有过挨饿受冻的经历吧，十分乖巧可爱。比如，它从不在家便溺，即便家里一天没人，它憋得原地转圈儿；再比如，它从不乱叫，即便怀春时节也只是在白天激动地表达一下对异性的思念，到了晚上总是乖乖趴在我的床头一声不吭。不过它有一个坏毛病，爱往发光的地方尿尿，以此宣示狗权，院里的街坊就因为它往汽车瓦圈儿上滋尿表达过严重的不满。那天我遛狗经过花坛时它又故技重演，在一辆电动三轮车的瓦圈上滋了一泡尿。这辆车是老胡的，老胡每天的任务只有两项，一是不时注视着在碎石路上散步的老伴儿，一是用一团棉丝不断擦拭爱车。可以毫不夸张地说，那辆电动三轮车被他擦拭得油光锃亮，尤其是瓦圈儿和车把，完全可以照出人影儿。那天，我感觉小宝往后一退，心想不好，回头一看，这畜生正翘起右腿冲着瓦圈方便。我急忙一撑绳儿，还是有半泡尿滋在了车轮上。

嘿，这是怎么话说的！正在擦拭另一侧车轮的老胡站直腰，转过来指着瓦圈上的尿迹吼：什么意思啊，你？我急忙堆出笑脸，从兜里掏出纸说，对不起，对不起，我给您擦干净。老胡一脸不屑，斜楞了我一眼，蹲下身用棉丝边擦边数落我，擦什么呀擦？一边去吧你，以后离我远点！我受了抢白心中自然不爽，想惩罚小宝，见它正可怜巴巴瞅着我，像是随时准备接受斥责，心肠便软了，于是把怨气又重新集结于老胡。

老胡这个外号就是在那一天正式命名的。

这之后，我尽量在时间上避开老胡，避不开时也一扭头装作看不见。老胡呢，见我走来，不是背过身去点燃一支烟，就是弯下腰擦拭已经锃亮的瓦圈。我们虽然彼此膈应，但是大路朝天各走半边，有一年多时间没有再发生擦枪走火事件。不想，就在我逐渐有些懈怠的时候，一场更大的冲突发生了。那一天，小宝趁我不备在他的车轮上又撒了半泡尿，另半泡尿因为我使劲一拉绳子，沥沥拉拉滴了有一米远。这回老胡不干了，牛眼一瞪，目光中透出两股寒气：嘿，去年你就来过这么一出儿，我没跟你计较。怎么，来劲了是不是？我自知理亏，忙赔着笑脸一劲儿道歉，对不起，对不起，这畜生太让人生气。说着给了小宝一脚，本为消减老胡怒气，没想到他不领情，点着我鼻子喝道：它是畜生，你不是，你应该有能力管好一条狗啊！这话噎人且带有极度的轻蔑，我也火了：怎么说话呢你？你别用手指我行吗？我指你啦，怎么着？他骂了一句脏话，又挥了挥手，那五根手指像是五根进口的小胡萝卜。我自然不会示弱：你骂人？你想打架么！打架？老胡回身做出要从三轮车里抄家伙的架势，打架我怕你？我暗想，这回算是遇见垃圾人了，想抽身又抹不下脸儿，正好有几位看小孩儿的妇女上前劝架，我立马就坡下驴。回头看老胡虚张声势的挣巴了几下，也偃旗息鼓了。

我极为搓火。老胡居然想动之以拳脚，嘿，太张狂了！一定要找个机会治治他。这想法正在路上酝酿，忽听身后有三轮摩托的隆隆声，回头一看，老胡着急八荒赶上来，在我前面停下车。我脑袋嗡一下，心想，还没等我想出报复的招儿，人家已经追上来了。我下意识看了一下四周，想找一根木棍防身。因为老胡的坨儿比我大出至少一号儿，如果手里再有件家伙，我确实应对不了。老胡下了三轮车，拍了一下后座上老伴的肩膀，又冲我招招手，脸上居然绽开了难得一见的笑容。他这是唱得哪一出？暗度陈仓？欲擒故纵？我有些懵圈儿。

老弟，还生气呢？老胡走近我，脸上始终挂着淡淡的微笑，今儿是我得理没让人，你别见怪啊。我有点不知所措，刚才还是惊雷暴雨，怎么一下子就成了秋月春风？不过，既然人家送上了橄榄枝，我当然应该接过，我不是好战分子，我也爱好和平啊，便忙说，两次弄脏你的爱车，你生气是可以理解的。老胡故作亲热地拍了一下我的肩膀，咱哥俩低头不见抬头见也有两年了吧？俗话说不打不相识，以后咱们就是朋友了。我也投桃报李地拍了一下他的肩膀，没问题，老胡，以后咱们就是朋友了。这以后，我遛狗碰见他时会点点头儿，他也会向我招招手。时不时还会没油少盐地搭讪两句：今儿天气不错啊。是呀，你看天有多蓝，蓝得能掐出水儿。嘿，贸易战升级啦！可不是吗，美国又向咱们加收了2000亿商品关税。

　　一个下着霏霏细雨的上午，我从街心公园的早市买菜出来，忽然有人在后面拍我肩膀，回头一看，是老胡。看看，什么丢了？老胡拿着一个手机在我面前晃了晃。原来我买菜时，从绑在胳膊上的手机套里掏完钱忘了拉回拉链，出门后弯腰去牵绑在路旁栅栏上的小宝时，手机滑落出来，正巧被随后从早市出来的老胡看到拾起。我的手机没设密码，微信又绑着银行卡，如果被贪小的人拾到，后果细思极恐。为了表达心中的感激，隔天我买了几个甜石榴硬塞给了老胡。老胡捧着石榴，冲着我的背影喊：嘿，这是怎么话说的，一点小事，何足挂齿。老弟，你太客气了。

　　日子一天天过去，我和老胡的情分也像开春儿的迎春花儿一样，味道一天比一天浓郁。我们不再匆匆擦肩而过，时不时我们会神侃几句。通过聊天我知道了，他原来是某铸造厂的翻砂工，2000年初国企改革被买断了工龄。好在他爱吃，对美食情有独钟，自学了烹饪手艺，在饭店里找了一份厨师的差事。这中间，经朋友介绍还到曼哈顿的一家中国餐馆干了两年红案，日子过得算是滋润。两年前挂勺封刀，不是精力不济，而是因为老伴儿得了类风湿性关节炎，他要专心伺候。除定时陪老伴儿到医院针灸治疗外，每天沿石子路走十圈儿也成了必不可少的功课。怪不得无冬历夏老妇人都裹得严严实实，怪不得拄棍独行的她每一步必须在老胡的视野之内？脾气暴躁的老胡也有一副非常柔软的心肠，用他的话说，对于老伴儿，他永远是一头不尥蹶子的小毛驴儿。

老胡的侠义，几天后又得到了一次完美的诠释。

那天上午，我正牵着小宝在公园里散步，忽见前面围了一群人。这地界儿总有几个操外地口音的人设局行骗，不变的剧情是：男主儿拿一盒钱币、一尊佛像或一个瓷瓶，不是乾隆年间的官窑就是春秋战国时的物件，总之价值连城。因为急于用钱，所以要马上出手。四围便有几个托儿做出急切状，说这个物件如何如何值钱，怎么能够这样轻易出手？男主儿便哭丧着脸诉说时下的窘境，或是妻子病重需动手术，或是老妈逝去要办丧事，总之，但得有一点办法也不会把祖传的宝贝变卖。说到动情处，还会挤出几滴眼泪。助演们更是做出同情状，翻遍全身掏出三五千，说我只有这些钱能否低价转让？男主儿自然不肯，于是剧情推向高潮，忽悠围观或路过的人捡下这个天大的便宜。

我熟知他们的骗术，牵着小宝正想从旁边走过，忽听里面传出一个熟悉的声音：嘿！这是怎么话说的？碰瓷啊？你可找错人了！呦，这不是老胡么？原来老胡经过时，见一个北京的老太太被忽悠得几乎信以为真，准备带着骗子到银行取钱，就下车当场揭穿了他们的骗局。这一下激怒了骗子团伙，他们把老胡围在中间，又故意失手摔碎了那个所谓的青花瓷瓶，叫喊老胡不拿出两万块钱休想离开。老胡也不含糊，插着腰瞪着一双牛眼，挥着小蒲扇一样的右手：怎么着，朗朗乾坤，天子脚下，你们要明抢吗？什么青花瓷瓶，在潘家园地摊上连一百块都不值！男主儿蹲在地上哭得一把鼻涕一把泪，如同受了天大的委屈。几个托儿你一言我一语围攻老胡，老胡一人难敌四脚，脑门儿开始冒汗。

我挤进去，捡起一块碎瓷片看了看、敲了敲，装作很内行的说：这明明是新瓷，说这瓶子值一百块钱真是高估了，你们这是明显的敲诈勒索，就不怕进局子吃窝头吗？几个托儿放开老胡跟我理论，说我不懂装懂，说我没事找事。我掏出手机，神色一凛：不服，我马上报警，咱们到公安局去说明白！这么多年了，你们的骗术怎么也不翻翻新啊！骗子们见我底气十足，又听到围观的群众齐声附和，知道骗术已然穿帮，再闹下去凶多吉少，只好挤出人群臊不搭溜了。老胡如释重负，习惯性地把左边几绺头发向光秃的脑瓜顶儿捋了捋，冲我一拱手：谢谢老弟为我解围。我很潇洒地挥了挥手，牵着小宝边走边说：老胡，理当如此，不必言谢！走出十多米，忽听老胡喊了一声：老弟，请留步！说着腆着将军肚向我走来，满脸疑惑地问：哎兄弟，我姓郝，赤刀郝，你怎么总叫我老胡啊？

　　我一愣，是啊，我怎么总叫他老胡呢？噢，对了，是因为当初他凶巴巴的样子，长得又有点像《沙家浜》中的胡传魁，便给他起了这个绰号。时间一长，在潜意识中竟也不再质疑了。可是，这一切怎么向他解释呢？我只好装傻充愣地拍了一下他肩膀，掩饰地一笑，说好，好，老郝！老郝好！以后再见到他，我会老远地扬起手喊一声：老郝！他也会满脸笑容地回应我一句：老弟！这时，绽开在他脸上的笑纹就像下在开水中的挂面，捞也捞不住。

　　其实，这位老哥笑起来真是挺招人稀罕的。

原载于2018年11月15日《人民日报》

街头有个剃头匠

　　路边有个剃头匠。

　　其实不是一个剃头匠，在街心公园的岔路口分布着十几个剃头摊儿，说是摊儿有点奢侈：豪华些的有一顶遮阳伞；大部分只一辆自行车，车后座上支一面镜子，再加一把椅子、一套简单的理发工具，齐活。收工的时候，有遮阳伞的稍微费点事，要把伞竖着绑在自行车的大梁上；没伞的把理发工具往帆布兜里一放，镜子往车座上一系，用不了五分钟就可以蹬车走人了。椅子和供顾客等候时坐的小凳子，他们用绳子拴在路旁的栏杆上，细心点的罩上一块塑料布，大部分连这道工序都省了。夜里下雨怎么着，早上拿块布抹一抹更干净。这年景儿，挺好的沙发都有往垃圾站丢的，几把破椅子破凳子谁还怕丢？

　　我要说的这位剃头匠，个子不高，五十岁上下，摊位紧邻街心公园的旁门。按说位置不错，可是据我每天散步时观察，他的生意最为清淡，供顾客等候坐的三只小凳子基本上没有派上过用场，甚至还出现过界比儿的剃头匠借用的情况。借用凳子干嘛，自然是给等候的客人用啊，真是让人情何以堪！我印象中，他最标志性的姿势是，坐在椅子上两脚搭着一只木凳，面无表情，两眼微闭。不过，无论出现什么情况，只要不是狂风突至、暴雨倾盆，他总是以这种姿势耐心地等待顾客光临，直到夜色如一团水墨洇开，一点儿一点儿把他湮没。

唯一的一次反常，是他急赤白脸地追上了一个老头儿，说，您给我的这五块钱是假钞。老头儿不以为然，说怎么可能，五块钱的票子也造假，犯得上吗？剃头匠怕他不换，晃晃手中的纸币，有点气急败坏，您看看，您看看，多薄！麻烦您给换一张吧，谢谢您了！从他急切的话语中，我感觉到了这五块钱对他的重要性。在富人一顿饭便可以一掷万金的时下，一个剃头匠居然因为五块钱面红耳赤，我的心仿佛被什么东西撞击了一下，有点疼。

就是那时候，我冒出了一个想法：做他的主顾。

当然，我产生这个想法并非仅仅是出于同情。以前，我一直在楼下不远的"东方名剪"理发，一次八十元。"东方名剪"的服务无可挑剔，进门有美女领位，坐下有茶水伺候，操刀的也是店长级的"技术权威"，据说他那把剪子就价值上万。只是我的观念有点跟不上潮流，一次店长特意在我的额前留了两缕长出一截的头发，用梳子梳过来、梳过去，左看看、右瞧瞧，说是很潇洒很飘逸。我觉得这两个词儿用在一个退休老头身上明显是一种浪费，回到家对着镜子端详了半天，还是一狠心把它铰了才敢出门；还有一次白焗黑，留着新潮发型的小工竟然问我要不要焗一撮红的，以显示另类。我不知道他是开玩笑还是认真，总之，脑袋摇得像拨浪鼓一样谢绝了。

我注意观察过了，这个剃头匠理出的发型虽然传统，但是比较符合我的审美趣味。省钱，理一次发才七块，又可以照顾他的生意，自己还满意，一举三得的事何乐而不为？

第二天，在妻子的陪同下我找到了理发匠。他依然保持着那个传统姿势在闭目养神，见我们过去了，眼睛也没有睁大。我们早就熟得不能再熟了，他在这里已经干了两年，我每天散步路过，抬头碰面总有几百次了，只是他肯定没有想到我会来跟他签订一个长期的服务协议。我所以叫妻子同往，是因为她高中毕业调入中国青年出版社前，曾在一家很上档次的理发店学过徒，手上的功夫不行了，在技术上提出一些参考性建议乃游刃有余。毕竟对我这颗脑袋，没有谁比她更为稔熟，更有资格进行审美把握了。

听说以后我的头就承包给他了，剃头匠一下子站起身。

妻子说，他脸方，每次鬓角不必多去。剃头匠点点头。妻子又说，每次要用去薄剪，剪出层次感，最好不用推子。剃头匠犹豫了一下又点点头。妻子再说，用剪子剪费工费时，我们每次给您双份儿的工钱，您多上点心！半个月一次，我们就不找别人了。剃头匠愣怔了一下，双眸火花一闪，再点点头，只不过这次点得很是由衷。

从此，我成了这位剃头匠的常客。

剃头匠讷于言，每次理发你不说话他不言声，偶有问答也是简单的单词应对。剃完头他会看着镜子里的我问，行吗？我说行，他便解下我的白围裙用手一抖，脸扭向一旁，等着付钱。钱给了，他的嘴角会向上咧一下，似笑非笑，然后把新收的钱和先前收的钱摞在一起数一遍，放进贴身的口袋里。只有这时，他木然的脸上才会露出一丝欣慰的神色。

有一次我找他理发，他不在。旁边的剃头匠告诉我，他去街心公园的大排档吃饭了，如果你不急，就等一会儿；如果急，就由我来。那天下午我正好有一个活动，非去不可，等不及了，就由旁边的剃头匠代劳。

这位老兄性格开朗，话密得像水流不断的小河，一波儿接着一波儿。

我有一搭无一搭地问：为什么他的生意那么清淡，你的生意这么好？我觉得他手艺也不孬啊。这位剃头匠说，您是他的老主顾了，自然应有感觉，这个人啊，太哏。

这倒是实话。相比之下，这伙计就十分阳光。他不但有遮阳伞，还额外配了一台砖头大小的录音机，一天到晚曲子不断。有红色经典、有现代摇滚，有郭兰英、有崔健。兴起时还会跟着录音机哼唱几句，抑扬顿挫、有板有眼。偶尔坐在路边也是笑颜常开，不时和过往的行人打着招呼，也许三个招呼过后，这位遛弯儿的老头儿老太太就变成了他的主顾。

我啧啧嘴，对他的话表示赞同。又撇撇嘴说，做生意讲究和气生财，一天到晚绷着个脸怎么成？这兄弟鼓起嘴，吹吹剪子上的碎头屑，说，理儿是这么个理儿，许是他心里苦闷吧。其实这人特别厚道！那天一个老太太剪头，把钱包落下了，他连拉链都没打开，楞是等到晚上八点老太太回来找。

通过这位兄弟的描述，我大概理清了一个轮廓：剃头匠有一个儿子，今年高考落榜，正在家里复读。剃头匠要负担儿子复读的费用，还要为儿子的将来做些积累，所以每天来得最早，走得最晚。平时的午饭就是一张烙饼，偶尔吃一碗牛肉面便是改善伙食了。但是他过得并不快乐，因为儿子和他不亲，耻于说老爸是个路边剃头匠，这让他很有点失落和伤心。

我听了愤愤道：什么玩意儿啊，不孝之子！

这位兄弟侧过头向大排档的方向望了望，没见到剃头匠的身影，才弯下腰来小声地找补了一句，谁说不是呢，儿子还是抱养的，你看，不是亲生的就是不成！

我听了却心头一动，在对剃头匠寄予同情的同时又顿生敬意：能含辛茹苦地拉扯一个非亲生的儿子长大成人，年过半百了还风里来雨里去地苦熬苦撑，不义之财一分不取，这位小个子男人的内心也很伟岸啊！

剃头匠不善言辞，与世无争。没想到，与世无争的剃头匠有一次险些和客人动了手。

那天散步，我目睹了事件发生的全过程：剃头匠干完了一个活儿，解下客人的白围裙，照例用手抖了抖上面的头发茬，然后等着付钱。可是那位客人用手胡噜胡噜头，对着镜子左照右照，脸上渐露愠怒之色，嘿，嘿，你这给我剃的是什么玩意儿呀，跟狗啃的似的！

剃头匠一脸茫然，他瞅瞅刚刚理完的头，嘟囔一句：这活儿没毛病呀。

怎么没毛病呀！客人六十来岁，一看就是属于那种变老了的北京玩闹儿。他常在街心公园踢毽儿，毽子踢得可以说是出神入化，盘踢、磕踢、拐踢、绷踢、里接、外落，花样繁多、无所不精，整个儿一毽子王。可是就一样，有点儿滚刀肉，爱占小便宜。我看见过他在街边的小摊上买石榴，十块钱一堆儿，仨。他买了一堆儿，又硬是从另外一堆儿顺走了一个。这回剃头匠是遇上硬茬口了，其实不在于头剃得怎么样，而是在于他是不是想少给钱。

看热闹的越围越多。大家前后左右围观评价着那位老兄的脑袋，纷纷摇头：这不是剃的挺好看的吗？有剃头匠的同伴过来调解，说如果人家实在不满意，这份活儿就少收点钱。

少收点钱就行啦，我这脑袋怎么出门呀？毽子王佯装不干，以攻为守。剃头匠也不干：他凭什么少给钱呀，我这活儿干得有毛病吗？

毽子王急了：嘿，你还来劲了？说着上前去揪剃头匠的领子，你看看我这鬓角，谁让你去这么短的，他骂了一句粗话，说，别敬酒不吃吃罚酒。

这时，围观的人群中一个年轻后生挤出来，横在了剃头匠和毽子王的中间，怒斥一声：你放开手，不准欺负他！

这后生我认识。身量不矮，可是不强壮。那天散步时突遇暴雨，我紧跑几步在一处房檐下避雨，见这后生也在雨中狂奔，便让出一块地儿招呼他过来。闲聊中知道他老家在河北农村，来北京打些零工，一是为了给家里减轻点负担；二是想看看天安门、逛逛故宫、爬爬长城，他在街心公园的儿童游乐场收门票，一天60元。想来他是下班经过，路见不平拔刀相助。

这后生还真是有点血性！

毽子王愣了一下，见年轻后生红头涨脸，一副天不怕地不怕的神态，多少有些胆怯，便问：嘿，你算哪一出儿，管什么闲事？年轻后生双拳紧握、怒目而视：我告诉你，他是我爸爸。最后五个字，声音高昂，像是平地一声雷，在围观的人群头上啪一声炸响。

我听了，心头怦然一动，不由看了一眼年轻人身后的剃头匠。只见刚才还沮丧委屈的这位兄弟，脸颊微红，神情欣慰，在夕阳的映照下，双眼竟泛起一层泪光。

我知道，那一定是因为幸福而涌出的泪水……

原载于2016年10月15日《人民日报》

售楼小姐

　　柳婳穿一件深蓝色旗袍，罩一件白西服外套，明眸皓齿，一笑两个酒窝，真是人如其名：纯净而美丽。特别是她略带羞涩的神态和像鸽哨掠过天空一样的笑声，让你觉得即使用春梅绽雪形容她也不过分。第一次见面我甚至有点遗憾，以她的形象和气质，应该是跨国公司的白领、空姐或是演员，怎么就成了售楼小姐呢？或许是一种职业偏见，我印象中的售楼小姐一般粗通心理学，善于察言观色、投其所好、见风使舵，揣摩购房人的心理，谈笑之间，便把你兜里捂出汗的钱赚走了。所以我下楼时，特意拿了一本我刚再版的长篇小说《吐火女神》，为的是和她套套磁，同时暗示她，本人智商不低，忽悠时请有所节制。

　　柳婳在楼下等我们，去看新开的一个楼盘。她和太太已经有过几次交往，见到我热情地招了招手。接过我递给她的《吐火女神》，表情略显夸张地呀了一声，您是作家？我可喜欢读小说了。不得不佩服美女的职业训练，还没等我向她套磁，人家已经主动出击了。我明白这是一句奉承话，时下，碎片式阅读已成潮流，有几个女孩儿能认真看完一本纸版小说？说不定回去的路上就随手扔了。果然，她很随意地把书放在方向盘旁，开始了她的游说。她告诉我们，这座新开的楼盘依山傍海、南北通透；水系、凉亭、步道、摇曳丰满的植被，将春意铺满了整个社区；每一扇窗口，几乎都是一帧色彩斑斓的画面；每一条小路，几乎都是一幅绿意盎然的长卷。因为性价比具有优势，十分畅销。末了她问了一句，别墅在打九折优惠，五百万一套，您考虑吗？或许她看我写书，以为我有土豪的实力，想做成一单大生意。其实，在文学日益边缘化的今天，写纸版书的作家有几个人敢问津五百万一套的别墅！

我告诉她，我没有买房计划。在三亚借住的是朋友的房子，为完成一个写作计划。这次是代战友购房，他家在张家口，本人患有股骨头坏死，北方的严寒不利于病情的缓解，想买一套房冬天来三亚疗养。但战友只是一个工薪族，给我的授权是一百万以内，多一分钱也不考虑，因为这已经是他最大的承受极限了。柳婳哦了一声，嘴角微微上扬，绽放出一个淡淡的微笑。是理解，还是轻蔑，我一时把握不住。

车行一小时到达目的地。

　　小区已经成型，景致和她描绘的基本一致，高楼林立、绿树成荫，叠石为山，池水环绕。售楼处尤显气派，足有半个足球场大，观景台面对的就是一望无际的大海。大厅里人挨着人，像是刚从网里撒到甲板上的无数条鱼，一个个亢奋并焦虑着。柳婳在人群中找到楼盘的置业顾问时，已满头大汗。她说一百万以内的房子已经售罄，一百万出头的也只剩了几套。看了样板间，我很满意，拍了视频发给战友，他也认可，只是希望价格上能再优惠一下，最好不要超过一百万。

　　置业顾问告诉我们，不可能再有优惠了，你们不要，房子马上就有人要交订金。话音未落，她的同事就打进电话，说我们看上的那套房子已经售出。太太慌了，要定另一套，我把太太拉到一边，说沉住气，这不过是一种营销手段。看来，柳婳太想做成这笔业务了，她和置业顾问交涉了很长时间，计价器啪啪啪按来按去，最后筋疲力尽地说，一百零一万，实在没有杀价空间了。我还是想再坚持一下，便摆出并不在乎的样子，说考虑考虑，明天再定吧。柳婳笑了，这回我确定是不以为然的笑：明天，留不到明天了。置业顾问很适时地举起手机问她：要不要？不要马上有客户签单。柳婳略一沉吟，仿佛做出了一个重大决定，说要，把房留住。又扭头对我们说，保证不超过一百万，去打定金吧。交完定金回来，柳婳递给我们一个牛皮纸信封，说这是给你们优惠的一万元现金券，请收好。这样房款总价正好一百万，满意了吧。我看了太太一眼，得意地笑了，一切在我的预判之中，狐狸终究没有斗过猎手。

十天以后，我们陪着从张家口赶来的战友去交房款。划卡的时候，财务小姐看了看电脑中显示的房价，说根本不可能降价嘛！一旁的置业顾问说，其实是降价了，柳婳把她自己的一万元佣金舍弃了。我听了心头一动：啊，原来那一万元现金卷是柳婳应得的佣金！那天回家以后，我还一再向太太炫耀我的先见之明，表功说交易的过程就是心理较量的过程。如果不是我的坚持，就没有对方的最后妥协。即使又便宜了一万元，柳婳也依然有利可图。唉，生活中我们太习惯于从坏的角度去揣度别人，而往往缺少必要的善意与信任。在易粪相食成为一种生活常态的时候，每一个人要做的其实不是愤怒的指责，而是深刻的自省。

柳婳很忙，每天要穿梭于三亚多个楼盘之间，为她联系的客户提供置业参考。太太告诉我，她是长春郊区的一个女孩儿，带着梦想来到这座海滨城市打拼。她的梦想并非是得到一双灰姑娘的水晶鞋，它平凡而简单——就是在三亚能买上一套户主写着自己名字的住房。只是，抵达梦想的路却异常艰辛。她和一位同事合租了一间只有十平方米的平房，正值花季的她给自己设定的生活消费标准每月不超过二千元，包括房租和化妆品。有时候，一包方便面、一碗抱罗粉便是她的中餐或者晚餐。她把微笑带给了客户，留下苦涩自己独自品尝。人海茫茫，也许我们就此擦肩而过，但是我们会把这一份感动留在心里。

三个月以后，回到北京的我们几乎已经把这个美丽的售楼小姐淡忘了。在一个晚霞燃烧的傍晚，太太突然接到了她从三亚打来的长途，说是想和我探讨一下《吐火女神》中女主人公的命运走向。我有些愕然，接过手机，柳姵对我说，女主人公辛怡之死源于内心的自我迷失，具有很强的警世作用，对人性弱点和社会病象的批判也深刻而有力。只是，能不能让她以实际行动完成一次内心的自我救赎？悲剧的意义固然是把美好的东西撕碎了给世人看，但是在命运的重重雾霾中，难道不可以打进一束希望的亮光吗？哪怕一灯如豆。

我很惊讶，不仅仅是她的意见非常专业，超出我的预料；更是因为在物欲横流的当下，一个游走于城市边缘、为了卑微的梦想而努力打拼的女孩儿，居然能够在一间十平方米的小屋里，拖着疲惫的身躯、伴着橘黄的灯光，读完了一本和她的谋生手段几乎完全无关的纸版长篇小说。这让我感到惭愧，同时也感到温暖，就像三亚冬日那明丽而轻柔的阳光照在身上。

我说，谢谢你读完了这部小说，真的，非常感谢。如果有机会重印，我会认真考虑你的意见。但是现在，我更想说的一句话是：对不起！

对不起？为什么？远在三亚的柳姗有点莫名其妙。

你忙活半天却没有拿到应该得到的报酬，你不觉得很亏吗？

她先是一愣，继而又咯咯地笑了，说我只是没有拿到一笔业务佣金，而你的朋友却可以使生活质量得到根本性改善，这怎么叫亏呢？我失去了这单业务，还有很多业务在等待我，而你的朋友失去了这次机会，也许在三亚就永远不会有一盏属于他的灯光了，明明是赚了呀。

我说，即便这样，我依然觉得愧疚，以这种方式完成购房绝非初衷。

柳姗说，叔叔，你真的不必愧疚，反而应该祝贺我。

祝贺你？为什么？

因为我的梦想已经出发。

原来，五一时公司组织员工联欢，柳姗在游戏的环节被幸运女神眷顾，得了一个不小的红包；由于工作业绩突出，公司还特别奖励了她一万元。现在她已经支付了30%的首付款，如果不出意外，若干年之后，她在美丽的三亚就会拥有一套写在自己名下的两居室住房。她的爸爸妈妈将可以过上候鸟式的晚年生活，退休后每年来三亚度过温暖的冬季。

梦想已经出发——说得真好。我明白，那一盏属于柳姮的灯光只是她梦想的形式，点亮它的分明是对一份美好生活的企盼，对一个人生目标的追求。她的梦想微如萤火，但无数个这样微小的梦想抵达彼岸时，中国梦才会摇曳生姿、绚烂辉煌。

原载于2017年11月14日《光明日报》

渐冻的舞者（外一篇）

葛敏在朋友圈说，她的北京之行很快结束，将返回老家南通。我留言：走之前请你吃饭。我知道，吃饭对于她无异一场战争，每次吞咽都要靠求生的意志支撑。可是，我依然希望以此来表达对她的敬意。在我心中，她是令人震撼的人生传奇。

知道葛敏始于朋友介绍。36岁的她曾被幸运女神格外眷顾：小学四年级考上上海市舞蹈学校，毕业后成了上海市歌舞团主要演员，而后又到上海戏剧学院舞蹈系读大专。2003年考入北京舞蹈学院，完成了本科和硕士连读，开始从事专业舞蹈教学。我看过她的教学和演出视频，芭蕾舞、民族舞、现代舞，她在聚光灯下矫若游龙，鸾回凤翥，举手投足间疑为天人——这哪里是跳舞，分明是一团生命的精灵在舞台上绽放。

葛敏永远也忘不了那天。两年多前的一个冬日，雾霾弥漫，如雾如烟。

北医三院的专家认真为她检查身体，又仔细翻看了此前各个医院的病历，抬头望着葛敏，目光中闪过一缕令人揪心的同情：姑娘，如果我的判断没错，你得的是MND。葛敏对这个名字颇为陌生，她掏出手机迅速搜索：MND，又称渐冻症。患者先是脚，后是手臂、手指，最后全身肌肉都像被冰雪冻住一样，丧失行动能力，直至吞咽和呼吸功能丧失。病因不明，尚无有效的治疗手段，患者多在发病三到五年死于呼吸衰竭。

怎么可能？我只是语音不清，吃鱼容易卡刺，医生怎么可以开这样的玩笑？她不想承认，更不敢面对。可是，语言功能的完全丧失和双臂渐渐麻木印证了专家的诊断。她绝望了。她想到了死。衣袂飘飘的轻盈舞者与全身僵硬的绝症病人，这中间的落差实在太大，葛敏柔弱的内心根本无法承受。伤心枕上三更雨，点滴霖霪。她终日以泪洗面、痛不欲生。她觉得人生已被死神之翼完全覆盖，漆黑一团，伸手不见五指。

怨妇！自私鬼！可怜虫！葛敏没有想到，最终引领她走出黑暗的不仅是亲人、朋友的爱与劝慰，更是远在大洋彼岸一位朋友毫不留情的各种责骂。

——你难道不是怨妇吗？一天到晚哭天抹泪、自哀自怨，你以为世界上只有你最惨？告诉你，忧伤无人认领，如果泪水可以摆脱厄运，世界上就不会有一条干枯的河流了。

——你难道不是自私鬼吗？死很容易，一把刀、一根绳、一瓶安眠药就可以如愿以偿。你摆脱了、轻松了，可是你想到过满头白发的双亲吗？想到过天真无邪的儿子吗？想到过那么多爱你、关心你的同事、朋友和学生吗？

——可怜虫，你无路可走！如果你不想被家人嫌弃，不愿被朋友轻蔑，只能在生活中突围。你可以不够坚强，但是不能怯懦；你可以不够勇敢，但是不能退缩；你可以被生活打败，但是不应该被生活缴械！

葛敏在微信中告诉我，真的很感谢这位朋友，整整八个月，她每天24小时守候手机，关注着葛敏情绪上的每一点细微变化，秒回她的各种抱怨和胡思乱想。她还给葛敏在网上订购了一本书：保罗的《当呼吸化为空气》。在人生道路上十分成功的保罗，忽然被诊断出患有第四期肺癌。作为医生和作家，他在这本书中直面死亡过程；告诉我们如何生存，死亡才是最好的老师。葛敏觉得自己和保罗有很多相似之处：同样三十多岁年纪，同样在事业的高峰突然被命运抛入人生谷底，但是保罗对生活意义的坚守却令葛敏自惭形秽。她告诉我，怕年老的父母承受不住压力，确诊后半年她一直封锁消息，如果不是朋友日夜守护，为她点燃了一盏心灯，也许早在另一个世界了。

安置好悲伤，葛敏重新出发了。

患病后最撕心裂肺的不仅是病痛，更是和儿子渐行渐远。

四岁的儿子和小朋友玩累了，向妈妈撒娇求抱。因为手臂力量不足，葛敏放下孩子的瞬间竟把他的脑袋重重摔在了运动器械上。渐渐地，葛敏吃饭都要人喂，生活已经不能自理。她注定要远离儿子的世界了，所有的努力都无法摆脱被红牌判罚出场的宿命，她不得不把儿子送到了北京的阿姨家。一个月后她来到北京，因为她无法剪断对儿子的思念。等儿子睡着了，她由人搀扶着躺到儿子身旁。灯熄了，夜幕渐渐降临。月亮挂在树梢上，将一片惨淡的微光撒在床头。她想靠近儿子，她想把儿子蹬开的被子重新搭在他肚子上，她怕秋夜的寒风让儿子着凉。可是，她的身体和手臂一动也不能动，只能用牙咬着被角，一点点搭在儿子身上。夜深了，她眼睛一眨不眨地注视着儿子，默默倾听儿子的呼吸，那呼吸均匀而流畅，在万籁俱寂的子夜有如天籁。她的思绪随着儿子的呼吸一下子飘得很远很远。想到儿子将来上学、高考、参加工作、谈婚论嫁，作为母亲的她都将缺席，不由悲从心来，听凭泪水一滴滴顺着脸颊流进嘴里。儿子已经和她越来越陌生了，除了眼神，她无法用语言和行动表达对儿子的爱。对于一个不谙世事的幼童，又怎么能读懂母亲满怀深情的目光呢？早晨，儿子醒了，揉揉眼睛，看到躺在身旁的她，一骨碌爬起来，连鞋也没顾得上穿就跑到楼下找阿姨了。葛敏眼睛模糊了，也许，真的应该放手了。失去比得到痛苦，而痛苦是一道苦涩的咖啡，在生活的特定情境必须含泪啜饮。

葛敏把更多的精力投入公益事业。她和陌尘办了一个公众号，起名"冰语阁"。陌尘是她就诊时结识的病友，年届不惑、英俊潇洒，曾是一名警官。绝望中的葛敏曾问过他，明明知道没有希望，为什么我们还要坚持？陌尘回答说，因为爱。即使最终和希望失之交臂，我们也要留给世界一个优美的背影。他的病情比葛敏发展迅速，但是他坚强、乐观，永不言败。他要和葛敏一起，把"冰语阁"变成一个温暖的大家庭，让病友们感受彼此的呼吸、心跳和温暖。在这里，病友和家属们关注着MND的最新科研信息，解答着各种患病后遇到的问题，交流着各自的护理经验。如果有谁表现出了悲观和绝望，各种鼓励就会像春天的花瓣一样飘洒。葛敏把自己文章打赏得到的五万元钱，全部用在了"冰语阁"运营上，定时给生活困难的病友发放补贴。她还发出倡议，希望病友和家属拿起笔来写一本书。她为这本书确定的主题是：因为爱，所以坚持。

空下的时间葛敏还要做两件很重要的事：一件是办好舞蹈培训班。她不能跳舞了，她的生活中却不能没有舞蹈。月色和星光缺失，高远的夜空还会迷人吗？她坐着轮椅来到课堂，认真观察学生的一招一式，把发现的问题和解决方案一一告诉现场的助理。舞蹈是脚步的诗歌，她想让学生理解，激情比技巧更能让心中的美绽放。我曾在她的文章后面读到过这样的留言：老师，今天吃晚饭时，妈妈听我说了您的情况，哭了，她让我以后下了课去抱抱您。再有一件事就是写作，写自己与病魔抗争的经历和感悟，更多的文字是写给儿子的。每一个重要人生节点，她都给儿子留下了一封信。她的身体可以缺席，她的爱却会像洁白的栀子花，永远盛开在儿子长大的路上。

在北京东北部的酒厂艺术区，我第一次见到了葛敏。这里原是一片废弃的厂房，如今有几十家艺术类公司安营扎寨，门面装修各异、风格前卫，很有一些现代气息。博纳影视传媒的会客室宽敞明亮，精明干练的女总裁赵宏丽招呼几位先来的朋友喝茶。大家从不同的渠道走近了葛敏，走近了渐冻人群体；今天，又为了一件共同的社会公益聚集到一起：落实、解决《因为爱，所以坚持》一书的编辑、出版和新书发布会各项事宜。这本由渐冻人患者和家属撰写的书，是葛敏要展现给世界的一幅画卷。他们以情感着色，用心血描绘，画卷中有杜鹃啼血，蚌病生珠；有小草吐绿，苔花不败；还有杨柳随清风起舞，梅花迎飞雪盛开。

葛敏来了。我扭头望去，只见落地窗外一位梳着丸子头的青年女子正从轮椅上艰难站起，鸡心领练功服，黑色灯笼裤，眉清目秀、亭亭玉立。呀！快人快语的赵总脱口而出：葛敏坐轮椅了，上次不是还能慢慢走吗？心理咨询师李青回答：她的病情发展很快，医生说，过不了多久就要插管了。李青近来一直帮助葛敏整理书稿，熟悉情况。已经失去语言功能的葛敏发出的呜呜声，只有她能听懂；葛敏的眼神也只有她能领悟。在之后的交流中，她几乎成了葛敏的半个翻译。我印象中的渐冻人大都形如枯槁、骨瘦如柴，坐在那里的葛敏如果不说话，分明就是随时准备起舞的舞者。她的同学、歌舞编导朴美花告诉我，葛敏因为注重锻炼使病情得以延缓，但身体还是一天不如一天。不过她的精神却越来越强大。你看，这是她不久前写给舞蹈圈的告别词。我接过朴导的手机：各位亲，算命大师说我能活80岁，所以大家不用担心，等过几年解冻了，我依然会东山再起。现在我只是临时被上帝抽调去干些公益哈。

我向葛敏招手示意，发去一条微信：葛敏，你是最棒的。

> 最黑的那一段路总要一个人走完。活着的每一天，我都会不哀怨，不气馁，不妥协！

看着葛敏的回复，我一时百感交集：世间还有什么比注视着死亡一步步逼近更为残酷呢？全身肌肉萎缩，甚至连眼部几块微小的肌肉最终也会完全丧失功能，只有大脑始终清醒，眼睛始终明澈——感受死神的阴影一寸寸吞噬生命的天空，这需要多么坚强的内心和多么豁达的胸怀啊！坐在对面的葛敏目光是那么明澈，心中分明洒满了阳光；而且从始至终她一直绽放着灿烂的笑容，即便低头打字时，脸上的表情也祥和、恬静，在午后的阳光映照下像是圣洁的雕像。是的，厄运将她的生活击成齑粉，她却用坚韧、真诚与爱，将其重新塑造成了一尊冰冻的女神，晶莹剔透、美丽而高贵。我知道，最终它会融化为水，但是它脚下的那片土地会因为水的润泽而丰茂，生长出一束束美丽的花来。

原载于2018年10月10日《人民日报》

坚持，走向成功的路标

世界文学史上，最令人惋惜的人也许非美国作家约翰·肯尼迪·图尔莫属了。他耗尽心血完成的长篇小说《笨蛋联盟》被屡屡退稿，以致失望至极，在32岁那一年自杀身亡。他走后的第11年，这部由母亲送到出版社案头的著作终于出版，并一路过关斩将，获得了美国文学界最权威的普利策小说奖。只是，图尔没有能够站上领奖台。

这个故事实在令人扼腕！生命既顽强又脆弱，它是像红梅一样迎风绽放，还是如夏花一样随雨凋零，原来常常取决于两个字：坚持。

坚持，实在是值得脱帽致敬的一个词汇。人事代谢、古往今来，高岸成谷、时易世变，大到一个国家、一个民族，小到一个群体、一个人，有哪一次兴衰不与坚持相关，有哪一次成功不与坚持为伴？楚虽三户、亡秦必楚，这是一个族群对于坚持的宣示；锲而不舍、金石可镂，这是一位智者对于坚持的认知。苏格拉底曾让他的弟子们做同一件事，每天甩手100次，一年后只有一个人坚持下来。这位叫柏拉图的学生后来所以成了可以和老师比肩的伟大哲学家，当然不是因为他每天甩了100次手，可是谁又能够否认，在甩手这件小事上所体现出来的坚持精神，正是柏拉图取得成功的秘诀呢？

坚持，需要百折不挠的意志。柏拉图说，小鸟飞不过沧海，是因为小鸟没有飞过沧海的勇气。渐冻症患者葛敏曾经告诉我，最绝望的时候她也多次想到放弃，是友人讲述的一则故事使她领悟了坚持的含义：记者问一位历经挫折的成功者，在最苦难的日子你凭什么一次又一次砥砺前行？成功者伸出手，说如果我松手，手中的水杯会怎样？答案不言而喻。可是他手一松，杯子掉在地上却完好无损，原来这是一只用玻璃钢制作的特殊杯子。葛敏明白了，这样的人即使只剩一口气，也会努力去拉住成功的手，不哀怨、不放弃、不妥协，除非上苍剥夺了他的生命。《为了爱，所以坚持》一文接到采用通知后，我微信告诉葛敏，才知道病情仍在发展的姑娘又在筹划一个新项目：拍摄一部ALS病人的专题护理片。是的，如果把坚持比作一辆列车，它从来也不会超员，有太多的人会在行进的途中下车。坚持的过程中痛苦如影相随，没有坚强的意志，绝望就会像巨大的阴影吞噬生命的天空。

顽强的意志，源于对内心信念的忠诚度。击败我们的往往不是困境本身，而是自己。因为我们不知道再坚持下去还有没有意义。这时候，执着的信念才是坚持下去的保证。苏武执节出域，面对威逼凛然不屈，身处绝境坦然面对。青丝熬成白发，十九年后终归故国，是因为他回家的信念始终未曾动摇。司马迁直言获罪，忍辱接受宫刑，"每念斯耻，汗未尝不发背沾衣也"，却承受着难于承受的屈辱，历时13载，朝乾夕惕、笔耕不辍，是为了积平生之所学，完成一部理想中的史学巨著。《笨蛋联盟》最终得以出版，同样归功于作家母亲的坚定信念。看到独生子的遗书，老人当即昏倒。当这位母亲重新站起来的时候，她确信儿子在写作方面是个天才。之后十年，一次又一次试图说服出版商，小说不能出版不只是她和儿子的损失，而是整个世界的损失。总有一天，《笨蛋联盟》会成为人们交口称赞的伟大作品。如果这位坚强的母亲没有这一信念支撑，人类的精神宝库就少了一颗璀璨的珍珠。生活中的情况往往是，我们不是看到希望再坚持，而是坚持了才能看到希望。山穷水尽、柳暗花明，两种景色的迥然转换是因为你多走了几步。而这几步或许是你人生中最黑暗的路程，只有内心的信念才能引领你去穿越。

一般而言，成功有物质和精神层面两种。物质层面自不必说了，因为坚持，取得了一项科研成果、获得了一个重大发现，从而产生了巨大的社会财富，这样的成功显而易见。精神层面的成功则很难用物质的转换来衡量。葛敏问病友陌尘——真名叫陈君的中年警官，解冻在很远的路上，和它的相遇或许渺茫，成功对于我们意味着什么？陈君回答说，在等待解冻的过程中，让我们的生活变得有意义，即便最终我们和解冻失之交臂，离开时也要留给世界一个美丽的背影，这样的人生难道不同样成功吗？现在陈君很难进食了，他已经看见了死神张开的羽翼，但是他依然乐观、坚强。他还和葛敏开玩笑，说我不能吃了，你要替我多吃，我要看着你把ALS打败。这使我想起了罗曼·罗兰的话："世界上只有一种英雄主义，就是在认清生活的真相后，依然热爱生活。这些人或许身处困苦，却不曾低下他们高贵的头颅，这才是生活的真谛。"

　　由此，我还想到了登山。珠穆朗玛峰脚下，每一年都会有几十个国家的登山队扎起营盘。在冲顶的山路两旁，平均每隔几十米就留有一具登山者的遗体。他们或者陷落在冰缝中，再也看不到明天升起的太阳；或者长眠在雪山上，再也听不到亲人的呼唤。少数登顶成功者，无非是迎着呼啸的山风，在8844米的地球之巅展示一下迎风招展的国旗。有意义吗？当然有。登山的意义就在于——登山过程中与风雪的搏斗，超越身体极限的努力，以及长眠于此的登山者不屈的身姿和壮丽的风光给你的内心震撼和心灵升华。作家张健是中国体育报资深记者，曾随中国登山队冲顶珠穆朗玛峰。他认为登山的过程就是坚持的过程，昭示着一种充塞天地之间的生命豪气，展示的是人类虽九死而不悔的不屈精神，登山者在风雪中迈出的步子，其实是对生命的真情拥抱。它的意义正在于对艰难、未知和极限的挑战。

　　陈君在回答葛敏为什么要坚持的问题时，说过三个字：因为爱；张健在向我阐释登山的意义时也有一句话令我难忘：登山者在生命极地的互助精神，映照出的是人类大爱。没有一个登山者不被这种爱所震撼、所净化。是的，爱能为我们提供不竭的精神动能，支撑"人"字巍然屹立于天地之间。正如十八世纪法国画家夏尔丹所说："人类在探索太空、征服自然后，将会发现自己还有一股更大的能力，那就是爱的力量，当这天来临时，人类文明将迈向一个新的纪元。"

　　——有爱就能坚持；只要坚持，梦能抵达的地方，脚步也一定可以走到！

　　　　　　　　　　　原载于2018年12月29日《人民日报》

贝天牧先生

　　贝天牧先生递给我一张名片，那上面的头衔是：美国菲力普·海德基金会驻北京办事处首席代表。不过，如果你按照名片上的地址到燕莎商务中心去找他，十有八九会扑空，因为他的办公室实际上在位于廊坊的家中，如果没有发给他的传真，他轻易不会到燕莎商务中心去。准确地说，他在那里不过是租用了一部电话和一台传真机而已，商务中心的工作人员会把有关他的信息及时转告给他。所以，当我第一次把电话打到商务中心时，接电话的小姐便和我有了如下的对话：你是贝天牧先生的秘书？不是。那么，你是他公司的职员？也不是。那……？我是这儿的工作人员。租用一间豪华的办公室固然很风光、很气派，可是，贝天牧先生舍不得花钱。

　　贝天牧是Timothy J. Baker的中文译名，他是个典型的"美国佬"，年届不惑，身高1.80米，金发碧眼，鼻直口阔，长得有点像姜昆的洋徒弟大山，只是显得比大山更成熟、更有厚度。

　　说起他的"抠门儿"，比国人有过之而无不及。

　　比如，他请人吃饭，三个人一般只要两个菜，而且从来都是上小饭馆儿，以致他一进门，熟悉他的饭馆儿老板就撇嘴：得，穷老外又来了！如果是他一个人，一个汉堡包就是一顿午餐。有一次，他携妻儿破天荒地请一位相交了七八年的中国老友吃麦当劳。饭毕，他望着老友面前剩下的几根炸土豆条，很绅士地说：如果您不介意的话，我想把这土豆条打包带走。

　　从他的"坐骑"上，我们也可以深切地感受到他的吝啬。最早，他开的是一辆2020吉普，三天两头儿出毛病。因为他去买车时没货，销售点儿的经理便介绍他买了一辆拼装车，许多零部件都是旧的，价钱却一分钱也没便宜。他的事情太多了，没有工夫去"消协"理论，只好伸长脖子让黑了心肝的经销商宰了一刀。无奈之余，贝天牧先生一狠心、一跺脚换了一辆切诺基。这辆车他倒是很满意、很爱惜，可是，他的秘书裴青小姐告诉我，最近，他又考虑换车了，想换一辆八个座儿的面包。因为他有老婆和六个孩子，全家人一起上街，切诺基坐不下。不过，面包车分单双号，他正为此而犯愁。

　　贝天牧先生也有很大度的时候。

　　在美国，他是中学老师，收入不菲，有汽车、洋房、娇妻、爱女。可是，1988年他通过美国大学语言服务中心的介绍，毅然来到中国抚顺的石油化工学校教授英语，月薪仅300美元。

我问他为什么选择了中国？

他说说不清，但有两点可以说清楚，一个是，他的六个儿女中有三个是收养的中国孤儿，其中一对双胞胎男孩还有残疾；一个是他到中国来不是为了挣钱。现在，美国一家教会组织每月捐赠给他的钱仅够维持他的日常开支，他还要省出一部分钱来为收养的中国病残孤儿求医治病。所以，他必须节俭。

他不是首席代表吗？为什么要靠人家捐赠？

这不得不说到他的一位同事，一位朋友，一位虽无血缘关系却胜似亲人的兄弟。

1991年，贝天牧先生从抚顺调到北京航空学院教授英语，由于勤勉敬业，升任美国大学语言服务中心中国地区负责人。为此，美国本部给他派来了一位助手。那时候，贝天牧先生已经收养了一位被遗弃的中国女婴，加上他原来的三个女儿，被人称为"四朵金花"。助手待四个女孩如同己出，他们相处得很好，因为他们同样善良、真诚，同样热爱中国。1994年，他和助手一块去长春看望援教的其他美国老师。第二天，身体壮得像一头牛似的助手忽然感到身体不适，他希望回北京看医生，于是两人登上返京的列车。半夜，熟睡中的贝天牧先生突然被一声惨叫惊醒，他翻身下床，见助手因脑血管破裂已骑鹤西去。助手猝然辞世，贝天牧先生悲痛不已，但是在助手从发病到料理后事的过程中，相识的和不相识的中国人所表现出来的热情与爱心却使他感动不已，他决家用助手的名字命名一个基金会，专门从事帮助中国人民的慈善事业，这就是菲力普·海德基金会的由来。为了确保财务廉洁，作为首席代表的贝天牧先生不在办事处拿一分钱。

说到中国人对他的关切与热情，贝天牧先生打了一个比喻：天天都像当总统。

我笑着戏谑：你这总统不需要竞选就可以连任。

贝天牧先生双肩一耸，做了一个很得意的样子。

基金会北京办事处成立以来，已经做了许多慈善项目。他们筹集到的善款，除按有关法规扣除百分之七用于必要的办公费用支出外，全部用于慈善事业。为了节省开支，他只聘用了一个中国女孩儿做专职秘书，其余全是义工，连美国现任驻华大使的夫人也效力于他的麾下。秘书也是在自己家里办公，两个人通过电话联络；每个月，秘书到贝天牧先生在廊坊的家里小住数日，处理一些必须见面才可以处理的公务，同时，陪孩子们玩上两天。办事处的财务处于一个国际审计机构的严格监督之下，定期审计。

熟悉贝天牧先生的人都知道，异常"抠门儿"的他有时开口却很大方。比如，中国同行问他：有一批兔唇儿童需要做修补手术，大约需要5万美金，有困难吗？某地发生水灾，需要一批救灾物资，大约需要3万美金，能筹集到吗？贝天牧先生常常不假思索地回答：我想，应该没有问题。其实，说这话的时候他的兜里恐怕连100美金都没有。不过，没有关系，他立马会开上那辆总出毛病的2020吉普，奔走于外国驻北京的各个商社与机构之间，一美元一美元地去筹集；同时再通过电脑网络向世界各地他的支持者们求援，直到钱款筹齐，贝天牧先生才会长长吐出一口气。

张北地区发生地震的时候，贝天牧先生正在北京的丽都饭店开会，他感到了轻微的晃动。晚上从新闻联播中得知张家口地区发生地震，贝天牧先生心急如焚，因为张家口儿童福利院是他常去的地方，他正准备再从那里收养两个病残孤儿。于是急忙打去长途，了解到震中是在张北县。

第二天，在北京的一家专供外国人做礼拜的教堂里，贝天牧先生在人们祈祷之前发表了这样一篇极富感情的演说：

"……在座的各位是否还记得起来，昨天中午你们在做些什么？也许，你们的书本掉在了地下，或者水杯溢出了水。无论如何，你们没有遇到难题。可是，在中国的张北县，却有10万人因为地壳毫无规则地一晃而失去了家园，有几十人因此而升入天堂。现在，北京的气温是零下2—5度，教堂里更是温暖如春，可是我们不要忘了，还有近10万人正在零下30多度的严寒里等待着我们的救援，请献出您的爱心吧……"

那一天，贝天牧先生筹集到了5万多美金善款。张北地区发生地震，菲力普·海德基金会通过各种途径，一共从外国和外国驻京商社、机构筹集到200万元人民币的善款。

贝天牧先生告诉我，他的外国朋友们因为他而骄傲，因为正是他在张北人民需要救援的时候挺身而出，使他们有机会献出了一份爱心。

贝天牧先生所以心甘情愿地为慈善事业四处奔走，缘于他的信仰——他是一名虔诚的基督教徒。

1977年以前，贝天牧先生还是一个整天纵情于声色的新潮青年。

"那时候，我每天喝酒、跳舞，有很多女朋友，可是内心都觉得很空虚、很无聊。"

他的哥哥把他带入了教堂。10岁丧父的贝天牧先生从教父那里获得了精神上的慰藉与关爱。这以后他认识了同是基督教徒的女友卡米。从见到卡米的第一眼起，他的心头就萌生了一种强烈的感觉：自己的一生将和卡米的一生联系在一起，终生不会改变，不会分开了。卡米对贝天牧先生也一见钟情，她心甘情愿地放弃了美国舒适的生活环境，追随丈夫来到了一片神秘的土地——中国，对慈善事业的热爱一点也不逊色于丈夫。前些时，贝天牧先生决定再收养一对残疾孤儿双胞胎的决定做出后，卡米同意，但不是很积极。她是家庭主妇，她心里自然明了，再增加两个残疾孤儿的衣食、治疗和保姆费用将给本不宽裕的家庭生活带来什么。那天晚上，夫妻俩看了一个电视片，当演到某国因饥荒许多妇女和儿童挣扎在死亡线上时，卡米泪流满面，她指责自己太自私了，为什么不可以更多地去帮助孤独无助的人？她请求上帝宽恕，她发誓要献出一片爱心来洗刷掉心中的罪恶。从那一天开始，她就天天盼、日日想，两个残疾双胞胎男婴进家的那天，她像过圣诞节一样快乐！

"我们对上帝有信心，主把孩子降福于我，就一定能让他们的病好起来。即使治不好，也不会妨碍我们对他们的爱！"

贝天牧先生向我说这番话的时候，他那对深蓝色的双眸一闪一闪的，流淌出无限的深情与慈爱。那眼波犹如一泓清泉、一股热流，使任何一个人的心都会为之纯洁，为之感动。

作为虔诚的基督教徒，贝天牧先生也干出过让人啼笑皆非的事。

裴青小姐告诉我，前不久，贝天牧先生及夫人和一名女翻译、一名某地福利院的院长到石家庄为他收养的双胞胎男婴办理护照。下榻的石家庄儿童福利院正巧只有两间空房，本来已有约定，两男两女各住一间。不想，那位男性院长晚上办完事回来，见贝天牧先生和夫人已熄灯就寝，门口还挂了一块牌子：请勿打扰。另一间房子已被女翻译"捷足先登"。可怜这位男同胞兜里只有50元钱，身份证等物又在贝天牧先生的房间里拿不出，数九寒冬，辗转周折到下半夜才在一位朋友家得以栖身。第二天，院长质问贝天牧先生，不想这位蓝眼睛的"老外"双手一摊，还一脸的无奈："请原谅。因为按基督教的教义，丈夫和妻子是不能分开住的。"

瞎，这个老贝！

说起来惭愧，改革开放已经快20年了，我的朋友中还没有一位"老外"。曾与金发碧眼的洋人有过几次交往，大都是擦肩而过。和贝天牧先生握别时，我却有了一种相识已久的感觉。我们的信仰不同，但这并不妨碍我们成为朋友。贝天牧先生的老乡——美国著名心理学家马斯洛曾对北美印第安人的一个部落进行过详细的考察与研究，结论表明，无论人类阶段性的信仰与价值观念如何千差万别，但是作为宇宙间的万物之灵，它总有一个基本的、潜在的、而且是跨文化的价值标准：真、善、美、正义以及欢乐，等等，它是人类的内在本性，是人类生理特征的一个组成部分，它们是本能的，而不是后天获得的。换句话说，即人类有一个共同的终极价值，有一个为人类整体所认同的远大目标。贝天牧先生是善良的，笔者也自信有一颗爱心，那么，还有什么能够阻隔我们呢？

没有。你说呢？贝天牧先生。

原载于1998年9月7日《文汇报》

安娜小姐

　　起程赴欧洲之前，旅行社的孙小姐就告诉我，接待我们的全陪安娜小姐是意大利东斯特拉旅行社的"中国通"，她年轻、漂亮，善解人意并极能干。对于我这个"半调子"英语的《人民文学》作家考察团领队来说，自然喜不自胜，因为这意味着我将省却许多麻烦，有更多的时间去饱餐异国秀色。

　　不想，刚在罗马下了飞机，就叫我憋了一口闷气——

　　在行李传送带前，我们伫立良久，直到一件行李也没有了，仍未见到我们托运的行李。找到海关官员，他听我们连说带比划了半天，只是双手一摊，表示爱莫能助。没办法，我只好跑出海关去找安娜，因为按约定，我们一在罗马下了飞机，就由她全权负责了。好在意大利的警官并不特别"刻板"，听任我在海关自由出入，直到与拿了一块接机牌的安娜小姐接上头。不过，确实年轻并且漂亮的安娜却没有表现出"善解人意"和"极为能干"，她随我来到海关门口，竟如钉子一般站定了，说这是海关，不可以随便进的。无论我怎样动员，她只是望着那几位高大健壮的同胞，轻轻地摆着手，那双像海水一样湛蓝的双眸中，充溢着敬畏，渴求和几缕无奈与焦灼。其实，人家警官很"通情达理"，我只是用手势比划了一下我们遇到的困难，他便很潇洒地一摆头，说了一句带颤音的中文单词：请——进！

这个安娜小姐，真是太刻板了。

过了不久，我又一次领教了她的刻板：那天，我们乘车从所住的宾馆赴古罗马斗兽场参观。途中，见一满头飘雪的长者正悠闲地喂食鸽子，他身旁的地下放着一个提包。

蓝天，绿草，白鸽，那情景真的很美也很祥和。可是，另一个像是散步的戴鸭舌帽的老头儿，突然间拾起地上的提包就要跑，两个老头拉扯起来，不过一二个回合，年长者终于不敌，"鸭舌帽"得手后撒腿就跑，拐进一条街道后，把提包扔进路旁的草丛，正正帽子，便大摇大摆地走了。此时，路上空无一人，我于是示意安娜小姐停车，以便我们"见义勇为"，但是安娜把脸一扭，似乎没看见一样。

这个安娜，不仅刻板，简直有些不近人情了。

或许安娜也感觉到了我的情绪，除必讲不可的话外，对我总是"敬而远之"，我也是一幅公事公办的神态，对她的工作时有指责。如果不是发生了另外一件事，我也许会带着这种印象结束欧洲之行。

事情是这样的：那天，我们路过一个很大的皮革市场，大家提出要购买一些意大利的皮革制品。因为意大利的皮子在世界上享有盛誉。于是，约定一个小时以后在市场门口集中。我在一个摊位前看上了一只女式皮包，准备买回去送给妻子，正讨价还价间，安娜不知什么时候出现在了我的身后，对一个留着络腮胡子的中年汉子说了些什么。她说的是意大利语，我听不懂，但是从她的神态中我感觉到了她的激动、严厉和愤怒。果然，那意大利中年汉子将一个钱夹放到她的手上，然后，扬起右手，用拇指和食指很脆地打了一个"榧子"，冲我做了一个怪样，走了。

上帝！我的钱包。原来，这家伙是趁我不备时伸出了第三只手，早就听说意大利窃贼猖獗，果然言之不谬。我接过钱包，连忙向安娜道谢。

安娜那两道弯弯的柳叶眉轻轻向上一挑，嘴角便荡出了一丝笑意。她摆摆手，很中国地说了一句：不客气。

原来，安娜从这里过，见那莲蓬胡子一劲儿在我身后挤，凭经验断定他不是"良民"，于是悄悄盯着他，在他刚一得手时"挺身而出"。

我问，你都跟他说了些什么？

安娜一笑，我说你把钱包还给他，否则我就要报警了！我还说，他是一个中国作家，作为一个意大利人，你难道愿意让他带着这样一种遗憾离开意大利吗？

我问你不怕吗？

安娜瞪着一双湛蓝湛蓝的双眸反问我，为什么要怕呢？他干的事见不得人，而我做得光明正大，他应该怕我才对啊！

我有些糊涂了。以此观之，安娜本有正义感，可为什么会发生车上的一幕呢？听我说出疑问，安娜很认真地自问自答：为什么不停车？因为那是警察的工作，而我的工作是当好你们的陪同。而且我们的日程表是以分为单位安排的，上面并没有抓小偷的内容！见我疑惑，她又说，他干了坏事，上帝会惩罚他的。至于今天就不同了，你是我的客人啊！我咧咧嘴，想笑一笑。不过，那笑容肯定有点尴尬，因为我还没有弄明白应该怎样理解安娜的作法，到底是忠于职守还是刻板冷漠？

凭心而说，安娜对工作是很尽责的。

比如，参观考察时，她总是甩开那两条长腿跑前跑后，当我们饥肠辘辘地坐在餐桌旁时，常常会发现少了安娜。因为30多人的考察团，且年龄大者居多，总有人或因贪恋异国风光，或因体弱跟不上队伍而落在后边。安娜要把掉队的人一个一个找齐才会坐在餐桌旁，而这时差不多又到了出发的时间。加之她对中餐不很习惯，常常是还没吃几口饭又举起考察团特制的小旗子，走在队伍前头了。

在巴黎时，我感到安娜有点郁郁寡欢。团里的诗人小文提议，安娜或许太累了，我们买一束花送给她吧。我想，也是。就在昨天，团里的一位老先生因为走路不小心摔了一跤，本不是什么大不了的事，可是晚上回到宾馆后，安娜却坚持带他到医院去做了检查和治疗，然后又联系保险公司赔付，折腾了大半宿；刚才还趁午餐时跑了好几条街道，为四川的一位诗人去买一种适合欧洲用的电源插座，以便他每天晚上及时为自带的录像机充电。鲜花很快买来了，是一束鲜艳的红玫瑰，安娜小姐接受它时特别高兴。她把鲜花放在唇上，不停地抽动着，仿佛是在吸吮着什么琼浆玉液，双眸也变得明亮起来，如同燃着了两颗火星：谢谢你们，它会让我度过非常愉快的一天。果然，这一天中，安娜始终小心翼翼地捧着这束花，吃晚餐时，还特意把它插在了餐桌中间的花瓶里，对着它端详了好一会儿。我当时还以为，这束花仅仅驱走了安娜的劳累，实在不曾想到，如果没有这一份浪漫，安娜也许会中途弃我们而去。

那是回到北京后，为我们安排这次考察活动的孙小姐告诉我们：当安娜得知她将成为一个中国作家考察团的陪同时非常激动，因为她对中国文化非常感兴趣，曾在北京和西安就读汉语专业，业余时间喜欢读诗和小说。可是，在巴黎圣母院，在卢浮宫，在巴尔扎克和雨果的故居，面对着中国作家提出的一个个深层次的问题，旅游学院毕业的安娜常常感到力有不逮。望着作家们时而流露出来的失望神色，她很自责也很痛苦，曾打电话给总部，希望换一个比她更精通欧洲文学的陪同来。我知道，意大利的经济不很景气，找一份工作很难，尤其像这种收入不菲的职业，所以她很珍惜。而中途一旦被换回，安娜应该知道这意味着什么。但是，她宁肯冒着失去这份工作的危险也不愿意让中国客人失望，这使我很感动，如果当时我明白真相，一定会向她献上一份更厚重的敬意。聊以自慰的是，不经意间送上的那一束鲜花换回了安娜小姐的自信，也让她感受到了中国作家的真挚与友善。

可是，安娜兴奋的情绪还没能持续一天，就又一次险些跌入冰谷。

第二天中午，参观完凡尔赛宫，安娜领着我们穿越了好几条街道来到一家中餐馆儿就餐，不想入座不久，竟被饭店的领班告之要在门外再等上一个小时。理由是，他们没有接到东斯特拉旅行社的传真，所以不能先接待我们。一些已疲惫不堪的团员愤怒了，吵吵着这是旅行社和你们之间的事，与我们无关。我见挤满饭厅的是一个台湾旅行团，不愿在异国他乡上演一场中国人的"内讧"，便动员大家离开了餐馆。安娜小姐确实能干，不到半小时就让我们在另一家中餐馆落座了。其实，在哪家餐馆就餐，东斯特拉旅行社总部早就事先安排了，安娜的责任就是领着我们到时去。这个差错，或者在总部，或者在餐馆，本与她无关，可是安娜却红着脸，目光中充满了歉疚与不安。吃饭时，每张桌子上了好几瓶啤酒，我找到餐馆领班询问原由，原来是安娜自己掏钱请客，以此对这次失误表示歉意。我认为不妥，提出啤酒费用自理，领班上身前倾，笑容可掬地摇摇头："不可以的，陪同小姐已经把钱付过了！"

渐渐地，我对安娜的善解人意和能干有了更深的感受。

考察团到瑞士后，我们下榻的是一座很豪华的四星级宾馆。入住时，服务员不允许我们单独将行李提进房间，而是由他们用行李车搬运，而后，每件行李要收取五美金小费。我找到安娜，说这种做法恐怕不妥。第一，我们没有要求他们提供这种服务；第二，即便这是他们酒店的规矩，所需费用也应该由旅行社支付，因为这是事先有约定的。安娜掏出手绢轻轻地擦去额头的汗水，眨了眨有着一双长睫毛的眼睛，语气很坚定地说，对，不应该付的，我去找他们的总经理交涉。过了一会儿，她敲开我的房间，说总经理已经下班了，不过明天上班后我会去找他说清楚的。第二天早晨，我跑完步从外边回到宾馆，见安娜正跟一位西装革履的绅士交谈，见我进来了，安娜迎上来笑着说这中间有点误会，现在搞清楚了，小费我们的旅行社已经事先付过了。我说，麻烦你了。安娜摆摆手，很中国地回答说："不用客气，这是我应该做的！"那语调中有几分调皮，还有几分幽默。

有些腼腆的安娜确有很幽默的一面。

考察接近尾声时，大家已经同安娜建立了很深厚的友谊。每到一个景点，都会逐一请安娜合影留念，我于是和她打趣，安娜你都快成道具了。安娜耸耸肩，反问我："那么，我是不是应该收费？"言毕，又很古典地笑着说："噢，开个玩笑。"

我不善于记外国人名，安娜的全称是安娜·丽莎，有时我会不经意地叫她蒙娜·丽莎，这时，很开心的安娜就会双肩一耸，两手一摊，很夸张地倒抽一口气说，噢，上帝，不敢当！

就要分手了。15天的行程弹指之间。我们从罗马起始，经佛罗伦萨、威尼斯、因斯布鲁克、慕尼黑、卢森堡、阿姆斯特丹、巴黎、日内瓦至苏黎世，将从这里乘飞机返回北京。在开往苏黎世国际机场的大客车上，想到就要和15天来一直与我们朝夕相处的安娜分手，大家都有些依依惜别。诗人小文更是情绪激动，朗诵了两句即兴创作的诗：

为什么我的心里装满了忧愁？因为我无法把你带走。

我对安娜的印象也有了很大的改观。她的善良、敬业和
能干是不容置疑的，偶尔表现出的一丝"冷漠"，或许也是源
于东西方两种不同的价值观吧。于是和安娜打趣，假如你没有
结婚，我们愿意你成为我们中国的儿媳妇；可惜，你已经结婚
了，那么，你就做我们嫁出去的姑娘吧！

安娜望着我，目光中流露出一缕疑惑。

来自遵义的作家赵剑平在一旁插话，大家的意思是，我们
都很欣赏你，我们愿意把你当成我们中国的姑娘。

安娜一听，笑了。那笑容很灿烂，很动人，像车窗外的蓝
天一般明澈，像蓝天下的白云一样纯洁……

原载于2000年8月26日《文汇报》

中辑 · 情缘

祭父书

1

一直想写一篇有关父亲的文章。五年了，却未着一字。

我睡眠不好，夜里多梦，真希望哪一天父亲能够悄然走进我的梦境。我会给他捶捶背、揉揉肩、洗洗脚，如果父亲有兴致，还可以带他逛逛王府井、大栅栏，回到三原胡同的大杂院去看一看健在的老街坊，那里有他太多的人生记忆。当然，我不会忘了在前门歇一下脚儿，去吃两笼都一处的烧麦。父亲最爱这一口儿了，烧麦就酒，越吃越有。我虽然戒酒多年，但是只要父亲高兴，也会和他开怀对饮。微醺半醉的时候，我会说出那句在心里尘封已久、却终未在他生前说出的话：爸爸，我是爱你的！可是，近两千个漫漫长夜，晨昏交替、冬去春来，父亲却一次也未曾走入我的梦中。

或许，九泉之下的父亲在生我的气？

父亲享年九十二岁，算是高寿；按民间说法，叫做喜丧。按说，我没有必要心怀自责。别的不说，三十多年来父亲起码喝掉了我孝敬他的上百瓶茅台吧？可是，我还是无法宽宥自己。面对无尽的夜色时常暗自垂泪：因为父亲神志清醒的最后时光，我没有到医院去探视；等我赶去时，他已经被推进了重症监护室，浑身上下插满了管子。我攥着他的手，他毫无反应；我叫他，他的眼皮动也不动一下。

事情本不该这样。那之前，妹妹刚带父亲做了全面体检，连医生都啧啧称奇，说九十多岁的老爷子，各项指标这么好，看来活过一百岁不成问题！家人也很高兴，开始设想怎样为百岁寿星庆生。没想到，晚上父亲看电视，起身时不小心摔了一跤。原本不是什么大不了的事儿，妹妹不放心，执意送医院检查。医生没查出什么毛病，只是觉得老人年岁大了，可以留院观察几天。妻子探视后回来告诉我，父亲红光满面、思维清晰，没事儿。妹妹为了增强老人体质特意开了一些营养针，还差两针，打完就可以出院了。正赶上那些天杂志社事情多，我听了便掉以轻心，想等到父亲出院了再去家里看望。没想到，护工喂饭时不当心呛到老人，当晚就被送进了重症监护室。

我第一时间赶到医院，听家人讲述了经过，怒不可遏，想找那护工讨个说法。兄嫂拦住了我，说他不是有意；再说一个护工穷了吧唧的，找了又能怎样？我听了家人的劝告，没有去找那个护工的麻烦。但是直到今天，我都无法解除心中的怨怼。父亲本该享百年之寿，因为你的失职才驾鹤西去。我没有去找你理论，决不意味着我原谅了你。

皇天后土在上，我指天发誓——我恨你！

2

印象中，人到中年的父亲风流倜傥。他有一条浅驼色毛料裤，一双棕色皮凉鞋，前后有包头的那种。我刚记事时他领我上街，配上一件白衬衣，在当年以灰色为主要色调的人流中还是挺博眼球的。当然，必须是夏天，如果是秋天或是冬天，父亲蓝色的中山装就会淹没在滚滚的人流中了。

上小学后，有了级别意识。在我居住的那个大杂院，父亲无疑级别最高。这个判断并非成年后做出，而是源于我幼时经历的一个场景。大约是秋天，因为父亲的那条裤子已经收起来了，皮凉鞋也打上鞋油装进一个纸盒子放到了床底下。一天傍晚，他正在房间里听收音机，记忆中的父亲特别喜欢京剧，凡收音机里播放裘盛戎或马连良，必会跟着有滋有味地哼唱几句。忽听院里有人喊，杜科长，杜科长在家吗？

杜科长？

那是20世纪60年代初，在我们这个大杂院里，有新桥饭店的厨师、电车公司的司机、首钢的工人、小饭馆的白案、公安局留用的旧警察，科长无疑是最大的官儿了，而这个官儿居然和我的父亲联系到了一起，让初谙世事的我着实得意了一把。这突如其来的大呼小叫，估计也部分满足了父亲的虚荣心。那时他四十来岁，耳聪目明，本可以在第一时间跨出房门，可是他没有马上起身。还是把门的邻居李大妈出门往里一指，说尽头北屋。

从此，不但我，全院的街坊都知道了，父亲是科长——北京市某公司科长。

这种小小的得意在我心中保持到了五年级。从二年级开始，我每次考试都是双百，年年被评为三好学生。1966年五一节前夕，我在学校布置黑板报，听见背后有一阵叽叽喳喳的议论声，回头一看，是新报到的几位实习老师来对号入座我这个学生里的小名人。那一刻，我的内心颇为享受。可是到了五年级下半学期，"文化大革命"爆发，作为少先队大队长的我，加入红卫兵的申请竟连个顿号都没有就被驳回了，理由是我的父亲有历史问题。这使我的自尊心受到重重一击，并让我的某些猜测得到了证实。

父亲很少在院子里悠闲地喝茶了，见了街坊也不再矜持地点头微笑。有几次我睡觉后，他背对着我在昏暗的台灯下写材料，而且会不时发出一两声长吁短叹。有一天，趁父亲的抽屉未锁，我偷偷翻出里面的几页纸，像贼一样慌慌张张看了一遍才大体得知，为一家生计，父亲在1946年经人介绍曾服役于傅作义麾下，后来随部队起义。干的似乎是文书、书记之类的差事。顺带说一句，父亲读过几年私塾，算是有文化的人，毛笔字写得极好，我幼时临摹的字帖就是他的手笔。我所以和文字打了一辈子交道，和早年写字尚好不无关联。看了父亲的"交代材料"，我才把爷爷在世时的一个情节对上了号：当年你爸爸，即我的父亲、他的儿子——用毛笔字写给上峰的报告，长官一看，连竖大拇指，吃饭时竟把他请入了上席。啧、啧，爷爷咂了两下嘴，摇晃着脑袋，毫不吝啬地称赞他的儿子，你爸爸，才子啊！我至今也忘不了爷爷说这话时的神态：已有些浑浊的眼睛放着光，两道花白的眉毛弯成了月牙，他用手轻轻捋着下颚的一撮白须，脸上的笑容像绽放的秋菊。正值三年困难时期，父母上班，爷爷已逾七十高龄，却操持起了几乎全部家务：买菜、做饭、照料我和妹妹两个尚未成年的孙辈。任劳任怨、平和慈祥，无论发生了什么事，永远都是一副波澜不惊的样子。当然，也少有兴奋的理由，日子过得艰难，每天要用秤称着口粮做饭，常常是一屉窝头、一锅熬白菜就是全家人的饭食，那是留在我记忆中唯一一次爷爷志得意满时的神态。我当时不满七岁，自然没有能力把爷爷的话上升到政治层面解读，不过，也懵懵懂懂感到用词有些怪异。年事渐长后才明白了，"长官""上峰"一类词儿有着鲜明的时代胎记，在特定的历史时期专属于某个政治集团。也是在那一次，谈兴正浓的爷爷告诉我，老杜家也曾是书香门第，他的父亲是秀才，他的爷爷则高中过举人。我父亲从小天资聪慧，爷爷本寄希望于他光耀门楣，不想恰逢战乱，终是整日为稻粱谋了。

感谢上苍。我暗自担心的两件事后来都没有发生：爸爸被剃了阴阳头批斗，红卫兵抄了我们的家。父亲还是每天早上上班、晚上回家，时不时会休几天病假，一直到"文化大革命"结束。我虽然没有能在最疯狂的年代加入红卫兵，但后来担任学生干部、参军、入党、提干，也没有受到父亲所谓"历史问题"的影响。一切都是命运的安排。

3

写这篇文章时，我当然希望父亲能有一些可歌可泣的人生经历供我炫耀。可是，从记忆深处浮现出来的细节每每令我失望。

比如，我的父亲有些自私。父亲的那一代，杜家只有他和老姑兄妹两人。用老姑的话说，她是被爷爷骗到宣化的。在爷爷嘴里，宣化府是个富足的宝地。老姑嫁过去之后才知道，那里的风沙一点也不比北京小，繁华和富足却远远不如北京。我的老姑父是一个非常宽厚的人，他来北京时常常两腿夹着我，揪着我的脑袋说，长脖鹿、长脖鹿！可能是因为营养不良，我那时脖子比较长的缘故吧？我估计爷爷促成这一桩婚姻，多半是认为这个男人可以终身依靠，事实证明爷爷的判断十分靠谱。宣化离北京近，老姑每年都要回娘家住一段时间，爷爷不在了，父亲的住所自然就具备了娘家的功能。每次老姑来，可以感觉到父亲从心底溢出的兴奋，老姑离去时又多少会表现出一些伤感。兄妹情深，由此可见一斑。以至老姑早父亲两年离世时，我们一直瞒着他，怕已90高龄的父亲经受不起这一沉重的打击。而对于舅舅，我母亲的弟弟，他似乎就显得疏淡了许多，这不公平。母亲是重庆人，娘家只剩了舅舅一家，来一趟北京殊为不易，我们都希望舅舅舅妈来北京多住一些日子，可是印象中他们六七年来北京一次，最长也住不过两个月。舅妈离世后，舅舅一个人形只影单，我们就一再请他来北京，并寄去了旅资。年近80的舅舅来了，我们很高兴，希望他安心常住，内向寡言的舅舅也答应了。可是半个月后，当我买了大包小包的东西去看望他时，父亲说舅舅已于两天前离去。我不相信父亲的解释，也不想听父亲的解释。呆了不到十分钟就愤然离去，还险些把带去的大包小包东西拿走。虽终未那样做，但临出门还是留下了一句令老人伤心的话："这些东西本来不是买给你的。"

这件事勾起了我对父亲沉淀许久的一段旧怨。我小时候，一个烈日炎炎的午后。天蓝、云淡、无风，树梢纹丝不动，只有蝉儿在院子里的老槐树上高一声低一声嘶鸣。大杂院很静，街坊们都在午休。突然，一向温文尔雅的父亲竟在院子里厉声叫骂起来，是"居然欺负到我头上了"一类颇为激愤的话。这之后，患有半身不遂的电车公司退休司机王大爷，拄着拐棍一瘸一拐地来到我家向父亲道歉，低声下气地解释，说他实在没有注意小屋里睡的是谁，请求父亲原谅。父亲虽然不再骂了，但脸色依然铁青。那小屋一米多宽、三米多长，本是王大爷家的一间储藏室，借来我住的。那天腿脚不便的王大爷不知搭错了哪根神经，拿出夜壶到小屋里撒了一泡尿，正巧躺在里边床上的是我姐姐而不是我。我确信王大爷不是有意的，可是父亲听了姐姐的诉说怒不可遏。我觉得他有点小题大做了，印象中王大爷对我是很不错的，他的儿子毕业于北京航空学院，分配到沈阳的一家军工厂做到工程师，家境相对宽裕一些。爷爷活着的时候常到他家里聊天。三年困难时期，正在长身体的我天天饿得眼冒金星。饥饿难挨的时候就会推开王大爷的家门，冲正在和他聊天的爷爷喊饿，王大爷或王大妈便会把烤在炉台上的半个窝头递给我。那窝头烤得金黄焦脆，是我幼时记忆中最好的美食了。偶尔老两口炖了一点儿肉或鱼，也一定会用小碗盛上几块悄悄端给我。那可是物资极度紧缺的年代啊！想起这一份情谊，今天仍然口舌生香，感慨万端。后来我们搬了家，一天王大妈托人捎来话，让我的妻子去给她洗洗头。王大爷已经去世了，王大妈一人生活，孤苦伶仃，据说已经三个月没洗头了。我听了不由心酸，已有八个月身孕的妻子知道小时候老两口对我的关照，忙不迭帮老人去洗了头，蹲起蹲下，还因此导致了早产。

父亲的自私和偏执还有一些细节可证。

印象中，父亲一向身体不好，常休病假。病假休够半年，要拿劳保。父亲一个月八十多块钱的工资，加上母亲挣的三四十块钱，要养活一家八口人，必须一分钱掰成两半花，所以他病休的时间永远不会超过六个月。我那时虽小，但内心对此颇有微词，觉得父亲有点揩国家的油儿。后来父亲以九十二岁高龄去世，也证明了他对身体的极端在意。七十岁以后，父亲每天喝八钱白酒，八十岁以后改喝红酒。每次我去看他，少则五百多则上千，总会给他留些钱，而这些钱基本上被父亲买了营养品。父亲睡眠也不好，但安眠药是绝少吃的，看了电视广告，"年轻态"的脑白金便成了他床头的必备之物。而且每次给我打电话，多半是告诉我他近来胃口不好，连最爱吃的饺子一顿也只吃了七八个。一个八九十岁的老人吃七八个还少吗？我嘴上安慰他，心里便有些不屑。后来父亲因摔了一跤住院，我所以在他清醒的时候没有及时去看望，除了妻子传递的信息和工作忙以外，也是综合父亲一贯的表现，觉得老人不会有什么事儿。

没想到一念之差，天悬地隔。

4

我努力回忆最后一次到家里看望父亲的情景，或许是因为太平常，记忆已经模糊了。而在重症监护室看到的场景，却如刀削斧凿一般刻在了我记忆的深处：在规定的时间里每次只能进去一人，穿上医院准备好的衣帽、套上鞋套后，我推开了重症监护室的门，靠窗的一张病床上，躺着插着管子、罩着呼吸机的父亲。隔着玻璃罩，我可以看见满脸皱纹的父亲张着嘴，双眼紧闭。脸上除了木然和痛苦外，没有一点生机。

　　这就是我的父亲吗？这就是世界上那个最疼我的男人，那个将我的每一点进步都引以为骄傲的男人吗？我站在床头，拉起他骨瘦如柴的右手，叫了一声爸，泪水一下子涌了出来。我仿佛走进了一条时空隧道，那么多的往事如同一把折扇，合上时风收云敛，一旦打开，便如扇面上的山水小品一样扑面而来。

　　我想起了小时候父亲参加家长会回来时的情景，风华正茂的父亲每每如同一位凯旋的将军，脸上抑制不住的是满足、欣慰和一缕掩饰不住的得意。他或许是怕我骄傲，会抿着嘴角控制着随时可能绽放的笑容。而我也不急于发问，我确信班主任会把我作为表扬的重点。终是父亲沉不住气，会故作严肃地对我说：今天祁老师又表扬你了，前后一共提了你五次，五次啊！父亲重复了一遍这个令他骄傲的数字，又敲打我：不过你不要骄傲，也不要拿糖。要明白，这个世界上能人多得很，你拿糖人家就可以不用你。那是我第一次听到拿糖这个词，并明白了它的意思就是自视过高。这个叮嘱或许是父亲人生经验的总结，尽管精辟，但对于一个十几岁的小学生来说还是有些形而上。不过，这句话影响了我的一生，让我始终能够摆正自己在生活中的位置，即便光环笼罩的时候，也不会过分地自以为了不起。

　　当兵时，我的指导员是1962年入伍的河南兵，姓全，叫全仁道。他的为人像他的名字一样，润泽而高尚。他不苟言笑，却吃苦在前，关心连队的每一个士兵。那时，他也就三十岁出头，但是在我的心目中却是一位极有威严的首长。知道我家在北京，他探亲时路过，顺便到我家做了一次家访。回到部队后，指导员很是感慨，说你父亲真是个热心人，那么大岁数了还非要陪着他逛了故宫、天安门和颐和园，他很过意不去，让我一再转达他的谢意。并在我离开连队上调分部创作组时，送给了我一套军装，因为在北京游览时，父亲坚持不让他付账。我知道父亲本是很宅的人，性格孤傲，不善于交际。他这样做半是出于对全指导员的好感，因为后来他不止一次向我感叹，你们全指导员真是个好人，好人哪！半是期待儿子的进步。我能想象父亲当年在北京街头行走时的背影，疲惫而坚韧。在匆匆的人流中，在晚霞的映照里，与其说是夕阳把他的背影拉长，毋宁说是爱，对儿子深入骨髓的父爱。

还有一件事令我永远不能忘怀。1976年从部队退伍，一个偶然的机会我被抽调到刚刚恢复业务的中国青年出版社帮助工作，经过一段时间的试用拟正式调入。对于我，这是一次千载难逢的机会。退伍后我在北京第一机床厂当了铸造工人，那是个完全不适应我的环境。在所有的同龄人当中，我是唯一的党员，又是技术最差的一名青工，而我在中国青年出版社帮助工作期间，撰写的两篇人物通讯均受到了出版社领导的高度赞扬。如果调动成功，我的特长就能发挥，我的人生命运就会改写。可是接到出版社的商调函，车间主任坚决不同意。那是一个偏执、固执而又说一不二的人，他反对的理由很狭隘：想进高楼坐办公室，门儿也没有，我就让他蹲沙坑，修模子。我很愤慨，也很无奈，我知道没人能帮得了我。父亲是饿死不求人的性格，又刚刚退了休，他有人可求吗？肯舍下脸去求人吗？听我说明情况后，父亲一句话也没有说，只是皱着眉头，一颗接一颗地抽烟，烟头都在烟灰缸里堆成了小山。第二天我下班后父亲不在家，晚饭后父亲回来了，一言不发，如此往复。第四天晚上十点多钟，父亲一进门便瘫坐在椅子上，筋疲力尽，仿佛一个历经坎坷的旅人终于走到了目的地。半晌，他看了我一眼，轻描淡写地说了一句，你调动的事应该有希望了。果然，过了不到半个月，我便接到了中国青年出版社的正式调令。原来父亲辗转打听到，北京市劳动局局长的秘书曾经是他的同事，头两天他去了没好意思敲门，第三天去了，人却不在家。第四天他一直守候在单元门口，张网已待，终于在晚上九点多钟等到了已久未联络的同事。母亲后来告诉我，当你爸终于艰难地说出了找他的理由后，如同等待判决的囚犯。那个同事侠肝义胆，说老杜，可怜天下父母心，这件事我会努力给你去办。父亲听了双手握住那个同事的手，几乎掉泪。

此刻，我就握着父亲的手，我想象这只手当初紧握那只手时的情景。这一握，峰回路转、柳暗花明，一个人的人生命运彻底改写。而现在，我无论如何也不能把眼前这个上着呼吸机、插着管子的垂危老者，与当年那个在寒风中徘徊了三个晚上的人联系到一起。那时的他正值壮年，生命如同灌浆的麦穗，饱满而充实。时间真是一个无形的杀手，于不知不觉中将人的生命之树蛀空。我叫着父亲，他毫无反应。我的眼睛模糊了，泪水噗噗落下，在泪花中，这两个影像终于重合。

生命的过程就是这样：漫长而短促，模糊却又分明。

5

我的左手手腕有一道伤疤。昏迷中的父亲在残存的意识中不会有一点关于它的记忆，即便在他神志清醒的几十年间，恐怕也没有弄清楚这道伤口产生的真相。他一直以为，那是我一次无意中的自伤。

父亲，现在我可以告诉你，它其实源于对你的怨恨。

我记事的时候正赶上三年困难时期，那个年月，每个人都有定量的口粮，爷爷习惯做捞饭，蒸熟的饭每人一份儿，所剩的米汤无疑就成了我觊觎的美食。饥饿难捱的时候，我曾经在一碗开水里倒点劣质的酱油充饥，米汤远比酱油水更富有诱惑力了。可是只要父亲在家，米饭捞出上笹蒸了，他必推开门高喊一声，小胖儿。小胖儿并不胖，细脖儿顶一个大脑壳，瘦得已接近三毛流浪记中的三毛。他兄妹六个，母亲没有工作，靠当工人的父亲每月不到六十元的工资过活，生活的窘迫可想而知。每次，小胖儿一定应声而至，在我羡慕嫉妒恨的目光中，端起半锅米汤颠颠而去，似乎这一声呼唤已经成了他生活中的期盼与享受。

对此我当然不快。印象中，爷爷也曾表示过疑义，解决的方案是，能不能给自家的孩子留下一半儿。父亲的回答令我失望，嗨，不就是半锅米汤吗？接下来发生的事则几乎击穿了我容忍的底线：小胖儿常常到我家串门，一般是选择饭点儿的时候。以我当时的智力都能准确无误地判断出，他是项庄舞剑意在沛公，何况身为科长的父亲呢？可是，每一次他对小胖儿的到来都没有表现出反感，而是掰下半个窝头，或是盛上小半碗米饭递过去说：吃吧，胖儿。我还吃不饱呢，为什么要给他？当然，这是我在心中发出的抗议，嘴上却不敢说出来，能做到的只能是把脸一耷拉，而父亲似乎完全忽略了我的神情。

小胖儿和我同龄，是我幼时最好的玩伴儿，我们曾经仿照桃园三结义拜过把子。所以我虽然不情愿，但只能选择面对。如果因为半个窝头翻了脸，还有什么义气可言？我那时不懂得什么叫做患难与共，结为异性兄弟的做法也是依据贴在墙上的年画。

不光是小胖儿，父亲对院子里其他的小孩儿也同样表现得比较慷慨。终于，我对父亲的不满在一个夏天像火山一样爆发了。那天下班时，他自行车后架上居然用塑料绳绑了一个黑蹦筋西瓜，足有二十斤重，这太令人兴奋了。不但我和我的姐姐、妹妹，包括小胖儿以及二丫、秃子、小眼儿、顺子，凡是院子里看见西瓜的半大孩子，眼睛里都冒出了贪婪的光。那个年月，普通人家吃一次西瓜真的比较奢侈。

我在暗自计划这个西瓜能够分给我多大一块儿，结论是一顿肯定吃不了。我觉得合理的方案是吃半个留半个。那个时候虽然没有冰箱，但接一盆凉水把西瓜放到里面拔起来，估计到第二天上午不会有什么问题。我在房间里洗完澡，正准备精神抖擞地去享用西瓜时，忽然听见门外的父亲在喊：小胖儿、秃子、二妞儿，来来来，吃西瓜！我隔着门缝一看，小饭桌上已经摆满了切开的西瓜，小胖儿他们先于我正甩开腮帮子啃。我真的愤怒了，不可遏止！我觉得父亲太过分了，简直不可理喻：哪有自家孩子还一口没吃，邻家小孩便蜂拥而上的道理？于是我伸出手掌猛然推门，想以此发泄心中的不满，但是我忘了，门锁着，房间里黑着灯。我一掌推在玻璃上，玻璃碎了，我的手腕上顿时鲜血直流。父亲见状大惊，骂了一句，你这孩子作死啊！忙抱起我赶到离家很近的同仁医院急诊室，清洗完伤口，缝了七八针。

很疼，但是我始终没有掉一滴眼泪。

6

我的母亲是重庆人，或许是从小吃辣椒的缘故吧，脾气比较暴躁。她现在也90高龄，患有轻度老年痴呆，一会清醒一会糊涂。即便糊涂的时候，一见到我也会两眼放光，笑着叫着我的小名调侃：咱俩是龙虎斗。我属小龙，性格叛逆的我在成长期遭遇属虎的母亲，打是没少挨的。相反，籍贯河北的父亲却有一些儒士风度，很少动粗。

印象中，父亲下手最狠的一次是我十岁那年。

起因非常简单，我去游泳，回来时饥肠辘辘，便用准备坐公交车的五分钱买了两碗小豆粥。车依然坐了——下车时我藏在大人身后躲过了售票员的眼睛。到家后我很有些得意地把逃票的经历讲给父亲听，我以为父亲会为我的机智褒奖我，我亲眼看见过同院的刘大妈因为儿子从菜摊抱回两颗大白菜而眉飞色舞。但是我实在没有想到，父亲定定地望着我，目光中不但没有我期待的嘉许，反而嗖嗖冒出一股寒气，落地成冰。他突然将右臂抡成九十度圆，以迅雷不及掩耳之势，啪地在我脸颊上落下了重重一掌，发出的响声绝对不亚于春节时小伙伴燃放的钢鞭。钢鞭是一种炮仗，清脆、持久，带着一股动人心魄的爆发力。

我眼前金星乱溅，一下子被打蒙了。

父亲居然出手如此之狠。这以前我和同院的小伙伴们曾瞒着大人到护城河游泳，因为走散了记不清归途，回家时已很晚了。父亲以为我有不测，见到我气急败坏，高声呵骂着扬起手臂。街坊们一看父亲真是动了怒，忙上前劝阻，却只见那高扬的手臂缓缓落下，只是在我的脸颊上轻轻拍了一下。邻居们都笑了，说杜叔，您这是打小崽儿呢，还是替他挠痒痒呢？

可是这一次不同，过了好一会我的耳朵仍嗡嗡作响，脸颊火辣辣地疼。

我很委屈，那一晚我没有吃饭。睡觉的时候，父亲用手抚摸着我的脸颊，问：还疼吗？我没有说话，只是默默地流泪。在那一刻，我甚至在内心发誓，一旦有能力自立，便离家出走，即便父亲病了，也不再回来看他一眼。我要让他为自己的这一记耳光付出10倍乃至100倍的代价。

父亲似乎看透了我的心事，沉默良久，他靠在床边，点燃了一支香烟。

就是在那个月色如水的夜晚，我第一次听到了那个曾流传久远的故事：在很久很久以前，有一对母子相依为命，母亲很疼爱自己的儿子，以至对他百般呵护纵容。有一次，儿子偷了邻居的东西拿回家，母亲不但不责备，还夸奖他聪明能干。于是儿子一发而不可收，最后发展成了一名江洋大盗。后来他被逮捕归案，判了斩刑。临刑前，儿子提出再吃一口母亲的奶水。痛不欲生的母亲答应了，没想到儿子一口咬掉了她的奶头，并指责她说："你生养了我，却不教育我。如果当初我偷了邻居的东西你不是夸奖我，而是责备我，让我明辨是非，我怎么会有今天的下场呢！我好恨你呀！"

讲完这个故事，父亲拿一块湿毛巾擦去我脸上的泪痕，说："我当财务科长十几年，从我手上走过的钱财成千上万，我虽清贫，但聊可自慰的是，从没有拿过公家一根草棍儿！我今天所以打你，就是想让你牢牢记住：蚁穴虽小可溃千里长堤。那个江洋大盗最初也是从偷一些小东西开始的。当然，你没有去偷人家东西，但是上车不打票，和偷拿人家东西在本质上没什么两样，都是一个字：贪！"说着，父亲站起身，从衣架的衬衫里取出钱包，掏出两毛钱放在桌子上，严肃地叮嘱我："你再去游泳，要多打一张票，要向售票员说明情况，能做到吗？"

我点点头，泪水再一次溢出眼眶。

10岁的我虽然还不能完全懂得这故事中蕴含的深奥道理，但是凭直觉感受到了父亲的舔犊之情。从那以后，每逢在生活中遇到金钱的诱惑，我都会想起那记耳光，想起那个月色如水的夜晚……

父亲蜷缩在病床上，我轻轻攥住他的手腕，将拇指和食指合拢起来形成一个圆，父亲的手腕在这个圆里竟然晃晃荡荡。我的心不由一颤——哦，当年那个风流倜傥的父亲已经随时光走远，留在原点的分明是一个行将就木的老人。我简直不敢想象，他在五十多年前就是用这只手给了我一记受用终身的耳光。我俯下身，把嘴贴近父亲的耳朵，声音哽咽，爸，您能再打我一记耳光吗？父亲紧闭的眼球动了一下，我知道那只是生命体征没有消失前的偶然反应，但我却宁愿相信他听到了儿子的呼唤。儿子已年近花甲，因为这记耳光，他才有可能从一名青年工人成长为一名编审和主编；也因为您的这记耳光，您的孙子才能够成为清华美院的一名高材生，至今视金钱如粪土，视艺术为生命。

记得父亲七十岁大寿时，全家人都去了。四世同堂，足有20多口人。大哥花了200多元，特意为父亲定做了一个大号的蛋糕，孙辈们则忙着在蛋糕上插满了70根红蜡烛。蜡烛点燃了，在《祝你生日快乐》的乐曲声中，父亲鼓足气去吹熄蜡烛。吹完蜡烛，大姐代表全家向父亲祝酒，祝父亲长命百岁。

父亲端起酒杯，仰头喝了一口，然后，望望家人略带歉疚地喃喃道："难得你们有如此孝心。我这一生……唉，只有一把算盘，两袖清风，没有什么财产可以留给你们。想起来，实在有些惭愧啊！"人老了，便容易伤感。大哥见父亲的眼圈有些发红，忙劝阻道："哎，您何必自责呢？儿女们都已自立，可以凭借自己的双手吃饭，一个个不都挺好吗？"我也说："您没给我们留下多少食物，却给我们留下了猎枪，这是可以终生受用的。"父亲闻言先是一愣，继而欣慰地笑了。在烛光的映照下，我看见他脸上的每一条皱纹都舒展开来。

回家的路上，10岁的儿子问我："爸爸，你说爷爷给你留下了猎枪，放在什么地方了，我怎么从来没有见过呢？"

于是，我向他讲述了我十岁时经历的故事。

7

通过关系，我们把父亲从酒仙桥医院转至了北京医院重症室，我们祈盼北京最好的医疗条件能够在父亲身上出现奇迹。

然而，终是回天无力，情况越来越恶化，父亲要完全靠呼吸机和插管维持生命体征。医生已经几次暗示我们放弃治疗，拔掉管子、撤掉呼吸机，几分钟之内父亲的生命体征就彻底消失了，而继续抢救，结局必定是人财两空。

在救治与否的态度上，家人发生了分歧，二哥的意思是与其看着老人受罪，不如让他早升仙境。我和妹妹则表示反对，妹妹所以反对，更多是感情因素，因为晚年的父母一直由她照料，她无法面对父亲已经不治的事实。而我反对的心结是，父亲本来身体无虞，可以享有世纪之寿，因此在他清醒时我才没有及时去医院探望，我不甘心他就这样撒手而去。

最后大家取得了一致，哪怕只有万分之一的希望，也要尽百分之百的努力。

首先遇到的问题是钱，父亲的治疗费已经突破了医保的上限：三十万元。也就是说，继续治疗，每天七八千元的费用完全要自理。父亲1948年1月随傅作义将军起义，被编入人民解放军序列，按政策算是新中国成立前参加革命，应该享有离休待遇。离休和退休的最大区别就是，前者的治疗费用全部由国家兜底，后者在一年之内的上限是三十万元。问题是，父亲随傅作义将军起义后，因为家庭生活困难，曾经朋友介绍去一家私营公司干了一段时间。我问过一位在组织部门任职的中学同学，他说像父亲的情况，如果找到相关证明人，证明父亲是在建国之前加入人民解放军序列，这之后到私企干过几个月后又到了国企，那么完全有可能享受离休待遇。但即便找到证明人，全套程序走完，至少也要仨月半年，远水根本不解近渴。我知道父亲绝少求人，退休时本来可以解决这个问题，但是他主动放弃了。他当然没有想到会有这一天，清高的性格会将他晚年的医疗费用，像山一样压在了疼他爱他的子女头上。

在北京医院的走廊里，我问大哥，你能出多少钱？10万，他犹豫了一下说。他是工人退休，生活并不宽裕，我知道这10万元对他意味着什么。我又问姐姐和妹妹，他们表示各能出20万，连退休金一月只有三四千多元的二哥也表示可以拿出5万元。我表态，我可以拿出30万，如果这些钱都花光了，我们卖房。没有人表示异议，虽然大家都明白，花出去的钱很可能打了水漂，但是儿女们都愿意做一次尝试，尽一次孝心——或许它很愚昧、很没有意义。明知没有意义却仍不肯放弃，是因为爱得太深。

医生又把我们叫进了办公室，让我们告诉她救治与否的决定。全部是杜姓人，外姓的姑爷、儿媳一律不得入内。我们面对的话题太严酷了，必须由他血脉相连的儿女决定。

我近乎乞求："大夫，无论再花多少钱，能不能让我父亲的意识恢复清醒，哪怕是一天甚至一个小时。"

医生是个四十多岁的中年妇女，温文尔雅，气质端庄，她翻了翻父亲的监测记录，很无奈地摇摇头。

"我们不怕花钱，无论花多少钱。"姐姐说。

医生放下监测记录，向上推了一下眼镜："你们的孝心我很感动。现在这个社会，能把亲情看得比金钱重的已经不多了。不过现在不是钱不钱的问题，问题是，我们的医疗手段根本做不到无所不能。"

沉默，难言的沉默，除了沉默，便是我们眼里闪烁的泪花。我们的父亲注定要离开这个世界了，无论我们多么不舍，但是让我们同意摘去他的氧气面罩，拔掉维系他生命的管子，让老人的生命停止在我们手里，我们做不到。虽然我们知道，有尊严的离去已经成了一个文明社会的刻度；虽然我们知道，安乐死在许多国家已经获得了法律上的认可。可是，父亲是多么眷恋这个世界啊！他清醒的时候没有赋予我们这个权利，没有表达过这样的意愿。

"继续救治？"医生问。

"对！"我点点头："不惜代价。"

医生透过镜片扫视了一下在场的其他人，见没有人表示异议，就站起身抚平了一下白大褂，走向门外，她是去履行职责；我们也站起身，抹去眼角的泪花，走向痛楚，我们是去尽一份儿女的孝心。

为了确保分分钟钟可以联系到家属，我们俩人一组分成了三个班次，并在医院对面的宾馆里租了两间客房，毕竟哥嫂和姐姐都年近七十了，连日操劳，他们已有些力不从心，我的妻子和妹妹在医院守护，他们在宾馆待命。我有车，妻子让我回家去安抚一下焦灼中的母亲，只有妹夫一个人在家照料老人，她有些不放心。

没曾想，汽车刚刚开上长安街，妻子就打来电话，说情况不好让我速归。

这一刻终于到来了。我知道它就像秋风中的一片枯叶，随时会落到我们头上，但是真的飘落时，我还是觉得心中无比悲凉。在重症监护室的门口，我看见了泪眼模糊的妹妹和妻子，我知道，我来晚了，我在父亲远赴天国的时候没有能守护在他身边。

推开监护室的门，父亲依然躺在那里，只不过身上的管子和头上的氧气罩都已除去了，他显得更加瘦小，像是一个未曾发育的少年。我双膝一软，扑通一声跪在地上，以头触地，冲着父亲蹦蹦蹦磕了三个响头，我说不出一句话，我的眼睛已经被泪水模糊，我的声音已变成哽咽。妻子和妹妹将我扶起，我一步步走到父亲床头，从蹒跚学步到刚才迈出的几步，我伴随父亲走过了他的大半生。父亲像一位力竭而逝的行者，躺在那里是那么无助、疲惫和悲凉。我把脸颊贴近他的额头，额头还有生命的余温；我把他的手贴在我的脸上，那手却已经没有了生命的热度。父亲走了，此刻，他的灵魂脱离了肉体的躯壳，或许正在房间的某一个角落注视着我们。他太眷恋这个世界了，他实在不舍深爱他的亲人，但是他终将化作一缕青烟，消失在茫茫的天宇之间。在为他穿衣服的时候，我看见他的双脚因为护栏的阻隔已经变形，怎么掰都掰不过来了。我不知道，老人对儿女的做法是欣慰，还是无奈；是感动，还是生气？

　　结束这篇文字的时候，我从柜子里请出了父亲的遗像，他温情地注视着我，目光中像是蕴含着万语千言。爸爸，明天就是您五周年的忌日了，我会在您的墓碑前点燃这篇迟到的文字，天堂里的您如果读到了，就在明天晚上披清风明月走入儿子的梦中，与儿子把酒相谈，一诉别离之苦吧！有一种悔恨叫永远。五年了，近两千个漫漫长夜，一想到在您清醒的最后时光，我没有能和您说上一句话，捧上哪怕一盏清茶，儿子就泪流满面，痛悔不已。

　　好吗？亲爱的爸爸。明夜，我在梦中等你。

　　　　　　　　　　原载于2017年第5期《北京文学》

穿上军装见班长

有朋自远方来，不亦乐乎。何况，是睡过一条大通铺的战友呢。推杯换盏自然少不了，酒至半酣，解山忽然幽幽冒出一句："老班长在北京住院了，知道吗？"见我愕然，又补充道："就是七班长尹志烈啊！"

尹志烈——！这名字如同阿里巴巴的暗语，一旦提及，立即洞开了我的记忆之门。

老班长并不老，他退伍时也就二十五六岁年纪。称他老班长，一是在全连的班长中他军龄最长，已当了六年兵；二是他的相貌老，媳妇还没娶，眼角额头便爬上了深深的皱纹；一笑，深褐色的脸上便如同被大水冲过的坡地，横七竖八布满"沟壑"。

我当兵前喜欢写写画画，作为文艺特长兵穿上了军装。在分部创作组呆了半年，整不出一篇像样的作品，于是要求到最艰苦的工程团下连锻炼。没承想，1.73米的身高，在主要是四川籍战士的连队竟成了"排头兵"。那时我十八岁，刚出校门不久，身高却力亏。别人扛起两袋水泥一溜小跑儿，我抱起一袋一步只能挪上半尺。解山是班里的团小组长，早我两年入伍，和老班长是同乡，俩人的家只隔着一条河。这兄弟自小在父亲的铁匠铺里帮工，身量不高，结实得却像一头牛，浑身永远有使不完的劲儿。他自己干活不惜力，也容不得别人偷奸耍滑，见谁施工不出力或者训练不刻苦，就会想法儿"修理"谁。我干活的样子肯定让他看着恼火，施工回来平整操场，要用藤筐抬黄土、石块，他就有意往我筐里多装，又把绳子从扁担的正中向我这边多移了几寸，我一起身，一个趔趄便跪在地上。老班长看见了，凶巴巴骂一句"熊兵"，冲过来一把推开他，把绳子多一半移向自己。眼一瞪，喝一声：起！委屈和感动交织的泪水便顺着我的眼眶涌出。

晚上，老班长把解山叫到屋外，一手叉腰，一手点着解山的鼻子"熊"道："人家一个城里孩子，能到山里吃这份苦就不易！他个子不矮，身子多单薄，你伸出一条胳膊抵得上他两条粗，可施工、训练人家叫过苦吗？你是老兵，不帮他还欺负他，阶级感情哪儿去了？啊，你个熊兵！"那是20世纪七十年代初，"有没有阶级感情"是一句很重的责问，和现在"你还算是个人吗"分量差不多。解山低着头，垂手而立，月色把他的身影拉长，从他喃喃的话语中能感受到他的羞愧："老班长，你别说了，我知错了。"

　　第二天，我们班完成训练科目后，被连部派到火车站卸沙子，一人一个车皮。站在沙堆上，脚就往里陷，再抡起一把十几斤重的大铁锹，干了不到半个时辰，我的衣服就像刚洗过一样，湿得可以拧出水来。初春的寒风一吹，贴在身上那叫一个冷，可是满满一车皮沙子却没被"蚕食"多少。隔壁车皮的老班长见了，抹一把脑门儿上的汗水，挂着铁锹喊："杜卫东，你下去看枪。"十多条五四式半自动步枪就架在铁轨旁的斜坡上，完全在我们的视野之内，我知道班长是想照顾我，就站着没动。他眼一瞪："没听见吗？执行命令。"昨天被班长"熊"过的解山已经卸了小半车皮沙子，他也直起腰，冲我招招手："我挎包里有衬衣，拿出来换上。放心，你这点活儿，搂草打兔子，我和班长就干了。"

　　在那艰苦的岁月里，老班长就是这样默默关照着我。吃饭时往我的碗里多拨几块肉；寒夜里替我站上一班岗；空闲时和我聊聊他家村头的那条河、河里遨游的鱼群和光着屁股在河里洗澡的孩子；当然，还有撒了一岸的船歌和被船歌洇红的落日。难忘那一个个夜晚，微风在山谷中歌唱，月亮在云絮中潜行，满天的星星像是撒在深蓝色天幕上的白钻石，烁烁闪光。我和老班长在营房后的小溪边并肩而坐，眺望朦胧的群山，说着闲话。他常常随手扯上几根小草，放在嘴里有滋有味地嚼着，话语不紧不慢，声音清澈而富有磁性，就像潺潺的流水，在我的心田上轻轻漫过。

我爱出汗，平时军装汗痕不断，老班长洗衣服时便"顺带手"把我的军装也揉上一把。我发现，他洗衣服的"频率"明显加快了，他是怕单独给我洗我过意不去，也特别注意起了个人卫生。我做错了事，老班长批评起来也不含糊。有一次因为丢三落四，我在夜间紧急集合时拖了全班后腿，回来后他让我对着墙站了半个钟头，面壁思过。那天晚上，有我一班岗，老班长没有像前两次一样替我，而是在子夜时把正在熟睡的我扒拉醒。可是，我实在太困了，勉强挣了一下眼，一翻身又睡了过去。刚又坠入梦乡，突然觉得一股寒气袭来，激灵一下，我打了个冷战。睁眼一看，老班长已把我的被子掀了，他压低声音吼道：上岗！那目光中竟有一股我从未见过的凶杀之气。一下子，我睡意顿消，一骨碌爬起来，穿好衣服跟着老班长来到哨位上。夜色深沉，黑暗处偶有亮光闪烁，加上远处时断时续的狼嚎和呼呼作响的夜风，我不由得顺着后脊梁沟冒冷汗。老班长拍拍我肩膀，说别紧张，是连长查哨。果然，几分钟后连长走过来，用手电筒晃晃我们，问，七班长，你怎么也在这儿？老班长回答，杜卫东第一次站夜岗，我带带他。连长噢一声走了。望着连长消失在夜幕中的背影，老班长对我说，知道为什么我一定要把你叫起来站这班岗吗？记住，一个男人要学会担当，一个军人必须要履行职责。你站好这班岗，就是完成了一个男人的担当，履行了一个军人的职责。黑暗中，老班长的眼睛像两颗星，温暖而明亮，从此闪耀在我心灵的天幕上，再也没有陨落。

本来，老班长是"干部苗子"。连里的司务长空缺，大家都传是留给他的。有一个礼拜天，我们还看见他和其他连的几个老兵一起进城到医院体检，那是提干必经的程序。当时老班长满面春风，脸上的皱褶也平展了许多，看得出他对未来充满了向往。确实，这个职务对老班长至关重要，因为他有患病的父亲和几个弟妹需要一个成熟的女人料理，而这个女人踏进老班长家门的唯一条件就是：必须提干。没想到年底一公布退伍名单，老班长却是头一名。那几天，他像一棵在阳光下暴晒过的油菜，蔫得没了一点儿精气神儿。送老兵离队会餐时，战友们围着他敬酒，这个一向流汗流血不流泪的硬汉几杯酒下肚，竟然哭得稀里哗啦。泪水中有对未来的失落，更是对连队与战友的不舍。铁打的营盘流水的兵，只有当过兵的人才能咂摸出这话中的悲壮与沧桑。真要离开等同于艰苦和付出的军营时，哪个兵不是挥泪而别？

临走的前一个晚上，老班长把我叫到小溪边，我们相视无语。良久，他才开口："明天我就走了，以后，你要学会照顾好自己。好好干，别学我，一定要当个好兵！"我听了泪如泉涌，仿佛登上接兵的闷罐车和家人分手时的感觉，心里空落落的。老班长的眼圈儿也红了，他递过一个报纸包儿，说："也没啥东西送你留个念想儿，这件军装我用不着了，送你吧，希望有一天你正大光明穿上。"我打开一看，是一件用两个兜战士服改成的四个兜干部装。

后来我才知道，就是这件"干部装"断送了老班长的前程。他以为提干板上钉钉，探家时便悄悄改了一件穿上，为的是给那个女人吃颗定心丸，让她能多帮家里伸把手儿。提干是早一天晚一天的事，可老人头疼脑热的时候，太需要一个女人擀上一碗热气腾腾的面条了。不知怎么搞的，这件事传回了部队，上级认为他有名利思想。在那个年代，名利思想是一个很严重的问题，提干的事因此便泡了汤儿。

和老班长一别就是几十年。这期间，我曾辗转打听过他的消息，音讯杳无；还曾经在一家刊物的"友谊传呼"中发出过寻找他的信息，也没有回应。日子一天天过去，我忙于工作，渐渐把对老班长的思念留在了记忆深处。原以为时光已将过去尘封，哪知道，解山的到访，竟使往昔的一切如钱塘江的潮水一样奔涌而至，令我难以自己。

解山告诉我，老班长退伍后，积劳成疾得了肝病。肝病是富贵病，需要调理、需要营养。老班长没有条件，一步一步病情愈发严重，十几年下来花光了家里积蓄，这次进京看病的钱还有一部分是亲友凑的，但已确诊为肝癌晚期。我问："老班长为什么不找我？我在北京的住址和联系方法都告诉了他呀！"解山抿一口酒，叹一口气道："谁说不是呢。我跟他说过，当年你对杜卫东那么好，如今有了难处他不会不帮的。可你猜他说什么？他说，当初对人家不错，有了难处就去找人家，有意思吗？再说我这病，治不治能有什么两样儿。"

老班长啊，老班长！你好糊涂，我们虽然没有并肩上过战场，但毕竟在一起打过山洞，哪条洞子，没有战友的命搭在里头？血浓于水，我们是患难与共、生死相依的兄弟啊！况且，没有你当年的关爱，我的心田也许会长出萋萋荒草；没有你真诚的激励，我的生命可能会失去茵茵绿洲，你给了我一捧人生的阳光，它正温暖着我生命的整个旅程。这些年，无论人情冷暖、世事变迁，我的前方总会亮起一盏灯；在"友谊的小船说翻就翻"的当下，它足以让我守护好心中的那一份执着与担当了。我从衣柜里翻出了那件珍藏多年的四个兜干部装，我决定，明天一早就穿上它去看望老班长。我知道，这件军装早已不再时尚，但是，它却承载着我们人生中最为难忘的一段时光，积淀了太多无法化解的战友之情啊！

原载于2016年8月1日《人民日报》

方干事

方干事，姓方，名正吉，朝鲜族人，原沈阳军区后勤三分部文化干事。

吉，肤黑脸方，鼻直口阔，喝酒用水壶，吃肉用大碗，粗人也。然，眸似珍珠，如秋水一潭；笑露皓齿，似明月一牙，气质中亦有几分灵秀。

余未及弱冠，即投身军旅，听命其麾下。退役后初涉爱河，被候补岳母棒打鸳鸯，只因余无文凭。其女辩曰：东，编辑也，且事名社，大学毕业亦不过如此。其母哂笑：此正令人疑之，无名校学历，在名社任职，恰如和尚打架扯辫子——毫无可能。女不服，示吾之发稿签于母。母不屑一顾：果如是，遇精简下放，必首当其冲。幸甚，余未被精简，刚逾而立，即提为《追求》副主编。后又主政N家名刊，中学尚未毕业，有此经历，皆方干事之功也。

想当年，方干事亲赴京师，为分部演出队招兵买马。弹琴唱曲者皆不难觅，唯舞文弄墨者奇货可居，闻余爱好文学，甚喜，特招军中。入伍七日，便赴分部创作组报到，为演出队慰问部队、参加汇演创作节目。余亦勤奋，终日笔耕不辍，唱词、剧本三日即出。随出随毙，余屡败屡战，数月，竟未有"生还"者。有负方干事期许，余焦虑日甚。

一日，方干事至舍端坐，燃香烟一支，深吸数口，徐徐吐出，视烟雾渐消弭于无形，道：非汝无能，实汝无军旅生活耳。余闻之，感动于心：方干事长吾十余岁，平素少言，形似冷漠，内心亦有寸断柔肠，面对一不争气的新兵蛋子，话语竟如此婉约。吉吸尽余烟，摁灭烟蒂，曰：下去数月，熟悉军营，愿否？此正合吾意，遂表态：愿，要去就去工程团。吉笑容初绽：那里甚苦，汝能承受？汽车团、野战医院、军需仓库，亦可备选。见余无意改弦，起身道：既如此，多则半年，少则三月，当调汝归。

艰苦，如画中冰雪，以往只观其型而未感其寒。下连数日，得深悟其义。余身高1米73，不及半日，全连传遍：来一高个。盖因连中多巴蜀子弟，身材矮小，但百斤水泥，一甩上肩，健步如飞；余则双手环抱，踽踽而行。搅拌好的水泥，川兵一条扁担两只桶，行于洞中管道之上，颤悠悠如货郎过市；余则不过五步，即踩空落入没膝积水。暮归餐后，或操枪演练，或荷锄垦荒；夜半，深坠梦乡时，忽有人轻叩额头，唤之：该尔上岗了。一日危殆，两颗门牙在施工中各折损半截，神经外露，吸气即痛。余苦不堪言，亦咬牙坚持，睡前在炕头划痕以计时日。三月毕，一日晚，指导员唤余：分部急召，速归。余感慨不已，方干事一诺千金，对一小兵，诚信如斯，真乃君子也。

复归分部，重操旧业，余心感念，生性腼腆而讷于言。方干事至舍，对视无语。半晌，点燃香烟，深吸数口，徐徐吐出，视烟雾渐渐消弭于无形，道：汝黑且瘦，牙亦缺失，受苦了。余心怀感激，话亦强撑：无忧，尚可坚守。方干事笑容又绽：好男儿理当如此。遂起身撚灭烟蒂，曰：吾愿做尔入党介绍人，推门匆匆而去。余望其背影，顿生高山仰止之感。

方干事实乃奇人也。其才艺卓绝，凡乐器，带眼儿的都能吹，带弦的都能弹。某年，演出队排练歌舞剧，需西洋乐器伴奏，然，只有民乐。众皆畏缩，独方干事曰，不会即学，乐理相通。于是，二胡改吹长号，琵琶改弹贝斯。吉亲自教练，苦战两月，西洋乐队即有模有样，演奏水平令业内人士叹为观止，基层巡演，官兵一致点赞。

方干事乃音乐世家乎？非也。其出身农户，当初乃547仓库勤务连一火头军耳。汉语吐字不清，一如"歪果仁"，更无专长，本无缘于文艺。闲暇时，吉常去仓库演唱组排练现场，缠人学艺。仅月余，长笛独奏《我是一个兵》竟吹得出神入化。组长邱长发慧眼识人，调其入组，使奇迹得以延续。而后，发调任三分部文化干事，组建演出队，吉为队长；邱干事调任沈阳军区后勤部，吉补其缺。前后两任文化干事，珠联璧合，才艺卓绝，成就了沈后三分部演出队之传奇。一支战士业余演出队，排练整场现代京剧《海港》，唱念做打，灯光舞美，毫不逊色于省专业团体，数名战士亦被前进歌舞团青睐，其实力，非虚言可至矣。

方干事奇人也，复有佐证。分部开运动会，射击项目参与者众。吉邀二胡演奏员王国安组队参赛。王胆气不足，吉打气曰：无妨，功夫不负有心人也。遂日日带其至后山练习，站、蹲、卧、长、短枪，手把手传授射击要领，苦练数日，竟获团体亚军；方干事则弹无虚发，一举夺冠，站在单项冠军领奖台上，怡然而笑。如此神枪手，众揣测，必曾服役于野战部队耳，得悉乃猪倌背景，皆愕然。

文武双全方干事，亦是性情中人。邱干事有伯乐之慧眼，兼有伯乐之胸怀，对吉不乏提携之功。其调至军区，相别场景至今感念不忘。火车刚刚启动，近百名军中帅哥靓女齐聚站台，随火车奔跑，挥手相送，情谊殷殷。无疑，此方干事倡议也。无邱干事，便无三分队演出队之辉煌，亦无自己今日。方干事寡言，此一送，尽显侠骨柔肠矣。

余亦深感其诚。重归分部，生活较之连队别之天壤，尤为重要者有二，一是阅读时间宽裕。其时，中外名著尚被封存，创作组老兵暗中传阅，余近水楼台，邂逅了巴尔扎克、莫泊桑、雨果和老舍；二是政治部副主任亲自指导创作，首长文采风流，常召属下聚之，解剖作品，评论得失，或用或弃，皆有理由，使余初闻性格冲突、命运发展、起承转合云云。为日后职业生涯夯实了基础。

方干事忙于演出排练，偶露峥嵘，或讨论作品时忝列末席，发言不多，皆切中肯綮；或至吾舍小坐，见余枕旁禁书亦视若不见。余碌碌无为，从未责一语，还时用"歪果仁"式的汉语慰吾：不着急，慢慢来。一日，余心血来潮，择被毙作品中一"颜值"高者，置于邮筒。半月后，余在沈阳出差偶遇宣传科某干事，谓曰：尔可曾投稿于《吉林文艺》乎？余惊诧：何故有此一问？答曰：有编辑至分部，为你而来。余窃喜，急返部队，乃知拙作被编辑相中，修改后即可见刊，余遵嘱改毕。数日后，在办公室偶见《吉林日报》，目录赫然刊出，忙示之以吉。吉观之，眉开眼笑，如中榜学子。余亦悦。方闻，吾所以投稿非为自证，实为给方干事一个宽慰耳，逐起身连拍余肩，曰：甚好，当贺之！

风风火火，乃方干事之常态也。配器作曲，排练演出，每通宵达旦。分部辖团级单位20有余，遍布东三省，凡文化事宜求助，无论晨昏，吉拎包即去。机器尚需注油，何况人乎？其疲惫倦怠时，两口老酒下肚，便阴霾尽去，精神焕发。吉嗜酒，军用水壶满酒常备床下，固因酒有解乏之效，又何尝不是借酒以浇心中块垒？吉与妻各居一城，赡老抚幼，无以援手；兼之吉豪爽侠义，亦少有碎银以资家用，其窘迫状况可想而知。然，吉从不向外人道，偶有谈及，一笑了之。首长知其状况，实难割爱，踌躇再三，数年后忍痛舍之，吉调任吉林市222医院任教导员，得与妻儿团圆。后裁军整编，吉转业，至吉林市烟酒公司。有战友探望，知其居室两间，系军产，屡令搬之；两子学业未成，妻亦无营生，生活窘迫矣。然战友来，必购肉置酒，开怀畅饮，情义如老酒愈浓，豪爽亦不逊当年。

余常愧有负方干事期许，羞与之联络，退役时亦悄然而遁。但数十年间，感其恩、怀其诚，梦中常衣锦相见，垂泪以诉相思之苦，梦醒，怅然若失。

日前，居京战友小聚，席间有战友曰：老方已去，众知否？余闻之，痛哉，惜哉，悔哉！战友黯然垂泪：方干事去前，已不能言，吾与之通话，只闻呜呜而泣，语不成声，其情甚哀。呜呼，人生天地之间，苦难种种，唯死最甚矣。余知方干事铮铮铁汉，英年早逝，垂泪不已，是对生之眷恋，对亲友之不舍，亦有"出师未捷身先死"的无奈与感怀。余不信鬼神，倏忽之间，竟企盼有一仙境，可使好人如方干事者，一享安乐，以补其尘世之缺矣！

斯处：瑶台银阙，鼓瑟轻鸣；方干事居其间，日日有歌声陪伴，鲜花簇拥……

原载于2017年1月23日《解放军报》

远去的背影

　　这是25年前的一篇旧作，收入在我当年出版的一本散文集里，未曾在报刊上发表。今日国真远行，翻出这篇旧作读来不禁心绪难平。在他远赴天国的路上，已有了那么多送行的花环，但愿这篇小文能化作几朵黄菊，祭奠于他的灵前。

——题记

1　潮水退去看冰山

6年前的夏日。一个残阳如血的黄昏。

新近嫁到我们院儿的小汪领来了一位清秀的男孩儿。

"这就是我哥哥汪国真！"

他中等身材，挺拔的鼻梁上架一副普通的近视眼镜，镜片的后面，是一双如秋水一样平静而又纯洁的眼睛。正在乘凉的我站起身，在伸出右手的同时，仔细地打量了一下略显腼腆的来客。

走进燥热的居室，我们相对而坐。

"你写诗？"我以这样的一句话作为开场白。在这以前，自认为对诗歌界较为关注的我从来没有读过他的诗，并且从来没有在多如繁星一样的诗人或准诗人大军中，听说过"汪国真"这样一个名字。

他写诗，还是他的妹妹事先向我介绍的。

他点点头，莞尔一笑，真诚而不失风度。随手从衬衫的口袋里掏出几页稿纸："这是我最近写的几首诗，请你指点。"略一沉吟，又有些腼腆地说，"我很喜欢读《追求》，不知道这些诗能不能在《追求》上占一点版面？"

那时，我任《追求》杂志社副主编。

我随手翻了一遍，一股清新之风拂面而来。这些诗不故作高深，不故弄玄虚，而是以白描的手法，质朴的语言，解悟人生，阐发哲理，与《追求》的办刊风格正好一致。于是，我打破了《追求》不发诗歌的惯例，以比较显著的位置推出了汪国真的组诗：《年轻的思绪》，其中就有诗人曾被几次退稿的成名作：《热爱生命》。

从此，我们成了朋友。

　　汪国真总是那样恬静。微笑着走进来，递上一叠诗稿便默默地等待你的评判，毁誉皆由他人，自己从不争辩。他的人有如他的诗。沉静得如一泓秋水，纯洁得似一片白云。

　　一晃儿，五度春秋，几多风雨。汪国真竟如一座奇峰，突起在寂静了多年的诗坛。他手中的一支笔，仿佛被缪斯点化了一般，为那么多的青年男女所痴迷。他们随着他的笔，时而驻足生活岸边，时而徜徉伊甸园内，时而梦登人生峰巅，时而信步友谊桥畔，去领受，去感悟……

　　成名以后的汪国真一如以往：不浮躁，不狂妄，不故作高深，不矫揉造作。

　　"卫东，我很感激你，真的。"被鲜花和掌声簇拥着的汪国真每每在电话中真诚地对我说，"我所以获得成功，和一些人的帮助是分不开的。其中一个便是你！"

　　我却不安。因为我知道，冰山所以显露，不只因为退潮，而是因为它的底座曾经被海水遮盖。

2　多亏了生活当初的吝啬

　　如果没有那首稚嫩的即兴之作和随后寄来的几元稿酬，汪国真也许不会步入诗坛。

"天将晓，同学醒来早，打拳作操练长跑，锻康身体好……"这首题为《校园一天》的小诗，直白浅露自不待言，而且是"扒"的陈毅元帅鼎鼎大名的《赣南游击词》。诗写好了，随后在他就读的广东暨南大学中文系主办的《长歌》诗刊上变成了铅字。如果事情到此为止，那么，也许便如蓝天的一缕炊烟、长河的一圈涟漪，很快消逝，不会在他的人生旅途上留下什么痕迹。

一个偶然的机遇改变了汪国真的人生。

中国青年报一记者到广东暨南大学采访，无意中翻到了这首小诗，拿回来发表在校园生活专版上，并寄来了两元稿酬和一封热情洋溢的信。

汪国真在心底牢牢记住了这个日子：1978年4月19日。

在这之前，攻读中国语言文字的汪国真尽管在心底时常萌动一股写作的激情，但从来没有想到过投稿。他觉得，那是一件很奢侈的事，非才情学问都极富有的人不可为之。偶然的成功，使汪国真重新估价了自己：——也许，我能行！

可是，生活却偏偏抛给了他一个"二律背反"：他觉得自己不行的时候，他意外地获得了成功；他觉得自己能行的时候，寄出的稿子却屡投不中。开始，他专攻北京，寄去的诗稿均如泥牛入海。他又转而把目光投向广东。撒出一斗，收回一升。而且也只是在《群众说唱》一类的小报小刊上发表几首七八行的短诗。

汪国真投稿的积极性锐减。

他开始徜徉于诗山学海，去采撷，去吸取，去鉴别。在中文系，汪国真不是学习成绩最好的，却是借阅图书杂志最多的学生。成功后的汪国真说他的诗得益于4个人：普希金的抒情、狄金森的凝练、李商隐的警策、李清照的清丽，或许正是在这个时期，他开始兼收并蓄，加以融会贯通。今日的汪国真假如是一座已露出水面的冰山；那么，彼时的他已经在营造坚实的底座了。

多亏了生活当初的吝啬，不然，汪国真也许会长成一株高昂着头的莠草。

3 缪斯让他选择了诗

有论者曰："汪国真诗歌的大部分，都与当代青年遇到的烦恼、挫折、迷惑和困难有关。你不能说汪国真是专门为解答和排遣当代青年遇到的问题才写这些诗的，但是，在客观上，汪国真的诗确实像是一副清凉剂，起到了慰藉那些年轻心灵的作用。"

其实，汪国真在主观上的意识是十分明确的。大学毕业以后，他经常翻阅各种青年刊物。而青年刊物一个很突出的特色就是反映青年呼声。由此，他感受到了青年的各种困惑。

解答困惑，有的人用书信，缪斯让汪国真选择了诗。

《我微笑着走向生活》，是汪国真一首引起较大反响的诗作。这首诗在湖南团省委主办的《年轻人》杂志发表以后，分别被《读者文摘》《青年文摘》《青年博览》等覆盖面极大的文摘类刊物转载，引起了青年读者的广泛关注。他创作这首诗的初衷，就是有感于一些青年对生活悲观失望，而自己也时有这种情绪萦绕心头，于是想写一首诗既慰藉自己，也抚慰别人。如何落笔呢？他想起了拜伦的《致托马斯·穆尔》："爱我的/我报以叹息，/恨我的/我置之一笑/任什么天气和运气，这颗心全已准备好……"不由心头一动，一行行诗句便顺着笔尖宣泄在稿纸上：

我微笑着走向生活／无论生活以什么方式回敬我

报我以平坦吗／我是一条欢乐奔流的小河

报我以崎岖吗／我是一座大山庄严的思索

报我以幸福吗／我是一只凌空飞翔的燕子

报我以不幸吗／我是一根劲松经得起千击万磨

生活里不能没有笑声／没有笑声的世界该是多么寂寞
什么也改变不了我对生活的热爱／我微笑着走向生活

在汪国真的诗集中，类似这样针对青年的各种困惑，以诗言志，表达自己对于生活的感受和理解的诗作有很多，而汪国真的代表作《热爱生命》则更是从青年备感迷惑的事业、爱情、未来、挫折四个方面抒发了自己对于生活的理解：

我不去想是否能够成功／既然选择了远方
便只顾风雨兼程
我不去想能否赢得爱情／既然钟情于玫瑰
就勇敢地吐露真诚
我不去想身后会不会袭来寒风冷雨
既然目标是地平线／留给世界的只能是背影
我不去想未来是平坦还是泥泞／只要热爱生命
一切，都在意料中

与其说，汪国真是以清新、秀丽的诗风打动了那么多读者；毋宁说，他是以蕴含在诗中的那一颗真诚、纯洁的心灵为自己赢得了声誉。

《我微笑着走向生活》使汪国真引起了青年读者的广泛注意；而《热爱生命》则使"汪国真"这个名字在青年读者的心中扎下了根须。

4　玻璃书橱险些挤破

如果把几年前曾在诗坛刮起旋风的朦胧诗当成一种文学现象加以审视的话，那么，悄然而起的汪国真热则不仅仅是一种文学现象了，还做为一种持续的社会现象引起了不同年龄跨度、不同文化层次，不同社会阶层的人们广泛注目。

几乎很少有诗人拥有过这种辉煌。

汪国真的诗主要发在北京和东北的一些青年刊物上。在上海发的东西很少，以至前不久到上海去参加签名售书活动的汪国真很有些忐忑地表示：对这次活动，上海读者有没有兴趣，"我心里真没底"。

可是，颇为挑剔的上海读者却同东北、北京、天津等地的读者一样，对这位清秀的青春派诗人表现了极大的热诚。

我们不妨摘录一段《新民晚报》记者关于汪国真签名售书的报道——

尽管细雨迷蒙，昨天一早就有无数读者在书店门口恭候，那份神情不亚于费翔和谭咏麟的崇拜者。临近9时，店门洞开，事先得到消息的读者涌进书店，清一色的俊男倩女，清一色的梦幻年纪，幸亏书店有经验，有意识地堵住了一些通道口，人流自然地在二楼绕上几圈，拐上几个弯，这样一条排队长龙就不费力地形成了，否则玻璃书橱非挤破几个不可。

当汪国真开始签名的时候，记者发现这条长龙总共拐了9个弯，穿过了20多根柱子，几乎把书店二楼每一个空间都填满了，有二三百米长，约有数千人。经理说：在南东书店，中国作家为读者签名活动这是最热烈的一次。

今年春节，作为最年轻的一位代表，汪国真来到中南海参加了由江泽民同志主持召开的文艺界知名人士座谈会。会议开始逐一点名，叫到"汪国真"时，总书记额首微笑，点头自语："噢，青年诗人！"

一位漂亮的女服务员在为汪国真斟水时，竟一反往日的矜持，小声说了一句：

"我读过您的诗，很喜欢！"

在北京航空港，汪国真为了消磨候机的时间，来到小卖部前买一本新出的杂志，售货员认出了他，意外地说：

"你是那个写了《年轻的潮》的汪国真吧？我们很喜欢您的诗。"

登机时，一位威武的女警官也认出了他，主动为他提起行李。进了验票口，汪国真走了几步回首一看，见那张年轻而生动的脸还扒在玻璃窗上向他张望。只不过，已经不是她一个人了。

该怎样报答读者的这一份厚爱呢？

汪国真的心像一片裸露的沙滩，不时被一排又一排爱的热浪漫过。

泪水，常常模糊他的眼睛；

心中，每每涌动一股激情。

倘若没有了激情，也就没有了诗……

5　隔开我们的不仅有岁月

汪国真善于以生活入诗，用真诚感人。他诗的触角随时都伸向生活的河流，去捕捉，去感受。

生活中常见的一些事，平淡无奇，别人或许漫不经心、一瞥即过，而汪国真却能从中捕捉到一种独特的内心感受，然后用诗的形式抒发出来。

读他的诗，我们常常可以感受到一种撩人心弦的情怀，一缕欲说还休的韵味，一腔眷恋生活的深情。

他的诗，因为生活而美丽；

他的生活，因为诗而充实。

北上的列车上，他与一位女大学生相对而坐。人和人之间的距离有时是最长的，彼此跋涉终生，最终也难得走到一块儿；人和人之间的距离有时又是最近的，一个眼神，一句戏语，一个表情，一句问候，便可拆去心的设防，在两颗本来陌生的心之间架起桥梁。

他和她相识了。

没有铺垫，没有过渡，一切都那么自然。

他讲他的人生经历，她讲她的学校生活。等到分手时，两人好像已经认识了几百年。

他拿着姑娘的行李送她下车。他站在车上，她站在车下，火车启动的一刹那，一种惘然若失的感觉突然掠过心头。回到座位上，他在一块纸片上随手写下了两个字：《旅伴》

> 这一次握别 / 就再也难以相见
> 隔开我们的不仅有岁月 / 还有风烟

有一缕苦涩／萦绕心间／迎着你的是雾一样的惆怅

背过身去是云一样的思念

命运，真是残酷／为什么我们只能是旅伴

　　还有一次，他的一位女朋友到他家作客。女朋友走了，汪国真把女朋友用过的茶杯涮干净，把糖盒重新合上，就连女朋友坐过的沙发，他也将皱褶抚平。

　　一切都像原来一样了。汪国真若无其事地坐下来看书。他35岁了，婚姻自然成了父母的一件心事，所以他们对儿子和女孩子的交往格外留心。汪国真在婚姻上又过于浪漫，过于执著，轻易不肯敞开心扉去接受一位异性的温情。因此，他的婚姻如同地平线上的一抹亮光，让人感觉到它的存在又每每不能变成现实。

　　不肯向岁月投降的汪国真为了不让父母过多地分心，便不愿意向他们展示那些本不成熟的爱情。

　　母亲回来了，扫视了一下房间。一边脱去风衣，一边装作漫不经心地问：

　　"今天家里来客人了？"

　　"没有。"汪国真合上书本。

　　"不要瞒我，今天不但来客人了，而且还是个女孩儿。"

说着母亲走到冰箱前，从上面拿起一只纸叠的小船。"这是谁叠的？"原来，女朋友在和汪国真闲聊时，叠了一只精巧的纸船儿，临走时，随手放在了过道的冰箱上.

生活的痕迹是抹不去的。

汪国真脸红了，他接过母亲手里那只精巧的纸船儿，一种异样的感情在心中萌动。啊，生活真像色彩迷离的晨雾，给人以那么多遐想、那么多纯真。于是这情感经过沉淀、过滤，在汪国真的笔下变成了质朴清丽的诗句：

他长大了 / 认识了一个

喜欢叠纸船的女孩 / 那个女孩喜欢海

喜欢海岸金黄的沙滩 / 喜欢在黄昏里沙滩漫步

有一天 / 那个女孩漫步

漫进了他家的门 / 晚上，妈妈问他

是不是有个女孩来过了 / 他回答说

没有，没有啊 / 妈妈一笑

请问，那个纸船是谁叠叠的

在某高校和读者见面，汪国真讲了这首诗和这个故事。一个同样清纯的女孩问："这叠纸船的女孩现在在哪儿？是不是成了你的妻子？"

汪国真微笑着回答："有许多美丽的故事留下来的都是遗憾！"

是的，婚姻不是清纯加清纯、美好加美好。缔结最佳婚姻的契机应该是一种感觉；而这种感觉非有心路的相通是不能产生的。所以，许多美丽的故事都镶上了遗憾的花边。这样说也许太玄妙。唯其玄妙，婚姻才是一道应当终生解悟的方程。

"你真狡猾！"大学生或许还理解不了这其中的禅机。

"你才知道！"汪国真和清纯的大学生开了一个玩笑。

活着，并且感受，真是一件美丽的事。

感受，是一种人生的体验；

体验人生，需要的是对人生的爱与执著。

6 1000个汪国真也顶不上我一个

热爱人生，需要对人生有一种超然的态度。

"火"起来的汪国真不乏鲜花、赞美和排成长队的崇拜者。看一看读者写给汪国真雪片一样的信函，每一个爬格子的人心里都会妒忌。

据说，汪国真在某大学讲演时，大教室里被挤得满满当当，有一些女生竟是在头一天中午就占好座位的，比"人类灵魂的工程师"李燕杰到大学讲演还轰动。

对于这一切，汪国真表现出一种超然并不难。他可以微笑着面对学生们的赞美，可以潇洒地为崇拜者们签名。

但是，面对另一种情景，他还超然得起来吗？

北京大学。中国的思想摇篮。没有一个学校能比这里的莘莘学子更具有挑剔的目光了；他们不供奉偶像，不崇拜名人，即便是泰戈尔转世，他们也不会把他供上神坛。

何况，一个小小的汪国真。

讲演正在进行。一个条子从后排传到前排；再由一个头后扎一束"马尾巴"的女大学生站起身，递到汪国真手里。

汪国真展开纸条——

"中学生随便写在笔记本上的诗都比你的诗强，对此，你有何评论？"

汪国真笑了，笑有多种，无可奈何的是苦笑，兴高采烈的是欢笑，装模作样的是假笑，心怀叵测的是奸笑。

汪国真的笑呢？真诚、自然、毫不造作。

"不知道是他的某一首诗写得比我强呢，还是所有的诗都比我的强；即便是所有的诗都比我写得好，也没有什么值得奇怪的，因为中国有一句老话：英雄自古出少年！"

很吝啬掌声的大学生突然慷慨起来了，他们为蔑视名人的精神叫好，也为汪国真的超然鼓掌。

有一位写诗的青年，读了汪国真的诗不屑一顾。不屑一顾不读便是了，可是他不，他叫人传过话去："一千个汪国真也顶不上我一个！"

汪国真听了，也只是一笑："那好，我祝他走运！"

在华东师大讲演时，一张条子从后排递到了前排，一位代读条子的男同学清了清嗓子：

"汪国真，请……请你沉默着退出诗坛！"

汪国真一听，笑容消失了，代之的是庄严的神情。

历史已经进入20世纪90年代，政治上的强权已为人们所不齿，何况学术上的争鸣呢？一种流派的消失与否，只能是由这一流派内在的生长机制决定，谁也没有权力下命令，谁下的命令也无济于事。

世界，不再供奉偶像，文坛，也不需要霸主！

"我这个人就喜欢挑战：越是叫我退出文坛，我就越不会退出文坛！"

掌声，如春潮涌动……

人生。便是一个不断迎接挑战的过程。

战胜了一次挑战，便完善了一次自我。超然物外的胸怀，迎接挑战的气度，是人生前行的两只车轮，缺一不可。

7　谁圆了谁的梦？

对于汪国真的"火"有人实在不服气。

不是哪位权威，也不是哪家出版社，而是千千万万的青年读者把汪国真推出来的。记得前两年，我曾劝过汪国真，改写报告文学算了，因为诗歌实在不景气，以至于不少诗集全国征订一圈儿，订数不足百本。在这以前，我曾试图为汪国真出一本诗集；我并不觉得他的诗已炉火纯青，无可挑剔，但直觉告诉我，他那真诚、清秀的诗风肯定会受到青年读者的欢迎。但是几次尝试，都未能如愿。

没想到，和汪国真并不相识的师生间的几句对话，竟圆了他想出诗集的梦。

"你们在抄什么呢？"

"抄诗。"

"谁的诗？"

"汪国真。"

"汪国真？"女教师从来没有听说过这个名字，"你们喜欢他的诗？"

　　"全北京的中学生都喜欢。"女学生的话或许不无夸大，但是她们所传递的信息确实使女教师的丈夫——一家出版社的编辑部主任怦然心动：说不定这是一个极好的选题。职业的敏感使他急切地借回了学生们手抄的诗作，才读了几首便断定这些诗如结集出版肯定会拥有大批青年读者。

　　他找到了汪国真……

　　于是，汪国真的第一本诗集《年轻的潮》，在短短20天之内便以精美的印制出版了。印数一增再增，很快便突破20万大关，创造了诗集出版史上的空前纪录。

　　汪国真的另一本诗集《年轻的思绪》也是以手抄本的形式先在读者中流传，尔后被出版社发现出版的。

　　那是一个叫王萍的女孩儿，当她从《读者文摘》上读到那首隽永深邃的小诗《我微笑着走向生活》以后，就默默地记下了一个平凡的名字：汪国真。她开始处处留意汪国真的诗作，几年下来，竟辑了厚厚的一本。从此，这本由王萍精心编辑，有"书名"，有"序文"，精心划分了10个栏目，抄写得十分工整，署名为"梦幻出版社"的手抄本便开始在一些青年中流传。后来，受王萍之托的一位中年人敲开了汪国真的房门，请他在这本"诗集"上签个名。汪国真用颤抖的手签上了自己的名字——他为一位女孩子纯真、善良而又美丽的梦所感动。

一个偶然的机会，文化艺术出版社综合编辑室主任许廷钧获悉此事，感叹不已，随即向出版社领导建议出版这本"手抄本"诗集。

于是，《年轻的思绪》得以迅速出版.

美丽的梦变成了美丽的现实……

一位女孩在寄给汪国真的贺卡上曾写有这样的诗句：

你装饰了别人的梦／带给大家好梦无数

为许许多多美丽的梦／镶上了美丽的花边

是读者圆了汪国真的梦？还是汪国真圆了读者的梦？

谁也说不清，道不明。其实，人生中有些事本是无须弄明白的……

8　王健可以不再遗憾

关注汪国真的不仅仅是青年。时刻关注青年的人也在关注汪国真。

去年11月份，汪国真收到了一封信。打开它时汪国真或许并没有特别在意，因为成名以后他每天至少要收到四五十封读者来信。

汪国真同志：

在很多报刊上读到你的诗，很喜欢。早就想和你联系，只是不知道你的通讯地址。后来在一家报纸上得知你在艺术研究院工作，所以迟至今天才写出这封信。希望能得到你的诗集。我想，我们是可以合作的。

下面的署名是：谷建芬。

读完这封信，汪国真高兴极了，他早就想为自己的诗插上音乐的翅膀；而他最盼望的合作者，便是大名鼎鼎的谷建芬。可是听说，作曲家很苛刻，找上门的词作者络绎不绝，对于他们的歌词，作曲家很少"首肯"，所以，一直没敢贸然造访。

可遇而不可求，也许这就是机缘。

汪国真当即寄出了自己的诗集。几天后，又拨通了作曲家的电话："喂，你是谷建芬老师吗？"

"对，你是哪一位？""我是汪国真。"

"噢，你好。"作曲家热情洋溢，"其实，我很早就注意到你的诗了。那时，你的诗还没有轰动。刚开始，我还以为你是台湾的诗人呢？"作曲家言毕，朗声一笑，"对了：你寄来的诗集收到了。我已经谱了3首：《给我一个微笑就够了》《母子》《如果》，等谱出个十首八首时你来听听！"

"太谢谢您了！"汪国真由衷地说。随后，他不无忧虑地问作曲家，"前些天在报上看到一篇文章，说您已经退出歌坛了？"

"不。我的意思是我要休息一段，不是退出。"

"那就太好了。不然，那么多喜爱您的青年会失望的。"

"是啊，青年的这一份情谊真是值得珍重。"作曲家颇动感情，俄顷，她又说："我有一个老搭档，叫王健。他说，他注意到你比我还早。他认为你的许多诗作为歌词来欣赏也是很好的。可惜，你长期没有介入歌词创作。……"

如今，王健可以不再遗憾。

汪国真开始以较大的精力投入歌词创作，他作词的专题盒带《青春时节》已出版发行。并且，销售量居当月的盒带之首；他本来请我去参加盒带的首发式，我有事未能成行。汪国真特意送来一盘盒带。听着歌星杭宏那深情、委婉的演唱，我不由想起了辛弃疾的几句词：

串玉一声歌，占断多情风调。

清妙，清妙，留住飞云多少？

仔细再听，留住的又不只是飞云……

9　一个女孩打来电话

汪国真是读者推出的诗人；读者是汪国真心中的上帝。

对于千千万万热爱自己诗的读者，汪国真不敢有稍许懈怠。最好的回报自然是写出更多更好的作品。为此，汪国真正在尽心竭虑地耕耘。聊可自慰的是，今年，他将有3本以上的新作奉献给青年朋友。

除了诗，他还写歌词，写哲思短语。

即使这样，他依然感到不安。于是，从他的心底便流出了这样的诗句——

总觉得／愧对那些期待的眼睛

过去的一切／仿佛是一个

极易破碎的梦

我只是把／心灵孕育的种子

虔诚地撒在了大地上／不曾想　它们

真的长成了树／长成了一片风景

不要赞美我／那是由于慷慨的阳光

温馨的雨／还有那微笑着走来的

暖暖的风

有一天，汪国真接到一个电话，一个女孩儿打来的。

"我们能跟您聊聊吗？"

"能先告诉我你是谁吗？"

"我是你的一个热心读者，代表一群你的热心读者给你打电话。明天是星期天，如果你不介意的话，上午10点我们在景山门口等你。"

汪国真如约而至。

他本来有很多事情要做。但是他把要做的事都放下了，甚至放弃了和女朋友的约会。来到景山公园门口，见一群十七八岁的男女学生正在那里翘首以待。凭直觉，他觉得约他出来的是他们。于是走过去："你们是不是在等一个人？"

"是啊！"中专生们有些疑惑地看着眼前的这个戴眼镜的青年人，"你是……"

"我就是汪国真。"

"啊！"中专生们有些愕然了。只见他一米七的个头，梳一个青年式，穿一件夹克衫，装束一点也不"潮"，一点也没有他们想象中的那种诗人气质：长发披肩、放浪形骸。只有在他的眼睛中，他们找到了令他们感动不已的那一份真诚，那一份纯洁。

"谢谢你来光临我们的聚会。"

"能和你们在一起，我会感到年轻！"

他们一起爬山，一起照相，一起探讨人生，一起享受欢乐。分手的时候，打电话的小姑娘说："我们没想到你会来，可是，你来了，而且比我们想象的要更年轻，更平易！我们应该谢谢你！"

"不。应该道谢的是我。谢谢你们喜欢我的诗。"

中专生们是真诚的。汪国真也是真诚的，真诚是一条彩链，把汪国真和读者紧紧地连到了一起。

理解是理解的投影；真诚是真诚的和弦。

10 刻骨铭心的爱之初吻

三十有五的汪国真至今仍然孑然一身，不是不想结婚。用他的话说，"如果我要和谁结婚，前提是我必须非常非常爱她，否则，既是对她的伤害，也是对自己的伤害。或许我追求诗意的生活，而生活并不那么诗意。所以我至今不能成功。"

爱是一种感觉。感觉是一个转门，常常从一个忠实的诺言走向另一个忠实的诺言。什么时候转门停止了，爱便找到了归宿。

它属于永恒。

汪国真自然也爱过。而且，刻骨铭心。

他从广州回京度寒假，她要在4月份到广州去观光，一位朋友介绍她认识了他，并请他在广州时关照她。

于是，在"四月清和雨乍晴，南山当户转分明"的时节，他和她在广州相会了。

人和人之间真是奇怪，有的人厮守终生，也没有一句真话；有的人相识半日，便可一诉衷肠。

凭的是什么？感觉。

"你今天说的许多话，并不适合对一个刚认识的人讲！你为什么要告诉我？"

姑娘抬起眼望望他，目光幽幽。

父母离异，人情冷暖，使她那双本来应该属于霞光的双眸，过早地罩上了一层忧伤的云翳：

"我也说不清……"

说不清的是情爱，说得清的是情谊。

羊城4月，正是撩人情思的时节。六榕寺、莲花山、浴日亭、流花湖，到处都留下了他们青春的气息。

一天中午从学校的招待所出来，姑娘好像信口而出："你挺有吸引力的！"

"我没有吸引力！"

"放心，我不会过分。"

"没事儿。"

被"缪斯最钟爱的男人"第一次与爱神对话，竟这么缺少诗意。其实，汪国真是很喜欢这个姑娘的。从第一次见面，他就在心中感叹造物主的鬼斧神工，居然把一个凡人塑造得这么清灵水秀，光彩照人。可是，传统的家庭教育，使他还无力摆脱传统的羁绊，他不大适应一个女孩子首先表露爱慕的做法。

第二天，他们去肇庆的七星岩。早晨6点钟的旅游车，汪国真怕误点，竟一宿儿没合眼。在车上，他抵不住疲惫的侵袭，头像鸡啄米一样，在胸前一点一点的。

姑娘说："你困了，头靠在我的肩上睡一会吧！"见汪国真有些犹豫，又说："你是为了陪我，没关系。"

于是，汪国真的头第一次靠在了一个少女的肩上。从那冰清玉洁般的躯体上散发出来的缕缕温馨，倏忽之间迷漫在他的心里，驱走了睡意，驱走了喧嚣，也驱走了人世间的一切。他闭着眼，眼前一片朦胧。天地之间，仿佛只剩下了她和他，他真想让时间凝固，就这样，相互依偎着进入永恒……

　　到了肇庆，银湖黛峰、钟乳瑰丽的七星岩已黯然失色了；两颗年轻的心像两块磁铁，相互贴靠在一起。

　　热吻，融化了人世间的所有纷繁与世俗。

　　——"你什么时候爱上我的？"

　　——"见你第一面的时候。"

　　——"这种事，一般而言，应该是男孩主动。"

　　——"可是我不能因为羞涩，遗憾一辈子。你知道，上小学的时候，我的父母就离婚了，这在心理上对我的刺激很大。所以从很小的时候，我就留意男孩了。我希望能找一个可以终生相托的人，不再重复母亲的悲剧。"

　　——"于是，你选中了我？"

　　——"……我喜欢你。喜欢你的气质和你们家的氛围。广州对我是一个机会。如果我不在这里把关系明确了，你回到北京以后，我会缺少竞争能力的。"

　　——"为什么？"

　　——"因为你是大学生，有海外关系，你又潇洒。"

　　姑娘调皮地看了他一眼，咯咯地笑了。

　　多么有心计的女孩儿。汪国真望望她，不知为什么，心中竟涌出一股酸楚。他把她拥进怀里，在她的脸颊和额头上，落下了无数个吻。

但愿自己的吻，能融化她心中的哀怨。

但愿自己的爱，能舒展她胸中的愁肠。

初恋也许就是在那时罩上了阴影。爱，是理解的别名；爱，是信任的使者。然而，对于一个心灵上有着创伤，过分敏感、又过分自尊的女孩儿，要做到这一点实在不易。遗憾的是，那个男孩，也还不懂得什么叫作"珍重"。特别是一开始，他就居高临下，便更容易看淡了这一次相识。人海茫茫，本难得一次令人心跳的相识。

"好好的，我在北京等着你！"姑娘幽幽地说。

"如果我跟别人好了呢？"汪国真开了一个玩笑。

情人送别，本该多一些缠绵，少一些调侃，况且，这是一个才开始编织的梦呢。

"告诉你，不要以为我是好欺负的！"姑娘勃然变色。

他有些意外地扫了她一眼："原来你这样厉害！"

女孩回北京以后，他们又通了一段时间的信。有思念的倾诉，有学业上的切磋，也有令双方都不愉快的争吵。他理解不了她，她包容不了他。分手便是注定的了。

那一天，已回到北京的汪国真和她在北海公园幽邃的山石之间，谈了很久，直谈的夜色为群山披上了一件黑斗篷，晚风为大地唱起了一首催眠谣……

这以后，汪国真又谈了几个女朋友。只是，他常常想起她，常常拿她对照她，他发觉，她才是他心中的女神。因此，他至今仍孑然一身，仍在苦苦寻觅中。

"回想起来，当时有些意气用事。如果是今天，也许我们不会分手的！"

汪国真的爱情诗有多少得益于这次初恋经历，不得而知。但是那首情真意切的《怀想》却是这次初恋刻骨铭心的写照——

我不知道／是否　还在爱你

如果爱着／为什么　会有那样一次分离

我不知道／是否　早已不再爱你

如果不爱／为什么　记忆没有随着时光流去

回想你的笑靥／我的心起伏难平

可恨一切／都已成为过去

只有婆娑的夜晚／一如从前　那样美丽

11　老天也为他和她流泪

汪国真属于性格腼腆，观念比较传统的那类青年。没有很大的把握，他轻易不会向一个女孩表露感情。他怕被人拒绝。

不过，一旦他爱上了一个女孩儿，便有一段刻骨铭心的故事。

所谓刻骨铭心，是指故事深层所蕴含的情感冲动。就其表面而言，又实在平淡无奇，宛如水中的一圈涟漪，夏夜的一缕凉风，深秋的一抹白云……

他是在一个青年联谊会上认识她的。

那时的汪国真正在文学之旅上牙牙学语，他写诗，也写散文、通讯和报告文学。走进联谊会场，他是要写一篇反映青年业余生活的纪实文学。

或许是她委婉的歌喉，或许是她高雅的气质，或许是她清灵的笑声，或许是她美丽的双眸，或许什么也不是，只是凭一种感觉，在那么多俊男倩女中，他偏偏走向了她。

"小姐，如果你不介意，我能跟你聊聊吗？"汪国真出示了记者证。

记者证只能表明一个人的身份，眼睛才能袒露一个人的内心。在和汪国真对视了一眼后，姑娘点点头答应了——那是一双清澈的眼睛，一双只看一眼便可以拆去心之设防的眼睛。因为那双眼睛可以让你读懂两个字：真诚。

他和她相识了。相识以后的日子是美丽的。仿佛天也高了，地也阔了，空气也像被滤过一样，吸一口便让人心醉。他在心中默默地爱着，却没有随便将这个"爱"字出口。爱是一种感觉，同时也是一种责任，一种义务。当他觉得他心理准备还无力承担它时，轻易说出口，便是对"爱"的亵渎。

用嘴说出的爱如同雨后的彩霞，虽然绚丽但却易逝。

用心感受的爱如同小溪的流水，虽然平淡但却执着。

心河默默流淌。一个深情的眼神便可溅起一朵浪花；一句会心的笑语便可激起一圈涟漪。

然而……

汪国真永远也忘不了那一天。两个人在一家快餐厅里相对而坐。闲谈中，她似乎不经意说出的一句话却似一记重锤几乎把汪国真击倒：

"我爱人……"

后面的话汪国真一句也没有听到，他只觉得形只影单，仿佛置身于荒芜的沙漠，那么孤独、那么寂寞。

她已经结婚了，他心中的梦还没有来得及编织便破碎了！

其实，这句话是她鼓了几次勇气才说出的。她知道他在默默地爱着自己。她也喜欢他。

他爱她的美丽；美丽和漂亮是两个概念。漂亮的不一定美丽，美丽的一定漂亮。她喜欢他的真诚。真诚和虚伪是冤家对头，真诚不允许虚伪同行。

一切都无需再说。沉默，有时也许是最深刻的语言。

他和她就那样相对而坐，一直坐到夕阳西沉，夜之将至。天下雨了，细雨霏霏。晚来的客人穿着雨衣，打着伞。

"你看，老天也哭了！"

一句话，引出四行热泪……

于是，在汪国真的诗集中，便多了这样一首诗：

> 总有些这样的时候 / 正是为了爱
>
> 才悄悄躲开 / 躲开的是身影
>
> 躲不开的　却是那份 / 默默的情怀
>
> 月光下踯躅 / 睡梦里徘徊
>
> 感情上的事情 / 常常　说不明白
>
> 不是不想爱 / 不是不去爱
>
> 怕只怕 / 爱也是一种伤害

有论者对此评论说：如果不是不想爱，只是不去爱，更是一种伤害。每个人有每个人的生活方式，每个人有每个人的价值观念。一个人就是一个世界，谁也不必拿自己的世界去规划别人。

汪国真离开了爱神，走近了友谊。

对于人生，人们有着不同的感情体验。无论是苦涩的，还是甜蜜的；无论是辉煌的，还是遗憾的——只要问心无愧！

12　分离原来并非结局

汪国真还有一次情感经历，如果写成小说，或许比琼瑶还要琼瑶。

1983年从广州大学毕业回到北京后，他参加了文化宫举办的一个绘画学习班；第一次走进那间大教室，他的眼前仿佛就升起一轮太阳——那是一个婀娜多姿的青春少女，一头像瀑布一样的长发倾泻在肩头，一双像秋水一样的眼睛充满了灵气。

然而，人们的情感有时常常构成悖论。你无意攀附的异性，彼此可以谈笑风生；你倾心爱慕的姑娘，双方却常常敬而远之。

在汪国真的心中，她便是美丽的维纳斯。他想走过去，几次踮起脚尖，仍怕冒犯了她的圣洁。于是，他只能压抑着内心时时涌动的情感，默然地设计着他和她要说的第一句话：

"我好像见过你！"

"是吗？"姑娘会扑闪着美丽的大眼睛，问，"在那儿呢？"

"梦里。"

确实，矜持的姑娘没有走近他，却已经走进了他的梦里。可是，这个梦很快就被同学间的一次闲谈击得粉碎：

"叶倩可惜了！这么一朵好花却插在了牛粪上！"

"哟！叶倩都结婚啦？"同学们有些惊讶。

汪国真在一旁没有说话。一种强烈的失落感却如飓风一样掠过心头。他突然觉得，一切都索然无味，一切都变得毫无意义了。

第二天；他没有再去绘画班……

斗转星移，一晃，七度春秋。这期间，物是人非，沧桑巨变，人们忘却了多少本不应该忘却的纪念啊！汪国真的记忆，已经几次"清仓查库"，该忘却的都忘却了。有些值得记忆的，因时过境迁，人海茫茫，也埋入了记忆的深谷……

这一天，他从国家教委的家属宿舍骑车出来，在辟材胡同和一个骑车的女孩儿相对而过。一瞬间，仿佛一道闪电照亮了他记忆的深谷，久已逝去的往事又如昨天一样清晰可辨，历历在目。完全是下意识的，他随口叫出了那个曾令他魂牵梦绕、愁肠百结的名字：叶倩。

两人各自骑出去五六米，都站住了，都同时回过头来。

汪国真下车，只是想看一看她听到这一声呼唤有什么反应。他们总共见了两三次面，一晃已经7年过去，她还能认出自己吗？没想到，她不但认出他了，并且似乎并没有经过搜肠刮肚的回忆，便以同样的真诚、同样的期待叫出了他的名字：汪国真。

7年以后，两个人终于走到了一起。

"你怎么还记得我的名字？"叶倩问。

"当然有原因！"汪国真回答。

"什么原因？"叶倩问。

"以后有机会会告诉你。"汪国真回答。

姑娘望着他，目光幽幽的："你结婚了吗？"

"还没有。"汪国真不大自然地一笑，"你的生活还好吗？"

"我们早已经分手了！"一缕忧郁爬上姑娘的脸颊，"感激并不等于爱情。可是，结婚的时候，我们不懂，懂了的时候，已经结婚。"

见姑娘有些伤感，汪国真急忙岔开话题："你这是干吗去？"

"我妈妈在二龙路医院住院。我去看她！"

这时，姑娘的BB机响了，她看了一下，说："我弟弟在呼我，咱们改天再谈吧！"说着，把自己的电话和BB机呼号告诉了汪国真。

一个星期后，他们在一个咖啡厅相对而坐。

"谢谢你还记得我，我以为你早把我忘了呢？"

"怎么可能呢！"汪国真用小勺轻轻拌着咖啡，"这么些年了，我也没有什么不好意思的了。"于是，就把当时自己对她的感觉和盘托出。

姑娘听了，默然良久，然后给了他一个幽幽的眼神："我告诉你，我给你的感觉肯定没有你给我的感觉好！"有顷，又问："你的绘画学习班好像没学完？"

汪国真告诉了她事情的原委。

"其实，你走了以后，我也就没有再去！"

汪国真闻言，泪水一下子涌满眼眶……

人世间的有些事真是奇怪，有的人刚刚相识，便意味着结局；有的人虽然分手了，却才是开始……

以后会怎样呢？反正生活是最伟大的导演。

13　不知你将怎样发落我？

中国是一个崇拜名人的国度。中国的女性太容易失去自我。

明月如镜，独步中天，灿烂的星群在它的身旁黯然失色。然而月亮虽明，却是由于借助了太阳的光辉。星星光微，却是靠了自己的热能，做一颗能自己发光的小星星多好。

可是，在中国，成了名的男人，似乎都接到过异性崇拜者抛来的红绣球。

汪国真自然也不例外。而且，他是以钟灵水秀的小诗风靡中国大陆的。诗最容易打动少女的情怀，缪斯更容易受到维纳斯的青睐。加上他本身的潇洒，汪国真的异性崇拜者之众可以想见。我曾听到一则传闻：春节期间，有上百名痴情少女辗转找到汪国真的居所，在门口排队等待"召见"。

问及汪国真此事的"真实性"，汪国莞尔一笑："完全是流言！"

不过，被鲜花和掌声簇拥着的汪国真确实遇到过不少痴情女孩儿的大胆求爱。那天，他在北京某学院演讲。一张纸条悄然传到他的手上——

"汪老师，能不能问，你结婚了没有？能不能给我一个有盼头的回答？"后面，是一行醒目的英文："I love you"。

大陆只有一个汪国真，而汪国真又不是前些时候遍布北京街头的熊猫"盼盼"，可以给每一个爱慕它的人以会心的微笑。于是，便有了一个个失望……

前不久，汪国真收到了一封极富个性的来信，这封信除了一则名人轶闻就是一句话，但是它们组合到一起所构成的底蕴却可令人玩味再三。

信是这样的——

汪先生：

　　先向你介绍一则小故事：辛古莱·刘易斯是一个获诺贝尔文学奖的美国作家，因此享有极高的声誉，一位年轻妇女给他写信，希望做他的秘书，信中写道："亲爱的刘易斯先生：我愿为你做一切事情。我说的一切事情是指所有的任何事。"

回信相当迅速，其内容是：

亲爱的小姐：

　　我的丈夫已经有了一名专职速记员。至于您所说的"一切事情"则由我自己负责。我说的一切事情是指所有任何事。

落款是：辛克莱·刘易斯夫人。我有一个和故事中的姑娘完全一样的请求，不知道你将如何发落我？

　　"那么，你是怎么回信的呢？"我饶有兴趣地问。

汪国真笑而不答，他用手正一正鼻梁上的眼镜：

　　"每一个人都有去爱别人的权利，每一个人也有不接受别人爱的权利：但是无论谁，都没有伤害对方的权利！"

因此，凡是"打"上门来的求爱者；他都待之以礼；凡是写来的求爱信，他都单独放在一处，倍加珍惜。

不过有一封信，在成百上千的求爱信中很是叫汪国真踌躇。回还是不回呢？对于求爱信，汪国真一般是寄上一张贺卡表示委婉的拒绝，可这位女大学生的信写得太真切了。

读了汪国真的那首《心中的玫瑰》后，她情而不能自禁，在洁白的信笺上写下了心中的期待。信是以汪国真英文大写字母的第一个字母W作为称呼的：

　　无数次想给你写信又无数次放下笔。每次读你的诗，就觉得你离我很近，仿佛能听到彼此的呼吸；放下诗集后，又觉得你离我很远，仿佛你是天边的一抹晨曦，只看得见却触不到。这种心情，想来你是可以理解的。我一直在彷徨，在苦闷。

　　前几天，我在另一本杂志上看到了你的新作《请跟我来》——

　　　　既然春天 / 是你淡淡的忧郁
　　　　既然秋天 / 是你绵绵的相思

那么请跟我来／让我们在黄昏里

写下青春的名字

于是，我克制不住内心的激动，在台灯下铺开了信纸。我觉得。你我有着相似的灵魂，对生活有着一样的体悟。

但愿这一切都是上苍的安排！

下面抄录了汪国真的一首诗作——《心中的玫瑰》：

为了寻找你／我已经是／伤痕累累

青春的树林真大呀／你的声音／又太轻微

眼睛不燃烧着渴望——／心已是很憔悴

真想停下来歇一歇／无奈岁月如流水

星星在每一个夜晚来临／候鸟在变幻的季节回归

我却不知／该是等待你　还是寻找你／心中的玫瑰

紧接着，是女大学生的一首《答〈心中的玫瑰〉》——

为一份前世的许诺／我已经等待了许多年

青春的森林真的太大 / 而我却在那

寂然荒野的驿外断桥边 / 眼睛燃烧着相同的渴望

心一样很疲倦 / 可知岁月的风沙

正在催黄我青春的叶片

候鸟在变幻的季节回归 / 星星出现在每个黎明的远天

我却不知什么时候 / 流浪的你途经身边

至此永远停步不再向前

愿我 / 能用细腻轻柔的花瓣 / 抚平你心上的累累伤斑

愿我 / 能用芬芳晶莹的泪水 / 洗清你昨天所有的哀怨

生命不枯萎，生活就将与我们同在；

希望不泯灭，期待就将伴我们同行。

"青春的树林真大呀"——不是正好可以让我们去领略、去玩味、去观赏、去漫游吗？咚咚作响的山泉，穿过密叶的阳光，浅吟低唱的虫鸣，带着哲理的蝉声……

也许，这便是汪国真要告诉那位女大学生的？抑或是那么多痴情的女孩儿从生活中慢慢体悟出来的？

但愿。

14 像普通人一样做名人

吃过晚饭，我扭亮桌上的台灯，准备完成一篇刊物的约稿，电话铃响了，我拿起听筒，是汪国真。

"最近在忙些什么？"我随口问。

"咳！中央电视台筹备一台五四晚会，本来请我去参与剧本的策划，后来，他们又希望我参加节目主持人的竞争。这不，一路过关斩将，总算进入了前8名！"

"怎么，你去当节目主持？"我有些愕然。

"挺有意思的。"汪国真淡淡一笑。

"可是……"我对着听筒，寻找着合适的词汇来表达我的想法，"你是诗人啊！"

"盛情难却，实在不好意思推辞。"……

汪国真是一个真诚而且善良的人。不像有些"新星"，稍有些名气便颐指气使起来；成名以后的汪国真一如既往：谦逊而不失风度；热情却不显张狂。也许正因为如此，他才无法抵挡各种各样的社会活动：讲演、座谈、首发式、签字仪式。光这些还好，现在，他已经成了记者们追踪"围剿"的目标，年仅35岁，便已有出版社在张罗着给他出传记了。

我曾劝他尽量推掉一些无谓的应酬，作诗需要沉在生活中去感受，如果整天被鲜花和掌声簇拥着，浮在生活的表层，再写出的诗恐怕就会"营养不良"。

我希望看到一个不断生长着的汪国真。

于是，我对着话筒说："小汪，你现在红得发紫了，可要头脑冷静，抵御住各种诱惑。"

他很感慨地说："是啊！金钱、名誉、女人，一个人要想抵御住这些诱惑不容易。不过，我想我能把握住自己！"

中央电视台实况转播了青年节目主持人竞争的实况。

汪国真的表演并不出色，位居第6名。尤其是模拟的现场采访，一向反映机敏的他简直有些木讷。

节目播放完，我听到一些人的议论：

"啧，啧，汪国真的表现太令人失望！"

"他是诗人，诗人比电视节目主持人的档次高多了，真不知他怎么想的，放着诗人不当，偏偏要去竞选什么主持人？"

一位记者故作"耸人听闻"状，道：

"这要是在外国，肯定会有许多女孩儿自杀。汪国真，青春偶像！青春偶像就这样儿，失望之极还不死去！"

我也有些失望。甚至在心里埋怨汪国真。因为在这以前，做为朋友我曾劝过他：

"朦胧是一种美，太明晰了，就没有神秘感了。没有神秘感，读者就会厌倦！"

那么，现在汪国真是怎么想的呢？和汪国真一番深谈，我仿佛重新认识了他。

汪国真参加电视台节目的主持竞选，并非这次始。1988年中央电视台搞"如意杯"业余节目主持人大赛时，他就曾涉足其间，并进入了前60名。那次，他本是应一家青年刊物之约去采访的，来到报名场地，他想先从一旁静静观察一会儿，负责报名的一位工作人员以为他也是来报名的，便问："报名吗？"

"报名？我恐怕不太合适，我一点舞台经验也没有。"

那个工作人员端详了他两眼："还成！气质不错。再者说，你看来报名的这些人，也并非都是艺术型的。"

于是，汪国真壮着胆子报名了：经过初试、复试，他从1200多名报考者中脱颖而出，竟进入了前60名。而这60人，大多是艺术院校的高材生。在确定前10名时，汪国真被淘汰下来了。因为他毕竟没有舞台经验，一对着镜头，就跟对着枪口的感觉差不多，平时的灵气全没了……

岁月跨过了3个年轮，中央电视台要在7月8日开办青年节目。已经在诗坛崭露头角的汪国真被请来参与策划。

导演为了办好节目，调出了上一次的录像。无意中发现了汪国真，便希望他能参与竞争。

导演自有自己的想法：我国电视节目主持人的整体素质太低，已为国人所侧目。要提高电视台节目主持人的档次，就应该有更多的专家型人才参与。因为，电视台节目主持人是面对亿万观众的，他首先应该具备相当的文化素养，然后成为某一方面的专家，最后通过荧屏实践就能成为一名优秀的主持人。而作为青年节目的主持人，汪国真无论从学识、形象和气质上都有很强的竞争力。但为了坚持"公平竞争"的原则，汪国真如同意参赛，也必须从报名、初试、复试一步一步来。

考虑再三，汪国真答应了。

这期间，许多朋友劝过他。汪国真想的却是，一个人成名后，既不要狂妄，也不要谨小慎微地维护自己的形象。他应该还是他自己，经得起成功，也经得起失败。如果一个人惧怕失败，那他就再难以发展了。

像普通人一样做名人——汪国真确定的人生坐标。当汪国真出现在竞赛场地后，人们不约而同地把关注的目光投向了这位"缪斯最钟爱的男人"：他依然那么潇洒，那么真诚，只不过，时而皱起的双眉隐约透露出了他内心的忐忑与不安。

人们普遍认为：参赛的选手中，汪国真和李玲玉是精神压力最大的，因为他们是名人。这又是一次计算名次的比赛，汪国真早在几年前就曾采写过李玲玉，这一次，两人同台参赛，汪国真问李玲玉："你紧张吗？"

李玲玉回答："特别紧张。有时连觉都睡不好。"

而舆论普遍认为，汪国真比李玲玉更有理由紧张。因为李玲玉有舞台经验；汪国真没有。

北京广播学院新闻系的一位副主任是辅导老师兼撰稿，见到汪国真，他趋步上前，握着他的手说："我非常佩服你，你是真正的名人！"因为以汪国真的名气，该时时处处维护自己的形象，他却敢于像一个普通人那样从头干起，没有勇于向自己挑战的精神是不可能的！

北京广播学院副院长王纪言也感叹地说：

"真没有想到。你能够来！"

经初试、复试，汪国真完全凭借本身的实力进入了前8名。毕竟他是诗人。诗人与主持人完全属于两个不同的领域。决赛时，由于经验不足，他没有像平时那样洒脱，那样机敏，没有像他的诗迷所期望的那样一举夺魁。

但是汪国真说得很自信：开拓一个新的领域，开始往往是不成功的。写诗，我就是从退稿堆里走出来的；竞争主持人，我为什么不能从一般走向最好呢？

成千上万的诗迷也给了他深深的理解："你还是我们心中的汪国真！""汪国真，你离我们更近了，你还是你：你的价值不会因为你未能在主持人竞争中夺魁而有损一分！"

汪国真的心再一次像一片裸露的沙滩，不时被一阵又一阵爱的热浪漫过，为了自己也为爱自己的人们，他迈开有力的双脚，义无反顾地向着明天走去。

他刚刚35岁。人生的路还很长，且不会总是春风鸟语、鲜花掌声。尤其对一个背负盛名的人。好在汪国真对这一切已经做好了心理准备——

向上的路／总是坎坷又崎岖

要永远保持最初的浪漫／真是不容易

有人悲哀／有人欣喜／当我们跨越了一座高山

也就跨越了一个真实的自己

原载于2015年5月3日至6月30日《中国财经报》

好汉老权

作者附言：我是十天前，准确地说，是今年6月12日听说老权患了重病的。当时，我的心脏如同被一双无形的大手紧紧地攥住了一样，窒息而又痛苦。我克制着，不让我的泪水流下来。我知道，动辄落泪，那是一个人衰老的标志，但我依然泪流满面。

去他妈的，衰老就衰老吧！

和老权的友谊已经持续了近三十年。在我的印象中，他是一个生命力极其旺盛的人。20世纪九十年代初，有朋友告诉我老权因肝腹水住进了医院，并且已经报了病危。我约了朋友急匆匆赶到解放军三〇二医院去探视，病房里却空无一人。漂亮的女护士端了药盘进来，见到被权延赤丢弃在病床上的病号服，露出一脸苦笑：准是又溜出去喝大酒了！果不其然，事后老权告诉我，那次他喝到夜里一点才回去。说这话时，掩饰不住一脸的得意。而且，尤其令人不可思议的是，肝腹水异常严重的老权并未噂医嘱戒酒，仍是一天一小醉，三天一大醉。奇怪的是，他的肝病不但痊愈了，而且肝脏鲜活得不得了，如同三十几岁的小伙子。以至国内著名的肝病权威——一位已两鬓飘霜的老军医在给他做了检查后，摘下金边眼镜，一边擦拭着镜片，一边疑惑地说：你这肝真是不可思议，居然让酒精泡好了！

大约是三年前吧，久居广州的老权打电话给我，说他回北京了，要请我吃饭。我如约而至，一进饭店的包间，老权拉住我就要宽衣解带。我一边后退一边急问这是何故？老权答曰，我得了直肠癌，时时都要带个"粪兜"，让你检查检查。我惊诧：你得了直肠癌？老权说千真万确，所以等会你不能以身体不适为由不喝酒。乖乖！他哪里像是得了直肠癌？一瓶六十五度的老白干，他倒在大玻璃杯里，一仰脖便见了底。我劝他少喝点，老权一摆手，没事！酒治百病，我这是有理论有实证的。那时候，中央电视台正在热播根据老权的小说改编的电视连续剧《狼毒花》。剧中男主角常发的生活原型就是他父亲的警卫员，身经百战，嗜酒如命，且又高寿。

可是这一次非同寻常。他的女婿告诉我，老爷子刚在北京协和医院动了手术，情绪不大好。您要看他，最好过段时间去。

老权是一个极为达观的人，早已悟透了生死，什么重创能让他的情绪不好？我等不及，买了营养品立马赶去。敲门时，我定了定神，让情绪尽量平缓。无论如何，老权已是奔七张儿的人。在我的心目中，我一向视老权为兄长，我衷心祈祷他健康平安。

见我进门，侧身躺在沙发上的老权立即起身。我忙拦阻，你刚做完手术好好躺着，咱们兄弟不用见外。老权还是坐了起来，朗声一笑，说我没事，动手术的前一天晚上，我还干了二斤老白干，唱歌唱到夜里一点呢！为了证明此言不虚，老权站起身在我面前来回走了几步，并努力做出了一幅气宇轩昂状。见我看他的眼神有些忧虑，倒反过来安慰我说，卫东，你知道我都报过两次病危了，不是全好了吗？我精神上放松得很，一点压力也没有，你不用为我担心。

老权，真乃铮铮铁骨一好汉。

回到家，我翻出了写于1990年的这篇旧作。我没有正式采访过老权，文中所写都是平时所闻所见。记得当年写好后拿给老权看，老权翻了几页说，嗨！我有什么可写的，用不着猪鼻子插大葱——装象。算了吧，卫东！这篇东西因而未在杂志上刊出。今天重新读过，突然有了发表它的强烈冲动。我应该把一个真实的老权告诉读者：他是那么豁达，那么潇洒，那么纯粹，那么透明，他是我见过的男人当中活得最本色、最真诚的一个。在这样的男人面前：

　　——死神也望而却步，幸福之花处处开放！

1

时事的演进，有时像一个怪异的顽童，说不定一个什么偶然的契机，便会使她对已然逝去的往事突然追思和兴奋起来。11年来，经过痛苦而又欣慰的过程开始接受全新社会变革的中国人，心中不再供奉偶像。价值观念的多元化、物质生活的丰富化，使他们逐渐摆脱了苍白与窘迫。闲暇时，在品味了咖啡屋的情调、迪斯科的韵律和阿信与姿三四郎的人生坎坷后，也会信步走上街头，在花花绿绿的书摊儿前驻足浏览一番。

有一天，在充斥着凶杀、武打和言情类书刊的小摊儿上，读者突然发现了一本书：白色的封面上，印着一张毛泽东与女儿李讷在一起的黑白照片，粗重的圆头字标出书名：《走下神坛的毛泽东》。较之那些哗众取宠的书刊，这本书无论在装帧和印制上都显得太平淡了，以至很难产生书籍出版者所期待的那种"60秒效应"——即在众多的书刊中被凝视一分钟。然而，当人们信手拿过这本书，便再难以把它合上。许多人含泪在书摊儿旁读着这本书——忘了上班、回家，忘了斗转星移、夜之将至。最后，他们毫不犹豫地用衣兜里还带有体温的钱把书买回家，一遍又一遍地诵读：一个血肉丰满，像普通老百姓一样有着七情六欲，一个也会哭也会笑、也爱开玩笑、也爱吃红烧肉，一个过去被罩上了一身灵光，圣洁得仿佛不食人间烟火的仙人，终于从人造的神坛上走下来，慈祥如父兄，亲诚像挚友。

在书价和品种同时以几何级数增长的书刊市场上，读者的选择越来越挑剔了，有时甚至于是苛求。一本书，印行二三万册即属畅销，然而，《走下神坛的毛泽东》却风靡图书市场，一时洛阳纸贵。现在，几乎谁也说不清它的印数到底是多少了，因为除了出版社正常的印制外，惟利是图的书商们大量偷印盗印，如果从这本书的影响所及分析，印数在200万册以上当属于比较保守的估计。

与此同时，《走下神坛的毛泽东》被译成英、日、法、德等8种文字向全世界发行。

黑格尔曾有言，把从私人生活角度对伟人所作的道德评价代替从历史角度所作的文化评价是不适当的，因为世界历史的地位高于私人道德的地位。只要一个人能以他不朽的思想与实践推动了他那个时代科学与文化事业的进步，我们就不应该由于他个人品质上的缺陷指责他。比如培根，比如李世民。但是，中国的老百姓还不习惯于高瞻远瞩，他们除了关注伟人名士的历史作用之外，更为关注在实际生活中他们充任的角色。他们希望自己所尊敬的领袖应该既是一个对历史进步做出过卓越贡献的伟人，同时又是一个亲切、慈爱、有着诸多人生美德的普通人。如果说，以前对毛泽东的宣传侧重的是他老人家对中国历史的贡献，并且，为尊者讳的思维方式为他过多地罩上了超人的灵光；那么，《走下神坛的毛泽东》则以生动的笔触、生活中大量感人的事例把毛泽东还原成了人。

书的价值取向与读者的阅读心理吻合了。

难以计数的读者，男的、女的，老的、少的，从地位显赫的高级干部到引车卖浆者流，在为毛泽东的博大、平凡、呕心沥血和废寝忘食抛洒了一掬掬激动的泪水后，不约而同地把目光投向了书的封面上一个颇具特色的名字——权延赤。

关于这个名字，书的封底上有如下一段介绍性文字：

> 权延赤，男，孕于延安，1945年11月26日生于内蒙古赤峰。1970年毕业于北京工业学院，分配入伍。历任话务员、无线电技师、副指导员、机务大队副政委等职。现为北京军区空军政治部创作员，中国作家协会会员。已发表250余万字作品，曾7次获省以上文学创作奖。

这段文字过于简略。随着权延赤的"魔笔"时而潸然泪下，时而驻足沉思，时而仰天长叹，时而浮想联翩的善良而又真诚的读者们，已不满足这种表面上的了解。他们通过各种渠道，各种方式打听着权延赤的人生经历，权延赤的喜怒悲欢以及权延赤怎样写出了这部感人之作。

2

名字是一种符号。除了使这一个人区别于另一个人外，它并不具备任何其他功能。但是，父母在为子女起名时，又总是寄托了某种情思或是反映了一种特定的时代环境。延赤这两个字的组合，便是他父母革命生涯的写照：孕于延安，生于赤峰，长于赤峰和呼市，一条典型的塞外汉子。生他时，早年即参加革命的父亲已是20军分区的政委，而13岁便参加革命活动的母亲则担任着区妇联主任职务。权延赤记事时，他的父亲已经在边塞某省出任省委秘书长，不久又担任了中共内蒙古自治区委员会书记处书记。应该说，他幼时的生活条件是相当优越的。然而，对于那时的他，比塞外的狼嚎和冥冥中的鬼怪更为恐怖的竟是肉和鸡蛋——他害怕那东西，一闻到鸡蛋和肉的味道，他便从心底往外恶心。他最喜欢吃的是馒头、发糕、咸菜和小米粥。当初为了吃肉和鸡蛋，他曾经两次付出血的代价。

第一次是在幼儿园，那是一个干部子弟云集的机关幼儿园。中午的菜里照例有肉。看到其他的小朋友一个个吃得津津有味，权延赤大惑不解，他实在不明白，这样一种糟糕透顶的食物避之唯恐不及，他们如何能够下咽？而且，不但下咽了，一个个还吃得满脸都是幸福。

他转过脸，啃着自己的咸菜。突然，他感到耳根儿一阵发麻，头不由自主地成45°角。侧眼看去，原来是一脸怒气的阿姨："我就不信扳不过你这个臭毛病！"接着权延赤的屁股被迫离开了小凳子，被揪着耳朵来到了菜盆旁。阿姨松手了，然而比她不松手更叫权延赤感到恐怖的是，一块铜钱大的肥肉片夹到了他的碗里，"去，给我吃了！"

权延赤坐回自己的小板凳。在幼儿园，阿姨的话无异于皇帝的圣旨，他没有勇气违抗。而叫他吃掉这块肉，其痛苦的程度不亚于遭受一顿痛打。面对那片肥肉，权延赤一如行将舍生取义的勇士。他闭上眼，憋了一口气，用小勺把肉放进嘴里，想一口吞下。不想，肉一进嘴，一股异味直往上涌。于是，全身痉挛，身体后仰，一下摔倒在地，随即吐得翻江倒海一般。

阿姨和小朋友们吓坏了，急忙上前扶起权延赤，只见他的后脑勺磕在石头上，已渗出了一片鲜红的血……

上小学以后，权延赤仍疾"肉"如仇。父母也不再勉强，但要求他每天早晨必须吃一个鸡蛋，好在父母从不坐在一旁"虎视眈眈"，权延赤也就乐得装做顺从，鸡蛋从未"剩下"。不过，每天都成了路旁猪圈里老母猪的"加餐"。这个秘密首先是被一个城市贫民的孩子发现的。一天，权延赤路过猪圈，正欲"图谋不轨"，那孩子叉腰往他眼前一站，喝道："小崽子，把鸡蛋给爷！"内蒙古有些地方的人三岁就自称"爷"。权延赤看看比自己高一头的这位爷，忙顺从地把鸡蛋递过去。那孩子接过鸡蛋剥去壳儿，囫囵丢进嘴里，三口两口吞下去，噎得脖子上青筋暴绽，待缓过气来，一巴掌把权延赤扇了一个跟跄。血，顺着他的嘴角和鼻子流下来，"妈了个×

的！记住，以后每天这时候给爷送一个鸡蛋来！爷要不在，你就等着！"从此，那枚鸡蛋便由老母猪的"加餐"变成了这位爷的"小灶"。

一个月后的一天，父亲把权延赤叫进自己的书房。戎马半生的父亲默默地盯住他的儿子，眼里闪着幽蓝的火苗。权延赤不由得垂下头，脸上火辣辣。他挨过父亲的打，知道那巴掌只需一下就能把半张脸打得红肿起来。

"孬种！"父亲咬着牙根说："回家像只虎，出门像老鼠，我怎么养出你这样一个草包废物蛋！"

权延赤的头越垂越低，恨不能找个地缝钻进去。心里惴惴然：大概是鸡蛋的事被父亲知道了。

一段难耐的沉默之后，预料中的巴掌没有扇过来，却听到一声压抑沉闷的叹息："唉，你已经不小了。以后你就去大食堂吃饭吧！"

言毕，父亲一挥手。

从此，在机关食堂排队买饭的行列中，便多了一个"小不点"。每月，他的伙食费是9元钱，细粮和粗粮是"三七开"。吃了10多天，他开始懂得了什么叫饥饿，什么叫饭香。长到十一二岁，身体到了该发育的年龄，权延赤饭量开始加大，可仍是9元"伙食费"。这时的权延赤已经不再把吃饭当成一种负担，而是一种渴望、一种幸福、一种享受了。打来饭菜，他常常风卷残云一般，吃得片甲不留。他特别爱吃食堂的烩菜，白菜豆腐粉条放在一起一炖，真是要多香有多香！渐渐的，他能吃酱牛肉了，猪肉炖粉条也不在话下了。一顿饭，他能吃掉过去一天的总和，可是他还觉得饿，肚子像个无底洞，总也填不饱。

一天夜里，权延赤肚子咕噜咕噜叫，他被饿醒了。想起晚上在父母的餐桌上看到的烙合子——类似于馅饼的一种面食。当时，他馋得直流口水，可是没好意思开口向父母要。父母也只是看了他一眼，尽管那目光里有慈爱，但是却没有默许。于是，他舔舔嘴唇回到了自己的房里，睡着了，梦里还是合子。馋醒了的他悄悄爬起身，赤着脚溜进厨房，一口气吃了饭盆里的五六只合子。当他舔舔嘴唇，望着被"洗劫一空"的饭盆不无遗憾地想转身离去时，身体忽然一颤，像被人念过咒语一般动不得步。他看到了母亲。母亲立在门口。走廊的灯光从侧面投射过来，映出母亲瘦削而慈祥的面容。她的目光是柔和的，又是颤动的。于是，紧张而又慌窘的权延赤稳住了神，嘴唇翕动着，轻轻喃一声："妈……"

母亲轻柔地问："还想吃吗？"

"不……饱了。"

"罐子里有牛肉松。"

"我……"权延赤忽然哽住了，心里酸酸的，生出莫名其妙的委屈。他含着泪水低下头，接着又仰起来，以免泪水掉出来。如果母亲再说一句疼爱或安慰的话，他一定会哇地哭出声。

可是，母亲没有说下去。一阵沉默之后，转了话题："为什么不穿衣服？……快回去睡觉吧，小心着凉。"

权延赤从母亲身边走过时，发现母亲眼里噙满泪花。他回到自己的卧室，躺在床上，无声地淌了许多泪。

"父母到底爱我不爱我？"他一夜也没想明白。

3

爱孩子，是母鸡也能做的事。人不是母鸡。人应该怎样把爱的甘露播撒到那一片片渴望爱的心田上呢？

这时候，冷酷也许常常是温情的守护神。

12岁的权延赤还理解不了这个道理。只是凭着对父辈的信赖和已经开始萌动的那一颗不安分的男子汉的心，他在第二天早晨默默地走进父亲的办公室，接受了父亲的又一个近乎"残酷"的决定——从即日起，到学校食堂入伙。复杂而深沉的全部理由，父亲只甩一句简单得不能再简单的话便概括了：

"你该吃学校的食堂了。"

学校食堂的伙食费每月只有6元。平常都是粗粮，只有星期六才能吃一次馒头。于是，从星期一开始，权延赤便开始盼着那一天的到来。到了星期五，晚上便不再安枕，梦中也能笑醒几回。星期六早晨，从来不吃早点。中午一下课，便和同学们一起，喊叫着，以百米冲刺的速度跑进食堂。门口有老师把守，吃可以，拿走是不行的。于是，他一手抓上3个馒头，大嚼特嚼起来。二两一个的馒头，一顿少说也要消灭七八个。这时候，他的眼前便时常浮现出那一个个扔进猪圈的和"进贡"给那位爷的鸡蛋。他似乎理解了，为什么那位"爷"吃了他的鸡蛋，还一个耳光扇得他满脸是血；他觉得自己那时简直傻得出奇，不仅傻，而且十分可恶，那么好的东西居然天天想方设法地扔掉！

好容易盼到学校放暑假，权延赤以为可以在家改善一下生活了，不想，父亲又把他叫进办公室，说："我在你这个年龄，已经离家出走了，你母亲也是13岁便参加了革命。你这么大了，还没经过什么风雨，也不懂得生活的艰辛，你到农村去吧！"

从此，几乎所有的假期，权延赤都是在农村度过的。

在农村，他最愿意干的活就是拔麦子和掰老玉米。拔麦子尽管极苦，但是拔一把可以吃一口；掰老玉米就更有诱惑力了，饿了，啃一只嫩玉米棒子，又香又甜，真是美极了。有时候，他甚至连玉米芯也嚼巴嚼巴吞进肚里。

俗话说："三十里的莜面四十里的糕，十里的荞面饿折腰！"有一次，权延赤从劳动的农村回家，72里地，他只吃了房东做的七两莜面条便上路了。仗着年轻，他一口气走回家，一进门，见炊事员刚把饭菜做好。当时，在家里吃饭的有父母、4个弟弟、两个阿姨和一位炊事员。9个人的饭菜，权延赤风卷残云一般一个人几乎全吃光了，只剩下一点汤汤水水。下班回家的母亲见状，惊得目瞪口呆，末了，只轻声问一句："儿子，你不怕吃坏了胃？"即使这样，父母也没有说一句："你回来吧！"

有一年暑假，权延赤所在的农村断盐。7天不尝咸滋味，直馋得他一口一口去喝老乡家腌菜的汤。盐有了，权延赤挖来一大盆野菜，把盐压碎，细细撒在上面，吃个精光。盐搁多了，吃完了便喝水。于是，他又一缸子一缸子地灌了一肚子凉水。夜里，便上吐下泻，浑身浮肿，眼睛只剩下细细的一道缝。第三天头上，权延赤好容易睁开眼，见父亲正站在床头，默默地望着他。老与少，两段物化的历史；两个人，延续着同一条生命。于是，父子之间便有了如下的对话：

——"没事吧？"——"没事。"

——"能顶过去？"——"能。"

——"好样的！是我的儿子。"

说完，父亲摸摸儿子的额头，转身离开了病房……

望着父亲的背影，两串泪珠从权延赤的眼角滚落。耳畔仿佛又响起了从小学3年级开始，父亲就反复向他讲的那句话："安贫者能成事，嚼得菜根百事可做！"

"今天，我特别感激我的父母。现在，我可以适应最艰苦的生活，就是得益于他们当初的爱。爱有两种，一种是溺爱，一种是慈爱。所幸，我得到的是后一种爱。不然，今天我也许会成为一个纨绔子弟！"

望着颇为动情的权延赤，一直绕在我脑海中的一些疑问明了了：如今稿酬丰盈的权延赤外出采访，无论路之远近，无论寒冬酷暑，总是以自行车代步，从不舍得"打的"，朋友问及，还一脸真挚地说："是为了锻炼身体！"如与一二挚友相约到餐馆对酌，他每每将饭菜吃得片甲不留，还随身备一饭盒，随时准备"吃不了兜着走"。有一次，我出外归来，开电梯的小姑娘告之曰："上午有一人找你未遇。"我忙问："来者留名否？"小姑娘答曰："否。此人褐衣步履、身高貌瘦，状似老农。"我闻之一笑，心想：必是权兄无疑。问之，果然。

不浮躁、不奢靡的权延赤所以活得这样朴实，这样本色，怕是和他幼时的经历不无关系。其实，宠不宠孩子，并不在于家庭是否富有，地位是否显赫。权延赤告我，他在基层当指导员的时候，连里有一个兵，张口闭口称自己是"高干子弟"，天老大，他老二，谁也管不了。权延赤把他的档案调来一查，原来他爸爸只是个公社书记。于是把这个兵叫到连部，问："我爸爸和我爸爸的秘书，他们俩谁大？"那兵眨眨眼："当然是你爸爸大啦！""我爸爸的秘书后来已经有了警卫员，你说是我爸爸的秘书大还是秘书的警卫员大？""自然是秘书大了！""那好。我告诉你，我爸爸秘书的警卫员现在已经管着几十个公社了！"那兵闻言，呆若木鸡。

"其实，我很理解这个兵。他所以狂妄自大，就是因为他父亲从小对他娇生惯养，肆意放纵所致。这样的人走上社会，十个有五对要摔跟头！"

权延赤如是说。

"自古英雄多磨难，从来纨绔少伟男"。诚如斯言哉！

4

"横看成岭侧成峰，远近高低各不同。"对同一个问题，如果我们取不同的视角观照，也许会得出完全不同的结论。比如，关于"还剩"。当小学2年级的权延赤面对着他有生以来遇到的第一道应用题，战战兢兢地举起手问老师：什么叫"还剩"时，实际上只要加以适时的启蒙，一苞思维的蓓蕾便会绽开了。遗憾的是，任教多年的老师从来也没有遇到过这样"愚笨"的孩子，从来也没有谁提出过这样不成问题的问题。"还剩就是还剩，记住，遇到'还剩'就是减法！"

权延赤没有理解"还剩"，所以遇到类似的应用题他常常做错。如果仅仅是理解不了"还剩"，尚情有可原。令人百思不得其解的是，已经上了小学3年级的权延赤居然不会走路。学校开运动会，他从来都是最后一个，包括所有的女同学均遥遥领先。因为，他走路时腿不会打弯，迈步不是先抬起脚后跟，而是直接用大腿迈步。

这以后的一天，命运之神终于把慈爱的目光投向了这个一向被人奚落的孩子，让他在一个完全偶然的机会，从父亲的书架上得到了一本罗贯中的《三国演义》。英文字母只有26个，虽然它一经组合即可表述博大深邃的思想，展示灿烂无比的科技与文化成果，但是就其字母本身来说，呆板得实在难以激发人的联想；而具有象形特点的汉字则不同，即便你不认识它，也可以从它的形状上浮想联翩。所以，打开《三国演义》，尽管有大量文字权延赤不认识，但他还是磕磕绊绊地读完了它，并用自己的理解和联想对故事进行了填充。旌旗猎猎，鼓号震天，战马嘶鸣，杀声不绝……一边看，权延赤的脑海中一边联想出一幅幅雄伟壮观的画面，直看得手舞足蹈，眉飞色舞，不吃不睡，又哭又笑。看完《三国演义》，权延赤仿佛像脱壳的蝉一样，完成了一次人生的蜕变。他懂得了什么叫"还剩"；他明白了为什么自己走路总不如别人快，为什么小伙伴们看着自己走路总是发笑。他学会了思索，学会了观察，学会了领悟，他第一次在同学们愕然的目光中摆动双臂，先抬脚后跟再迈步，用小腿带动大腿走进了学校，走进了教室。他好不高兴："啊！我也会走路了！"

　　"曾经沧海难为水，除却巫山不是云。"翻过来掉过去把《三国演义》看了好几遍的权延赤拿到新发的语文课本，不到半天就通读了一遍。课余时，他不再受人奚落。同学们围在一起，听他讲被他"演义"过的《三国演义》，直听得小伙伴们一个个摇头晃脑、如醉如痴。尔后，《水浒》《西游记》也被他一本一本"啃"完了。

坐禅讲究"悟性"，人生也需要不断解悟。从此的权延赤脱胎换骨，愚气尽失。小学6年级，他请假117天，全市数学统考，2个满分者，他是其中之一。中学两次参加全市的数学竞赛，每次的金牌也非他莫属。他没上过一节自习课，但评语上总有一句："学习成绩优异。"

课本上的那点东西已经满足不了权延赤求知的需要了。他就像一个饿汉见到面包一样，徜徉于知识迷宫，广泛涉猎，刻苦攻读。历史、宗教、政治、艺术，无不触及。那时候，他家里订有30余种报纸，每天下学后，他从第一张翻到最后一张，有的浏览标题，有的细读全文，读到高兴处，常常喜不自禁，大笑出声。

尸子云："水积则生吞舟之鱼，土积则生梗楠豫樟；学积亦有生焉。"荀子曰："积土成山而兴风雨；积水成渊而生蛟龙。"日后的权延赤所以有些作为，实则大大得益于他在学生时期的知识积累。

5

生活是一幢新竣工的楼房，最终属于我们的房间往往有悖于我们的初衷。记得一次朋友相聚，大家相互交换名片，唯权延赤端坐一旁，憨憨地一笑："我是军人，没有那玩意儿！"有人调侃曰："你不用名片了。如果写信给你，想来信封上只写：中国权延赤即可收到！"这自是戏言。不过，在如今的作家圈儿里，权延赤说不上妇孺皆知，也称得起名传遐迩了。然而，他当初的志向却不是从文。

这从他高中毕业报考的专业可见一斑：北京工业学院自动控制系。诸君切莫小看了这专业，它属尖端学科，端的了得！据说和卫星、导弹、航天飞机一类的玩意儿有关。那时权延赤心高气盛、"野心"勃勃，梦想着有朝一日能在专业上有所建树，和钱学森那样的大科学家齐名。大学毕业后，他应征入伍，满以为自己是一匹骏马，可以有一块纵辔驰骋的草原；自己是一只雄鹰，可以有一方展翅翱翔的蓝天，不想，"文革"风暴中，担任省委书记处书记的父亲被打翻在地，权延赤在政治上被划归了另册，那一块草原，那一方蓝天便渺茫了。

他成了"勤杂工"：接兵、送兵、买器材、下农田、带宣传队，就是始终不能接触业务。搞数理化比不得挥文弄墨，长期荒废再想捡起来就难了。权延赤心急如焚，又无可奈何，只好借酒浇愁，吟诗解闷。光阴荏苒，一晃就是几年。这一日，在军里打杂的权延赤从床底下拉出纸箱子，从里面翻出大学时的课本《高等数学》，翻开书一瞧，不由得浑身冒汗，血往上涌。想当年，老师在黑板上写题，粉笔还没来得及放下，他的答案已经出来了。可如今，连积分和微分的符号都分辨不清了。当年雄风今安在？一腔抱负付水流。想老权，也是刚烈一条好汉，念及于此，竟禁不住泪如雨下，大放悲声。哭了一会儿，心中郁闷仍不得解，于是找来一只蓝边白瓷大海碗，一碗一瓶汾酒，一口气连灌了3大碗。扬手将碗摔碎，接茬儿又大哭起来，直哭得星月无光，大地神伤。

战友们闻讯赶来，见老权一身酒气，满脸泪水，忙把他送到卫生队。这时候，酒力发作，权延赤已是吐得天翻地覆，晕晕然、茫茫然，有如腾云驾雾，脑子一片空白。冥冥中似乎听到有人在冲着他的耳朵喊："权延赤，我告诉你！酒精只烧数学脑袋，不烧文学脑袋，你写东西吧！"这是谁？康处长。对，就是他，军宣传处处长。好几次，见到自己心灰意懒，他总是很真诚地说："小权，你不能再这样消沉下去了，应该振奋起来，别的事你自己无法把握，写写东西总是可以的吧！"

这声音，在权延赤的耳畔一直回响了一夜。

两天后，权延赤摇摇晃晃地被几个战友架回宿舍，一想，自己才30多岁，还得好好活呀！对，写东西！可是，"文革"书荒，找本书学习又谈何容易？费了好大劲，翻箱倒柜才找到一本马烽的小说集：《我的第一个上级》。这本书没头没尾，中间也有一些被撕去派了别的用场，只有《韩梅梅》一篇是完整的。小学课本里收有这篇小说，那时权延赤读它没用20分钟。这次，却以异常虔诚的心境重新读了几十遍。琢磨她的谋篇布局、起承转合、语言特色和思想的发展脉络，一句一句地抠，一字一字地想。读第一遍时，似乎读懂了；可是读到第七、八遍又糊涂了；读到二三十遍时突然茅塞顿开，觉得一下子豁然开朗起来。他长叹一口气，把书一扔，道："我也能写！"

　　为了能有一段较完整的时间，他想到医院做痔疮手术。掌刀的这位大夫原在外科，因为业务上没有大的长进，便另辟蹊径，到外面学习了一段时间，回到医院挂出了肛瘘科的牌子，正想找人试刀，不想权延赤主动送上门来。那大夫检查后说："你这痔疮不开刀也行，开刀也可。"见老权有些犹豫，他怕好不容易送上门来的病人跑了，便大谈了一通儿自己医术的高超。不想一旦操刀，那手实在不听使唤，手术做得颇不成功。整整10多天，权延赤只能成天趴在床上，不能仰面躺下。于是，他就任思想有如脱缰之野马，专心致志地构思起小说来。

　　回到部队，他利用病假的时间，关上门，铺开稿纸，写下了小说的题目：《新来的女大学生》。写了撕，撕了写，整整两个月，头发不剃，胡子不刮；饿了，煮一把挂面，渴了，喝一碗凉开水。直写得昏天暗地，脸如青灰。小说写好后，他仿佛大病一场，一脸络腮胡子长得老长，远远望去，犹如刺猬一般。

"新娘"要"出嫁"了，却不知"婆家"在哪儿。部队在山西，于是他就想当然地在信封上写上了：太原山西文学几个字。稿子寄出后，权延赤坐立不安，茶饭不思，像是待决的囚犯在等待法官的宣判。他实在觉得每呆一分钟都是一种煎熬，便向副处长简杰要求出差。正好内蒙古有一桩公务，副处长问："你的身体能成吗？""成！"权延赤点点头，巴不得马上离开这个既可能给他带来失望也可能给他带来福音的地方。他已经把自己人生的希望和寄出去的那篇小说联系在一起。

5天后，在内蒙的权延赤接到了简副处长的电话，那充溢着喜悦与真诚的声音，权延赤永生也不会忘记。

"小权呀，太原给你打来一个电话。听说你写了个小东西？"副处长故意停顿下来，权延赤的心一下子吊到了嗓子眼：是福？是祸？他只觉得周身的血流加快，声音颤抖："是吗？""马烽要见一见你，叫你去，你去不去？"副处长又故意卖了一个关子。权延赤真想冲着话筒大喊一声，忍了又忍，才以颤抖的声音回答说："那，那我就……去呗！""好。我们已经研究过了，同意你去，你就买票从内蒙古直接去太原吧！不过，我告诉你，到了太原，去找《汾水》编辑部，而不是什么《山西文学》。啧，啧，哪里有什么《山西文学》，若不是邮递员负责任，你那稿子可就成了没娘的孩子喽！”

放下电话，权延赤找出一瓶汾酒，就着半个干馒头，美美地喝了一顿。随后，星夜南下。没买到卧铺，他一天一夜没睡觉，到了太原仍然精神焕发，只觉得天也高了，地也阔了，连街市上的一张张陌生面孔，看上去也叫人想乐出声来。

找到《汾水》，编辑部主任李国涛首先接待了他，电话就是他受马烽的委托打给部队的。他虽然只有40多岁，看上去却像个敦厚祥和的长者。戴一副深度的近视眼镜，说话慢条斯理。他在对权延赤的小说作了一番夸奖后，领他去见当时的《汾水》副总编西戎。西戎个子不高，四方脸，听说眼前的这个青年军人是权延赤，便上前拍拍他的肩膀说：“10多年了，没读过这样的小说了，写得好，有人物，有性格。”权延赤恭敬而又茫然地点头，实在说，那时他还头次听说“人物”、“性格”，根本不懂其在文学创作中的含义。

最后见的马烽。对于马烽，权延赤可说是仰慕已久。当他以教徒“朝圣”般的心情走进这位著名作家的办公室时，站在眼前的马烽朴实得竟如一位老农：他趿拉着一双老头鞋，衣服敞着，上面似乎还有几块饭嘎巴。见到权延赤，不等李国涛介绍，便上前一步拉起他的手说："小权呀，好汉不挣有数钱。"当他听说《新来的女大学生》是权延赤的处女作时，异常高兴："小权，你的第一篇作品就写得这样好，这样有深度，实在不容易！你有前途，将来会有出息。"

一老一小，相对而坐，谈得颇动感情。听权延赤简单讲了自己这些年的经历后，老作家默然良久，颇为动情地说了一番话：一个人不能向社会提出非分的要求，却应该尽其所能为社会多做点贡献。只有这样，人的一生才能充实和富有。人要把命运掌握在自己手中。只要把握住命运的舵轮，你就是遇到再大的不幸，也不会痛苦和委屈得无力自拔。

和老作家握别时，权延赤眼里已噙着泪花。

1976年10月，《新来的女大学生》以显著的位置被《汾水》推出，后来入选《建国30年短篇小说选》。

从此，权延赤开始了他那辉煌而又艰辛的文学之旅……

6

"生命之杯里满注着多少不同的酒液！"对于莎翁的这句名言，也许权延赤的感触是最深的。

1977年，他的父亲被"解放"，调任甘肃省副省长。倏忽之间，他就由一个"可以教育好的子女"重新成了一名高干子弟。人生真好似行程，疾风迅雷，阴晴暖日，原本是相互交替的事。权延赤很快适应了这种角色转换，因为在他的心底，从来也没有把父亲和资产阶级联系起来过。可以说，正是从父亲身上，他才深切而具体地感受到了一个共产党人的气度与情操。

本来，权延赤可以在刚刚规划好的轨道上继续生命的行程，然而，父亲的复出却诱发了他积郁已久的一个心愿：从政。自从业务长期荒废后，他的这个想法就常常在心底躁动，只是，那时没把他"清洗"出部队便是便宜，这想法自然无异遥远的地平线，可望而不可即了。

说起来，权延赤的确是一块带兵的料。自打一部《三国》使他在小伙伴中颇为风光了一阵儿以后，权延赤便和"干部"二字有了不解之缘。小学和中学自不必说，读大学时，全班24个同学，全是中学里的班长和团支书，现在聚到一起，大多数就得"弃官为民"了。权延赤因为身高马大，当了个体育委员。可是不到两个月，又在大家的一致"拥戴"下，"加冕"为团支部书记，并是班里唯一的一名学生党员。参军后，他曾在基层代职，把两个后进连队管理得井井有条；当团演出队长，巡回演出了3个省，场场爆满。在颇为挑剔的省城，演出队竟一场接一场地应接不暇，想撤都撤不走。在修理所当技师时，他获得全所党员群众的信任和支持，以至所里的党支部改选，全体党员一致推选他为党支部书记，令政治指导员好不尴尬。可是，领导仍没有提拔他的意思；时光如水，转眼就是两年，他依然是军宣传处的一名干事。古人云："三十而立。"已过了而立之年依然"一事无成"的权延赤不想再等下去了。何去何从，要当机立断，他决定找一个适当的机会向领导讲清自己的想法。

这一天，军政治部召开全体党员大会，给党委提意见。大家东拉西扯，会场气氛倒是颇为轻松随和。

忽然，权延赤咳嗽了一声，道："我讲点儿。"于是，会场气氛更为活跃，因为权延赤每次发言都是妙语连珠，风趣生动，而且不迎合、不粉饰，真诚自然，敢想敢说。

"一个人应该为谁负责？下面我讲的话自认为是为人民、为党负责的。对于我这个人，我有一个基本的分析。我有组织能力，有魄力，有相当高的政治理论水平，能团结人一道工作。这些年，我最感痛苦的就是怀才不遇。客观地说，像我这样全面的干部并不好找。所以，现在我当着各位首长的面郑重提出，最低可以任命我当团政委。否则，就是对部队建设的损失！"

这时，会场已然鸦雀无声。人们互相交换着目光，探询权延赤唱的是哪一出戏。

宣传处一位刘姓副处长有些愕然："权延赤，别开玩笑，这是党的会议。"

老权闻言，眼圈刷地红了，长久积郁于胸的郁闷一下子全都涌上心头："谁开玩笑？我比我父亲能力不在其下。可是他二十几岁就是正师职了！"

政治部主任见老权动了感情，忙说："不要激动，你等一等。"随后对一位干事吩咐道："去把尼副主任叫来，请他听一听。"

负责人事工作的尼副主任来了，记录员仰起头："权干事，你把刚才说的话再说一遍。"

"说就说！有什么了不起！"权延赤心一横，"以我的德才和能力，最低可以当正团。你们可以不用我，但是不能屈了我。战争年代，唯才是举，因为没有真本事就要掉脑袋；和平时期，冒尖者往往时运不济，得中庸真谛的人才能一步一步往上爬。我这个人，一根肠子通到底，不善于拍马屁，凭的是自己的本事吃饭。但是，叫我窝窝囊囊地活着，我不干，宁为鸡头，不做凤尾。所以我今天正式提出3个请求：第一，如果部队打算使用我，最低正团，师政委最合适，军政委也能干得了！第二，如果部队不打算用我，请立即安排我复员，让我脱下这身黄马褂。第三，如果复员不成，下一批转业名额请给我留一个。"

男儿有泪不轻弹，只因未到伤心处。言毕，权延赤的眼眶里已噙满了泪水……

一个星期后，干部处长找到权延赤："经军党委研究，同意你的第二个要求。我们将上报北京军区空军，如果北空有不同意见，我们就按你的第三个要求办！"

"谢谢。"权延赤只回答了两个字，便于当晚离开部队，回到呼和浩特的家里把爱人的户口取出。随后，又立即给太原的《汾水》编辑部主任李国涛写去一封信，讲了自己的现状，最后说："我想到你们那里去工作，不知你们要不要？"

很快，一封热情真诚的信便寄回呼市。李国涛在信中说："你的意愿我已转致马烽和西戎同志，他们热烈地欢迎你来工作！"

"不识黄山出塞路，岂知此声能断肠？"权延赤对《汾水》的情谊从心里感激。他打点行装，正准备回部队办理复员手续，军里的电话又打到了家里："你的事报到北空，北空不同意你走。准备调你到北空创作室当专业作家，你去不去？"

权延赤何等人物，不过是写了一二篇小说、名气平平的一名小干事，"大闹"了政治部大会，居然还被当成宝贝疙瘩一样留住不放？这里还有一段"插曲"待后面道来。且说权延赤答应考虑三天以后正式答复，和父亲一商量，父亲说："你当不成官不是就想写东西吗？如果搞创作，北空创作室自然比刊物编辑部条件好，我看，你就去吧！"于是权延赤回电同意。随即，带着老婆、孩子进了北京……

7

　　生活中有些事是说不清也道不明的。比如有些人，本伪善得很，只因为工于心计、精于应酬，便博得了一个好名声；另外一些人，则因为活得本色，活得真实，不以虚伪自欺，不以假面示人，敢说敢做，敢怒敢骂，结果便落下不少诽言。权延赤即属后一类，以至一位对权延赤颇有成见的女记者在结识权延赤以后，竟不无伤感地说："权延赤真可怜"，因为"这么一个真诚的人，却有那么一些人总在背后诋毁他！"舌下有龙泉，杀人不见血，古今皆然。好在权延赤活得洒脱，常言说不遭人妒是庸才，遑论区区几句流言？这年头，要想不在人前遭人妒，背后被人说，只有一条路，无所作为自甘平庸，舍此之外别无他途，可权延赤偏偏又是那么一个名声赫赫、著述甚丰的人。

自然，权延赤也有他的毛病。比如，酗酒。酒本是好东西，实乃聪明人的天才创造，它象征快乐，亦体现忧愁；能排解寂寞，更能给人幸福；是文学艺术的诱因和媒介，使人生诡奇美妙，多姿多彩。因此，但凡舞文弄墨者大都与它有些缘分，适量独饮或对酌原无不可，只是老权经历坎坷，告别仕途后，便以酒为友、嗜酒如命，3天一大醉，天天有酒意；醉了便不免失态，即便不酩酊无状，"出言不逊"的时候也是有的。有时，便不免伤人。

那一次，某刊物创刊。出任该刊主编的是一位名气颇大的作家。他拿走了权延赤一部中篇小说，却迟迟未能发出。另外一家刊物拟用，权延赤几次去索稿未得，有些急了，便压下火气打电话给那位作家。电话是作家夫人接的，告之曰：作家正在睡觉，请过一会儿再打来。到了下午，略带酒意的权延赤又拨通了电话，作家夫人先问："你是谁？""权延赤。""他睡觉呢！"一句话，又把权延赤拒之于千里之外。什么睡觉，分明是不接我的电话。老权不由怒火中烧，对着电话筒，叫着这位作家的名字，脱口便骂出一句不便行诸于文字的脏话。挂断电话后仍余怒未消，又写了一封措词激烈的信向这位作家"讨战"：你有什么了不起！叫你一声作家是给你一点脸！不要以为写了几本破书，便立了空前绝后的大事业。你忙我更忙，老子桌子上业余作者的稿子，够你看一年！

其实老权本是挺谦虚的人，和朋友相聚，很少听到他去贬低什么人；谈到某人某人，他也总说这个有才气，那个小说写得不同凡响。但是，你不要目空一切，老子天下第一。尤其，你不要贬低别人，炫耀自己。"仰山尘不让，涉海水难为"，况且，你还没有那么大的道行呢？

一次，老权与一位小有名气的作家同居一处，这作家一口气抱回来10几本书，文艺理论、小说、诗歌，政治、经济，无所不有。老权便搭讪道：买了这么些书？那位作家感觉良好地点点头，然后颇显博大地问："你都看过一些什么书？""没看过什么。"光中国的经史子集便浩如烟海、汗牛充栋，一个人即便终其一生，也不能涉猎其万一，从这个意义上说，也实在没有什么值得炫耀的。不想，那作家闻言不屑地摇摇头："你这人不灵，什么书都没看过！"那神态、那语气，一下把权延赤激怒了，道："既然这样说，我老权倒要摆个'擂台'与你比试比试。"接着，从我国旧石器时代的3个时期的代表文化，历数到夏、商、周；从秦统一中国，历数到清王朝的灭亡；并对这期间的重大历史变革，说得头头是道；继而话锋一转又谈起世界历史来，"你知道古代日耳曼人建立过哪些国家？封建制度在西欧是怎样形成的？中国与拜占庭帝国有过什么来往？斯特凡大公有哪些历史功绩？什么是英法百年战争？什么叫罗马式建筑和哥特式建筑？什么是骑士文学、城市文学？"开始，那位作家还摆出一副迎战的架势，后来便露出惊讶的神气。权延赤长出一口气，道："还比试什么？宗教、艺术、外语、数理化？你提个头，我全奉陪。"那位作家这才知道平时不显山不露水的老权不能轻视，须刮目相待。

倘据此说老权是个好张扬的人则又大谬不然矣。吾与之相识数载，过从甚密，但直至近日与之对酌，方才知晓两件事，算是填补了我认识史上的两项空白：权延赤曾两次救人于"水深火热"之中。1974年夏天，他出差到长沙，和在长沙工学院读书的弟弟结伴到浏阳河中去游泳。来到河边，忽听一女大叫"有人溺水！"他急急如流星跑过去，见无一人上前搭救。其实，倘渔船上有人向溺水者伸一竹竿，溺水者便可无恙。权延赤顾不上生气，甩掉衣服，一纵身跳入河中，在弟弟和闻讯赶来的一个班解放军的协助下，将在河中心的溺水者拖上岸来。那是一名男孩，看上去有十七八岁，此时，已气绝而亡，他的姐姐在一旁哭得昏天黑地，权延赤须眉倒竖，怒不可遏，冲围观者破口大骂："见死不救，你们他妈的是人吗？一条人命啊，眼瞅着完了，天理难容，日后叫你们不得好死！"正骂得兴起，弟弟拽了拽他的衣角，说："哥，算了吧！这条河年年淹死几十个，没有人救的！""怎么，这里的人良心都叫狗叼去吃啦？""唉，他们迷信，怕救了溺水人不吉利！"权延赤听罢，愕然无语，再一看四周围观的人，一个个表情木讷，不由长叹一声，拂袖而去。去年他回兰州探亲，一天早晨跑步回来，父亲见他浑身透湿，便问："怎么了？""到湖里救了两个人！"权延赤淡淡地回答。父亲听罢，"喔"了一声。原来，他跑步路经兰州军区大院后面的公园时，见有母女俩先后落水湖中，除一老头大声吆喝了两声"救人"外，余下的人，散步的悠然自得，拉二胡的有板有眼，打太极拳的依旧一招一式毫不马虎。因为有了上次的经历，权延赤径自跑了几步，跳入湖中将母女俩先后救出。那母女俩上来呕了几口水，便双双在晨风中瑟瑟发抖。权延赤见她们已无生命之虞，说了一句："赶快回家换换衣服吧，免得冻着！"便转身离去了。

　　遗憾的是，老权两次救人都未曾遇见记者，莫说记者，连一个"跟踪追击"的热心肠都没遇到。不然，当地报纸上少不了会有一条"毛泽东思想奏凯歌，解放军勇救落水人"的花边新闻。一切好像都理所应该，没有人唏嘘不止，没有人追根寻源，就连权延赤早把这两次"英雄壮举"抛之脑后，不是那次我们对酌时仗着酒力，不是说到人心不古、世风日下的社会现象，说不定会在他记忆的仓库里"捂"出毛来。

总而言之，老权是个挺不错的人。尽管他有他的弱点，比如前头讲到的酗酒，并且酒德不好，酒后无状。又比如仕途不通之后，时时生出放纵自己的想法：要不就轰轰烈烈，不然就痛痛快快……这使我想起诗仙太白翁的一句名言："人非尧舜，谁能尽善？"一个人只要他能对自己忠实，对别人也不虚伪就足够了！

权延赤就是这么一个人。

不过，生活有时对老权也实在不公平。比如，许多写毛泽东的影视作品都大量使用了他作品中的故事和细节，难以计数的书报杂志更是在既不跟老权打招呼，又不付老权稿酬的情况下转载、改编了不少他的作品。老权没看到的从不过问；看到了，也只是豁达地一笑。因为他觉得，毛泽东是属于全国人民的。只要有助于人们认识和理解毛泽东，他个人受点损失算不了什么。可是，因为李银桥反复叮嘱，"有些史实和对话要尊重已然发表过的作品，不要千人千话"，他的作品中才有至多不过百分之五的内容，属众所周知的史实，和别人一样，却居然引发了一场纠纷，陡然增加了老权的许多烦恼，还被一些好事者添油加醋、传了个沸沸扬扬。好在老权活得坦然、洒脱。不然，非被压趴下不可！

8

　　人生在世，本是一件极难极累的事。一方面，你要不断地同自身的懦弱、同恶劣的环境搏斗，才能不随波逐流，不苟且偷生；可是，当身心疲惫的你本打算随便依在一个什么地方舒展一下时，又要防备从暗处射出的冷箭。——特别是当你不愿与庸人为伍的时候，这种防备就绝非杞人忧天。纵观生活的舞台，有多少壮怀激烈之士，由于人文环境的侵扰，演出了一幕幕"出师未捷人先死，长使英雄泪满襟"的悲剧！从这个意义上说，毁誉参半，流言甚多的权延赤又是幸运的，因为每每在人生的关键时刻，他都遇上了好人。

　　权延赤能到北空创作组，是因为得到了一位"贵人"的暗中相助。那"贵人"何许人也？就是在文艺评论上颇有些见地的北空政治部宣传干事马浩流。如今，此公已是北京市崇文区文化馆馆长、全国劳动模范、全国人大代表。在北京市市民中很引起过一阵轰动的电视剧《大马路小胡同》《带跨院的四合院》的剧作者是一位工人业余作者，而这工人业余作者就是在郁郁而不得志时被马浩流破格调到文化馆搞专职创作的。此公慧眼识人，由此可见一斑。当然，光有慧眼还不行，还得有宽广的胸怀才成。戴维把发现法拉第当做自己一生对科学的最大贡献，被传为千古佳话；但是，相反的例证也俯拾皆是。比如，美国电影喜剧演员斯坦·劳莱本是电影大师卓别林在杂耍班里的同伴，还曾和卓氏同住过一屋，按理说关系非同一般了，可是卓别林深知劳莱的造诣，唯恐他与自己争辉，竟在自传中一次也没有提到劳莱的名字。有一部影片叫《海的女人》，卓别林是制片人，导演却是一个当时没有什么名气的人。电影拍成后，卓别林看过样片，便把这唯一一部《海的女人》的拷贝销毁了，并且，连副片也给销毁了，原因是"它太好了"，卓别林无法容忍别的导演的成功。这样说来，马浩流真是值得尊敬！他和权延赤本素不相识，只因为这之前他到权延赤所在的空十军检查工作，在一位朋友家与老权不期而遇，一番长谈，马浩流竟唏嘘不止，心中暗道："此君才华横溢、文思不凡，日后必有大出息！"回到北空，即鼎力向领导推荐。北空正在犹豫之时，权延赤"破釜沉舟"，军里请示批准权延赤复员的报告已打了上来。马浩流闻听，心急如焚，又是一番慷慨陈词，终于促使领导下了决心，把刚开始写作的权延赤调到北空创作室当了专业作家。

再有一位让权延赤感激不忘的便是军宣传处副处长简杰。英国有一位名叫帕金森的行政学者，曾写过一本题为《帕金森定律及有关行政的研究》的书。这个名噪一时的"帕金森定律"讲了6个结论，第一是：每个行政主管喜欢增加自己的部属，不喜欢增加自己的竞争者。第二是：每个行政主管选择下属时必然取不如自己的人，可是颇有才情的简杰却以自己的行动为"帕金森定律"做了相反的诠释。同是耍笔杆、爬格子的人，显示实力的重要一途便是看你的东西有多少在报刊上变成了铅字，而部队又极重视这一条，立功受奖常常以此为依据。那简副处长若是个小肚鸡肠之人，必会想方设法压制你；偏偏他豁达得几近博大。不但不压制手下的这个干事，还想方设法为他创造写作条件和环境，甚至为了让权延赤有相对的时间，他竟把应属权延赤份内的一些事务性工作也包揽起来。为了拓宽权延赤的思路，每有闲暇，便主动挑起话头和他争论问题。政治、历史、文学、艺术、宗教、哲学，逮着什么争什么，每次必争得面红耳赤、水落石出方才罢休。如今已成名的权延赤提起这位顶头上司，每每一脸的肃穆："我所以能有今天的成就，离不开当年简处长的苦心诱导。"

　　说到下面这个人，我便生出些许顾虑。因为他是一位高级领导干部，中央候补委员，军区空军政委。然而不说他又不行。没有他，今天的权延赤决计不会有如此作为。

　　权延赤酒德不好，酒醉之后常惹麻烦，比如在王府井大街那样的繁华所在也曾酩酊大醉。为了不影响军人形象，朋友们不得不摘去他的领章、帽徽，将他抬回家。偏偏他又喜欢热闹，喜欢豪饮，喜欢借酒"脱去身上甲胄"，放松精神，一吐心中块垒。或高歌，或大哭，或手舞足蹈，甚至砸坏东西……

他不像有的人酒醉之后便酣睡，也许是性格的原因，醉后总是去惹是生非。结果，在一次大醉之后，又惹出一点洋相事，并为此大会挨批评，小会做检讨，搞得心绪消沉，很长时间无法进行创作活动。

这一天，宣传部长陪着一位正当盛年的军人走进了宣传处的办公室，向众人介绍说，这是新来的赵主任。正巧那时政治部的俱乐部主任，一位正营职干部刚刚调走，老权上下打量一下眼前的这位：面相忠厚，稳重大度又举止随和，全无一丝官架子，便以为他是新上任的俱乐部主任了。一边握手一边说，"老赵，坐一会儿。"那老赵也不推辞，坐下后和权延赤侃文学、侃艺术；他知识广博，对部队过去的文化人和今天的作家、艺术家都很了解，对中国文坛上的事情也一清二楚。在谈笑风生中，发表了他对如何发展社会主义文化、繁荣部队文艺创作的精辟见解，令权延赤心中暗暗叹服。临走时权延赤又把他送出门，留恋地握手说："没事过来坐呵！"回过身来对众人说，"这老赵不简单，文艺理论和文化无所不精，当俱乐部主任是一把好手。"众人愕然地望着他，仿佛在观看大西洋底跑出来的那个麦克。权延赤不解地一问，才知道那老赵乃北空政治部主任，一位副兵团级的首长。不由心中暗叫一声："乖乖！"

新上任的政治部主任知道权延赤思想压力很大，于是在政治部的全体干部大会上几次号召大家学习权延赤在事业上的那种"拼命三郎"精神。权延赤感动不已，他甩掉了思想包袱，深入部队，深入生活，很快写出了一批好作品，其中的《老兵》和《第三代开天人》，分别获山西省和《解放军文艺》的优秀作品奖。随后，他又写出了5部反映战士生活的中篇小说。其中的《海山杯》《失足未成千古恨》荣获《解放军文艺》的小说创作奖。另一部作品在《福建文学》发表后，荣获了福建省文学创作奖。

在艰辛的文学之路上，权延赤迈上了一级新的台阶。

9

《上海文学》为权延赤的一篇文章写过如下一段编者的话：

　　一个真正具有使命感的作家，不论他表现的是当前的现实题材，还是反映已经逝去的岁月，就其创作的心境而言，都有着试图面对当代人的精神困扰这样一种渴望。在商品比较充盈的社会中逐渐失落的"意义"与"价值"，可能在那个物质匮乏的年代曾经放出精神异彩，显示出人对物质的精神超越是完全可以实现的……

权延赤在书写毛泽东生活实录之前，面对的是怎样的"精神困扰"，又是怎样的一种创作心境呢？

1986年夏初。权延赤在厦门参观了几所大专院校。他亲眼目睹一些学生，饭后将大半碗或大半饭盒的白米饭、肉菜扣在饭桌中央。大约天天、月月、年年这样做下来，那动作已是"炉火纯青"；潇洒、随意、干脆利落。扣掉米饭便扬长而去，剩下老权独个儿神情冷冷，默默无言。一个食堂，10几张饭桌，每张桌子上都堆起了白米掺肉菜的小山。汁水从"山"里渗出，溪流一般顺了倾斜的桌面淌落，在水泥地面汇成一股或一汪；血一般黏稠，泪一样苦涩。

国家为保持粮食价格，作了大补贴。这十几座"小山"，其价格也许不如豪华餐厅里的一桌普通菜，所以，尽管这些男女手脚大得吓人，也只能说个"富不富，穷不穷"，合起来便是"穷摆阔"。

天下还有比"穷摆阔"叫人见了更可怜、更可悲也更可恶的吗?

老权忽然想起为筹建这些院校而粗茶淡饭、劳碌一生的陈嘉庚先生。这位老华侨可称巨富，富得可以建起几所大中专院校，建起一座享誉中外的"博物大观"的鳌园；却又极穷，穷得粗布被褥缀满补丁，穷得蚊帐能钻进苍蝇，穷得10几年不曾买一件新衣！

他又想起朋友讲过的一位国家领导人家里发生的故事。这位首长的夫人与保姆闹了矛盾，起因是一片白菜帮子。白菜帮子锈烂大半，保姆扔掉了。夫人本能地拾起来，抠下半个巴掌大的一块好帮子，批评说："太浪费了。"保姆不高兴地顶一句："你到街上看看去，比这好的菜帮子，你能拉回几卡车！"夫人张着嘴，半天才叹出一口气："唉，东西多了就该这样吗?……"

"代沟"是一种很时髦的说法，这大约也算是一种"代沟"吧——现代青年，实在太欠饥饿。权延赤曾无限感慨地说："在我不惑之年再回首往事，发现饥饿所赋予我的知识、勇气和力量，是其他任何学习实践所无法替代的。"他的一篇《自序》的文章中写过这样的话：

我曾在水泥搅拌场扛水泥袋。3部传送带常常同时开动，我们每人每分钟要倒8袋水泥于传送带上。大棚里密不透风，粉尘弥漫，对面难视人影；我们没有防护口罩，鼻孔里结满水泥疙瘩。这是劳动改造，讲不得价钱。每天干10到12个小时，汗水将再生布的劳动服湿透之后再滴滴答答淌落在遍地的水泥粉上。近一年的时间，每当我拖着灌铅一般的双腿走出大棚时，仰望繁星围拱的明月，我感谢父亲曾经赐予我的饥饿……

我曾在迁安矿山开山凿洞，18磅的大锤一口气能抡100下！一年多的时间里，每当我饥肠辘辘地走出山洞，呼吸到山野的清新空气，得到一饭盒窝头，迫不及待朝肚子里填时，我又想起了父亲，感激他曾经赐予我的饥饿……

我曾在内蒙古当兵，整个冬天睡在草棚中；西伯利亚过来的寒风，带着钻透力和屠杀力，无孔不入地朝我袭来。地球也像冻死了，我却朝气蓬勃地活着，端起结冰的小米饭团子，一口一口地嚼。于是，我又想起了父亲，是他早早赐予了我生存的能力……

　　有这样的经历和感受，难怪权延赤看到一些"富不富、穷不穷"的青年男女，将白米扣在桌上，堆成"小山"，眼圈要湿润，鼻子也酸酸的。然而，他所遇到的"精神困扰"还远不止这些。

　　出于职业的原因，权延赤走遍长城内外，大江南北。见人多，三教九流都有交往。据我所知，他见过精神充实、知识渊博又一贫如洗的教师和学者，也见过胆大包天又写不好自己姓名的百万富翁；他请省部委的领导干部赴宴，也替叫花子包过席；吃过老革命家的清水面，也嚼过县太爷酒席宴上的山珍海味；在暴发户为他准备的千金盛宴上，权延赤曾中途退席；可是他也曾参加这个"组"那个"团"，一路走一路大吃大喝。他实在不是什么圣人，脱不了俗。可是，像大多数人一样，"入乡随俗"的同时又有许多苦恼和思考。他常想起父亲讲过的一句话："官瘾使人心眼歪，钱多买回人混蛋。"少年时，权延赤听了也不懂"人混蛋"；现在懂了，他自己有时却免不了"混蛋"。进豪华餐厅一掷千金的事他也不是没干过。

　　我曾给老权讲过暴发户赌博，一夜输二三万元不当事的故事。老权惊讶地望着我，直到确认我讲的是事实，才摇着头感叹："唉，钱哪！世界上还有比它更怪的怪物吗？"确实，常有人在小说里故作惊人之笔："女人的心思难琢磨"，其实哪里比得上钱？它对人的吸引力和推动力与它对人的离心力和腐蚀力是同样的巨大，同样的惊心动魄。在商品经济得到很大发展的今天，它环绕着我们，把我们拥抱在它的怀里：我们既离不开它，又无力更接近它。尽管我们并未请求它，也未命令它，它却带着我们不停地跳舞而且舞步如飞，直到把我们弄得精疲力竭，倒在它的怀里为止……

这时，一种恋旧之情，便在权延赤的心中悄然浮起。他不是"复古"主义者，更不想退回那物资匮乏的年代。但是，他作为作家，总觉得有些话想说。直到他采访了曾经工作在毛泽东身边的那些同志时，他才豁然明白自己想说什么，应该怎样去说。

老权不止一次对我感慨：中国老一辈革命家，真是群星灿烂啊！

他羡慕老一辈革命家们轰轰烈烈、叱咤风云的奋斗人生；他崇敬老一辈革命家超越于世俗见解、世俗关系、世俗原则之上的思想境界和道德情操；他理解老一代共产党人在新的社会制度建立后，为形成新的政治关系、新的人际关系、新的道德规范而作出的努力和尝试。

10

《走下神坛的毛泽东》是权延赤的成名之作。这样一部10几万字的小册子所产生的影响，绝非笔者能够阐述清楚的。也许，估量它的价值，将是社会学家和历史学家的事。这里我要告诉读者的是，它最早的成因完全出于一次偶然的机遇。

1986年，在北行的列车上，躲出北京去创作长篇小说《多欲之年》的权延赤正好与空政文工团的一位演员同行。

机遇，有如稍纵即逝的火星，你得到它了，便可以点燃事业的熊熊烈火；没有得到它，火星逝去，你的生活会仍如往常一样平淡。

或许是这位演员曾拜读过权延赤的作品，或许是权延赤的真诚和豁达容易消除心与心之间的隔膜，总之，她和他聊得很投机。她向他讲述自己的见闻、自己的经历，讲她当年陪毛泽东、周恩来、刘少奇、朱德等无产阶级革命领袖跳舞的故事。如果说在这以前，他们的闲聊仅仅是为了打发旅途的寂寞，那么，女演员以下的话则使权延赤的心头一颤，良好的文学悟性和作家的敏感使他意识到，这里有丰富的宝藏，值得下大力气去掘一口深井。

女演员是这样说的——

　　有一次，毛主席的左手破了，结了痂。坐在沙发上休息时，皱着眉头搔痒。那样子简直像个孩子。我惊讶极了，问："主席，您，您……怎么也挠手呀？"毛主席对我的问话很奇怪。"伤口快好了就痒痒，你痒痒不挠吗？"我说："我挠。可是，可是您……"毛主席好像理解了我想什么，哈哈地笑起来："我怎么了？我也是人哪；普通人么，痒痒了就想挠。"毛泽东是伟大的无产阶级革命导师，同时也是人，一个普普通通的人。

　　就是在这个时候，一个思想在他的头脑中逐渐清晰了，一个心愿也悄然埋入心底。作为投石问路，权延赤回到北京后写了一篇8000字的纪实文学：《我陪领袖跳舞》。不想，投寄了几家刊物，或以"敏感"拒之，或以"没意思"退稿。最后，才姗姗走上了《追求》杂志社编辑的案头。当时我正在《追求》杂志社主持编政，读罢送审的这篇纪实文学，不由击案叫绝，当即力主以显著版面推出。文章以《珍藏在心底的回忆》为题在《追求》1987年第3期发表后，反应强烈，随即被《读者文摘》等10余家报刊竞相转载。

　　就此，笔者和权延赤结下了友谊。

　　其后，解放军出版社拟出版一套《新中国纪实丛书》，邀请了在京的一部分作家商讨选题。权延赤在会上谈了自己想从生活上去写毛泽东的想法，颇具慧眼的解放军文艺出版社编辑部主任吴振录和老编辑朱传雄马上拍板定下了选题，并无偿向他提供了大量原始材料和采访线索，还几次就写毛泽东所要把握的原则和权延赤进行了深入的探讨和研究。吴振录说："毛主席不但有阶级性，而且有民族性和人民性。过去的文章，写出民族性和人民性的不多。你要努力把后两性写实写好。"朱传雄说："世上不存在完人，但伟人、巨人是存在的。"吴振录点头："毛主席是伟人、巨人，又是人民中的一个，是普通人。英雄气，儿女情，哪一条也不少……"这些颇有见地的意见后来就成了权延赤写毛泽东时一直悉心把握的"纲"：把毛泽东作为一个普通人来写，写出他的喜怒哀乐，写出他与人民之间的血肉联系。

　　权延赤多次对我表示，他写毛主席，首先要感谢阎长林同志。阎长林曾任毛主席的内卫排长和卫士长，跟随毛主席转战陕北直至进北京。他从1959年起，回忆并写出了《胸中自有雄兵百万》和《在大决战的日子里》。这两部书比较全面而真实地记述了毛主席在解放战争中所走过的历程，在同类回忆文章中，较好地写出了毛主席的生活情趣和血肉性格。为以后其他老同志的回忆提供了基础和线索。他口述的许多内容，更成为权延赤把握毛主席的性格、感情，写出毛主席的人民性和民族性的重要依据。

令人痛心的是，长林同志积劳成疾，不幸去世。逝前，泪下如雨，泣不成声。对吴振录及亲友表示，他留下的最大遗憾，就是未能将自己所了解的领袖风范全部写下来留给后人。后来，阎长林的夫人杨桂林在毛主席纪念堂，将此遗愿对权延赤讲了。权延赤表示，愿意继承长林同志的遗愿，并表示，在杨桂林认为合适的时机，帮助完成阎长林同志的遗作。

历史应该记住这一天：权延赤吃过早饭，按照吴振录提供的线索，找到了原中办警卫局长叶子龙，叶子龙长期在毛泽东身边工作，掌握大量情况。如果能得到他的配合，采访将会高质量完成。可是，叶子龙提出采访可以，但要组织一个写作班子，因为这是一件关系重大、要求甚高的事情，非一个人力所能及。而权延赤则恰恰认为：文学创作是最能体现个人风格的个体劳动，如果组成一个写作班子，反而可能事倍功半。叶子龙的夫人蒋英为了缓解气氛，对权延赤说："你可以去采访李银桥，他是毛主席的卫士长，了解很多情况。"说罢，写了一个条子递给权延赤。

从叶子龙家出来，已近午时，不知为什么，有一种强烈的预感把权延赤震撼了，他只觉得气血上涌，心跳加快，冥冥中似乎有一个声音在暗示他：把握住生活向你提供的这一次机会，完成一件历史的使命！本来，他应该回家吃饭，可是骑车过了崇文门，一向生活简朴的他竟鬼使神差地进了"便宜坊"。半斤烤鸭和一瓶啤酒下肚后，正好午时12点半。直到这时，权延赤仍然手扶自行车把犹豫了那么一瞬：是改天再找李银桥还是午休之后？或者现在就去？

像是听从天意：他朝红绿灯投去一瞥，心里想，红灯就朝南骑，回家午休；绿灯就朝北骑，过红绿灯找李银桥去。一瞥之间，恰好绿灯亮了，自行车的洪流如开闸一般涌过红绿灯。权延赤不由得蹬上车，随车流向北，按照蒋英提供的地址直奔李银桥家而去。

本来，他不应该这个时间去，因为很可能打搅人家的午休，可是后来的事实证明：早去一个小时或晚去一个小时都不行，只有这个时候去，成功才能笑着向权延赤打开大门。以至事后连一向不相信什么命运的权延赤也一再感慨地说："真是天助我也！"

敲开那一扇蕴藏着无数精神财富的房门，站在权延赤面前的是一位身材魁梧、面目慈祥的长者。

"你找谁？""我是权延赤。"

"噢。"开门的李银桥刚才已接到蒋英的电话，所以对这个名字不再陌生："请进！"

权延赤被让进了另外一个房间。经过客厅时，他发现里面宴席刚散，桌上杯盘狼藉，有七八个人正在那里喷云吐雾。

权延赤把蒋英写的条子、证件和自己写过的书给李银桥看过后，说明了来意。在这之前李银桥因为在《人民日报》上发表了一篇悼念毛主席的文章，受到了当时一位中央领导同志的批评，所以顾虑重重，怕惹出麻烦，不肯接受采访。

权延赤不平地说："天下哪有这样的道理，我们的领袖只能由外国人去写，中国人反倒不能写？"

李银桥对那位领导的批评本来就有想法，听权延赤一说，心眼有些活动，但又顾虑因每个人回忆的角度不同，怕写出来别人有看法，有显示自己之嫌，于是仍然连连摆手。

权延赤急了，嗓音一下子提高了八度：

"李叔叔，你在毛主席身边工作了那么长时间，如果你不把你所知道的毛泽东留给人民，你对得起子孙后代吗？对得起民族和历史吗？"

李银桥看了权延赤一眼，默然有倾，然后说："今天来的几位都曾经是毛主席的卫士。我不好谈，如果你一定要写，可以把你的意思和他们说一说。"说罢，把权延赤领进客厅，介绍道，"这位是空军的作家权延赤！"

原来，今天上午他们刚到八宝山参加了阎长林同志的追悼会，然后一起来老卫士长的家中聚聚。如果权延赤早去一个小时，正赶上老战友叙旧，他不便打搅；如果晚去一个小时，人去屋空，他也会一无所获。

一个卫士拍拍脑袋："权延赤？你是不是写过一篇领袖跳舞的文章？"权延赤点点头。另外几个卫士也随声附和："对，我们看过那篇文章，写得不错，很亲切，很真实。"

权延赤赶紧说明了来意。卫士们动情了，眼圈红了："怎么，你要写毛主席？"权延赤点点头。

"你现在写毛泽东有人看么？写了能发表么？"

权延赤的眼圈也红了：世界上没有完人，只有伟人和巨人。毛泽东是一代伟人和巨人，这是谁也否定不了的客观事实。因为正是他改变了中国的命运，使中国人民真正站起来了。我不否认他晚年犯有错误，但那是一位伟人在执著地要实现理想的过程中所犯的错误。而这个理想，始终是以人民的根本利益为出发点的。中国的大多数人对毛泽东是有感情的，你们都这么大岁数了，在毛主席身边呆了那么多年，现在都工作在基层，你们说我讲的是不是实话？东西写出来肯定能发表，解放军文艺出版社的领导都明确表示支持。

卫士们一个个默然无声，大口小口地吸着烟，整个屋子烟雾浓重，如同失火一般。或许，他们又想起了和毛泽东朝夕相伴的那日日夜夜……

"为了对人民负责，对历史负责，也对子孙后代负责，我求求诸位了，请支持我的工作！把你们知道的毛泽东如实地告诉我。"

卫士们终于被权延赤打动了。他们在权延赤的采访本上纷纷留下了自己的联系电话和名字。

他们是：张木奇、封耀松、尹荆山、李连城和曾文。

第二天下午，权延赤如约赶到了公安部招待所，那里住着封耀松，明天上午他将乘飞机飞回浙江。一席长谈，权延赤几次热泪涌流，等到从封耀松的住处出来时，他已经深深地自信，他正在采写的将是一部使社会良知为之震颤的传世之作。

接着是：张木奇、尹荆山、李连城、曾文，毛泽东的秘书高智和保健医生徐涛……

他第四次敲开了李银桥的家门。李银桥对于接受采访仍有些顾虑，怕有突出自己之嫌。权延赤又做了一番说服工作。谈话中，信手翻阅着李银桥的相册。突然，他翻出了毛泽东的几幅题词真迹，忙说："李叔叔，这些东西你怎么能不精心保管呢？我告诉您，"他一指屋里摆的电视、冰箱，"这些东西加在一起，也不如这样一幅字值钱。况且，这还不仅仅是一个经济价值问题。"

李银桥有些愕然。他告诉权延赤，毛、刘、周、朱等许多老一辈无产阶级革命家都曾给他题过字，齐白石、李苦禅、吴作人等著名画家也都曾作过画给他。但这些东西被一位领导的夫人借去看看，后来称丢了就再也没还。

权延赤闻言一拍大腿："咳，那都是价值连城的无价之宝，怎么能随便借人呢？"见李银桥懊悔不已，权延赤把那几幅毛主席的手迹郑重交给他，"这些字务必仔细收好，千万不要再遗失了！"

或许是被权延赤的执著感动了，或许是为权延赤的真诚打动了，总之，李银桥不再推辞，他一拍权延赤的肩膀，道：

"小权，你问吧，只要我知道。"

这以后不久，被人为供上神坛的毛泽东就通过李银桥等贴身卫士们的娓娓讲述，走回了生他养他，和他休戚与共、血肉相连的亿万人民之中……

在深情缅怀这位共和国缔造者的同时，人们也在心扉上刻下了一个平凡而又颇具特色的名字：**权延赤**

原载于2013年第2期《十月》

小宝回家

小宝不是人，小宝是条狗，小宝是一条黄白相间的拉布拉多串儿。它爱吃炸酱面，爱喝杏仁露，爱用眼白瞟人。才一岁多，脑门儿上竟有了好几条深深的竖道，弄不清是不是皱纹。按说它衣食无虞、逍遥自在，没有什么烦心事儿。

一次带小宝下楼，电梯在五层停下，上来一位脸上有一抹高原红的中年村姑，左手抱个娃，右手牵个娃，俩小家伙儿圆头大耳，眉眼神态仿佛一个模子倒出来的，一看就是双胞胎。小宝性格特别温顺，且热情好客，在中年村姑脚下哼哼唧唧，一再摇尾示好。中年村姑被小宝的亲善态度所感染，啧啧夸奖道，这小狗好可爱，叫什么名字呀？我答小宝，她惊诧：哈，我们叫大宝、二宝，又来了一个小宝，正好，三兄弟！嘿，怎么说话呢你！吧嗒一声，和她一块上电梯的老妇人耷拉下脸，她是双胞胎的亲奶奶，对孙子与狗同名本来不爽，保姆的信口排行更是让她难以接受。只是小宝着实没有眼力见儿，一听平白得了两个"哥哥"，喜不自胜，尾巴摇的如同一簇盛开的白菊。到了一层，老妇人终于忍不住：您这小狗还是改个名字为好。

小宝一岁多了，改名恐怕不现实。所幸与奶奶的敌意相比，新搬来的大宝二宝与小宝像是上辈子有缘，或拍或摸，全无一点惧色，小宝小宝叫的十分亲热。小宝也极为配合，对两个"哥哥"的关爱欣然领受，任凭兄弟俩捏、拽、揪、抓，不咬不叫、不蹦不跳，嘴半张、眼微闭，一副很享受的模样。

日子轻松惬意，像天上的白云，一天天悠然飘去。

这天，一向作息很有规律的小宝夜未归宿。我、太太和儿子找了半天，又坐在家里沙发上守候到凌晨一点，仍未听到小宝用前爪咣当咣当拍打防盗门的声音。儿子埋怨我，叫你拴你偏不拴，这回倒好，真丢了！

我自觉理亏，无言以对。小宝的妈妈是一条流浪狗，在某小区草丛里下的一窝小狗，被好心的剧评家张永和先生发现，收养到满月后通过微信朋友圈呼唤爱狗人士施以援手。我觉得小狗可怜，领养了一只。儿子把它从张先生家取回来时才一扎多长，一把屎一把尿拉扯到可以外出遛弯儿了，不想小东西天性叛逆，一拴上绳子便四爪后退或打横不走，强拉起走，也会一蹿咬住绳子打摽儿。有热心人告诉我，这个品种不用拴，你放开它它会跟着你，丢不了。依言一试，狗东西果然屁颠儿屁颠儿地跟在我身后寸步不离，即便一时走散，也会在我散步必经的某个路口等我。一岁以后，它不安分了，一到街心公园，便撒着欢儿地去追逐同类，全然不顾我在后面呼唤，有一次走散后它竟然没有在路口等候。我慌了，来来回回找了三遍，无果，只好悻悻回家。一进院子，却见它正蹲在楼门口的树荫下乘凉，见到我，懒洋洋瞟了一眼，像是嗔怪我姗姗而归。从此以后，它每天用过早餐，便咬着我的裤角去开门，尔后会回过头来看我一眼，如我无意下楼，就独自直奔电梯间下到一层，门开后，四蹄生风，一路绝尘而去。中午回来进餐，睡完午觉后再走，到了傍晚准时回家。中间如天气有变，只要雷声一响，它肯定会从某一个方向箭镞一般飞奔而来，从来没有过闪失。我看小宝生活有序，也乐意它不受约束，自由自在生长。

这次崴了，第二天晚上小宝仍不见踪影。听说小宝丢了，老妇人流露出从未有过的焦虑，她指着我太太说，你看看你们，不拴它，表面上是爱它，其实是害它。小宝不咬人，但人不见得不伤害小宝，有好心人收养了自然好，如果被民工偷去炖了吃肉，岂不是造孽！她已经接受了小宝没有改名的现实，说完瞥了一眼身旁的保姆，见中年村姑并没有流露出明显的反感，才长长叹了一口气。大宝，二宝对小宝的走失也若有所失，小哥儿俩指着楼道的门奶声奶气说：小宝，没，没钥匙。小宝，进，进不去。老妇人解释，有两次小宝从外面疯跑回来，见单元的门锁着，便蹲一旁静等有人开门，不吵不闹、温文尔雅，和平素撒欢乱跑时判若两狗，很是宅男。唉，老妇人又叹了一口气，多仁义、多通人性的小宝啊，赶快到派出所报案吧！

　　报案？拐卖儿童案已让有限的警力捉襟见肘，我岂敢奢望他们替我找狗。

　　我期盼出现奇迹，时时等待那熟悉的叩门声响起，可是直到第五天，小宝仍踪迹渺无。情况愈发危急，一大早儿，我就召开了紧急家庭会议，商讨对策。退休几年了，已许久没有发号施令，这一刻，我突然找到了曾经的感觉。谢谢小宝。

　　太太首先发言，她说小宝会不会离家出走了？论据是，小宝失踪的前一天比平时晚回家五个小时，快十一点了，才听到它用前爪拍门的声音。进屋后，狗东西或许自知有错，没有像往常一样如同英雄凯旋，狂吃猛喝一顿后就满屋乱跑，间或歪过头望望我们等待夸奖，而是蔫头耷脑溜到沙发后面。当我做出欲打状时，也没有夺路而逃，干脆四爪朝天躺在地板上做出一副认打认罚的样子，目光中充满乞求。太太埋怨我，你不该拿痒痒挠打了它几下，一岁多的狗狗相当于六七岁小孩的智力，它肯定是心生怨恨离家出走了。要不然，那天你打完它后给的肉条，它怎么连看也没看一眼呢？往常早立马叼走，三口两口米西了。

儿子不同意我太太的分析，他是清华美院的高材生，任职一家外企，大小也是个头目，看问题自有独到之处。他轻咳一声，推了一下鼻梁上的眼镜："因为挨了两下打便离家出走，我认为不可能。小宝再聪明，毕竟是一条狗，形成不了这样的逻辑支撑。最大的可能是尾随别的小狗，到了一个完全陌生的环境，找不到家了，而且很可能是一只小母狗。"

他的依据也很充分。小宝放养后，儿子担心小宝的安全，曾尾随它到其领地侦察过，发现小宝有两处"行宫"，一处位于我家大门右侧五百米处的烧烤店。开始，小宝可能是被诱狗的香味儿所吸引，不期和店主人收养的一只黑色小母狗相遇，一见钟情，有机会便在一起耳鬓厮磨，卿卿我我鬼混。另一处"行宫"，是出我家大门过地下通道上来后的一个煎饼摊。摊主经常带着一只黑白相间的小母狗，颜值比小黑狗略逊一筹，小宝在烧烤店受到冷遇或驱赶后，也时常跑去骚扰它。没想到，丑了吧唧的小宝如此花心。儿子说，这两处他都已去查看过N次。卖煎饼的因为没有执照，最近城管查的严，已多日不出摊；小黑狗亦被一位爱狗人士主动带去做了绝育手术，正在家中静养。小宝无处可去，很可能是尾随其他的小母狗跑丢了。美女面前英雄尚且气短，面对小母狗，小公狗迷失自我也情有可原。

我基本同意儿子的判断，但觉得老妇人的揣测也不无道理。

儿子不以为然，说小宝被人收养的可能性几乎为零，流浪狗已泛滥成灾，小宝又不是名犬，谁会收养它！至于说被民工炖了吃肉更是无稽之谈，你这是职业歧视，你以为人家跟你一样没文化吗？儿子狠狠瞪了我一眼，他和小宝太有感情了，连想也不肯去想那种可能。那天他把小宝带回家，便趴在地板上和勉强能抬头的小宝对视交流了好一阵儿。小宝的名字也是他起的，我开始觉得太土，和珍啊秀啊花啊一样早已过景儿，主张起个时尚好玩儿的名字，比如美太郎、芭比兔之类。儿子反对，斩钉截铁、一锤定音道：不，就叫小宝！小宝或许知道它生命的转折起始于此人，和儿子也格外亲密。令人称绝的是，无论儿子回来多晚，它即便是在酣睡中，也能隔着一层楼准确判断出儿子的脚步声，会一个驴打滚跃起，蹿到门口摇头晃尾迎接。见到儿子后除撒欢跳跃外，还叽叽歪歪说一些思念的话，我们听不懂，但从它的神态中可以明显感受。小宝走失，儿子最是着急，性格内向、处事低调的他竟然同意了会议形成的应急方案：由我和他妈继续在附近寻找，而他则以街心公园为中心，把寻找范围拓展到前后左右方圆五百米。为醒目起见，他放弃了羞涩，拟用硬纸壳做两块牌子，贴上寻狗启事，胸前背后各挂一块。上午公司有一个重要会议他必须参加，下午如无大事就请假实施。

开完会，我坐电梯下楼，正巧老妇人一家从五楼上来。保姆问，小宝找到了吗？我摇摇头。双胞胎兄弟很失望，二宝说，小宝丢，丢了。大宝附议，走了，不跟大宝玩了。老妇人拍拍小哥儿俩的脑袋，安抚着孙子。听我说了应急方案有些不解，问为什么不张贴"寻狗启事"？我告诉她，小宝"失联"的第二天就贴了，前脚刚贴后脚就被撕了，没用。老妇人略一沉吟，说，这样，你给我几张，我帮你贴在我们锻炼的空场树上，我们每天要锻炼一个多小时，这期间我帮你看着。况且有一百多个老头老太太，说不定有人就知道小宝下落。

真是太意外了！我把"寻狗启事"给了老妇人不到半小时，就接到她的电话，告诉我小宝找到了，在一站地外的庆丰包子铺附近流浪，让我麻溜到小公园与她汇合。真，真的？我眼眶发热，喉头一紧，声音竟有些哽咽。当然是真的，我老太婆这么大岁数了，哪有闲心开这种玩笑！去包子铺的路上她告诉我，为稳住小宝，提供线索的那个老头儿已先过去了，是他亲眼所见小宝尾随一条小花狗走出公园，过了马路。后来在住家附近的包子铺再见到它时，小宝已形只影单，神情落魄了。见小宝可怜，老头儿每天锻炼前买两个包子喂它，倘若不是这个老头儿乐善好施，小宝不知会流浪到哪儿呢！说话间，已看见庆丰包子铺的匾额了。老远，我看见小宝耷拉着脑袋正在路边的下水道喝水，不由心里一酸，大喊了一声，小宝——！小宝闻声先是一愣，抬起头向四周张望，一扭头见到我，如飞瀑落地、利箭离弦，嗖一声狂奔而来，全然不顾路上的行人和车流！瞬息间，就扑进了我的怀中。才几天不见呀，小宝毛发无光，浑身异味，瘦得已露出了肋骨。它不停地伸出舌头在我脸上乱舔，探出鼻子在我身上瞎蹭，喉咙里还发出呜呜的鸣叫，声音很奇怪，像是游子倾诉衷肠，又像是独狼在召唤同伴。我蹲在地上，泪眼蒙眬，用双手捧起它的脸，像对走失的儿子一样说，小宝，你可把我们急死了！我看见小宝专注地望着我，黑白分明的双眸中竟也有泪光闪烁。

我拿出牵狗绳，这是老妇人电话中特意嘱咐我带上的。小宝见我要拴它，有些不情愿，左闪右躲，挣来挣去，我没有心软迁就，执意给它套上了绳索。小宝呀小宝，你永远不懂，拴上你也是爱的一种表现；幸福，有时候是要以某种约束为代价啊！

原载于2015年10月27日《羊城晚报》

我的兄弟叫四贵

四贵是我兄弟，我的兄弟四贵是的哥。按年纪，他小我一轮有余，本该以爷们儿论，可是他充大，总一口一个"杜哥"叫我。其实，他也不憋屈。饭后领杏儿闲逛，常遇好事老妪捏捏杏儿粉红的脸蛋，问他，呦，这小丫头俊，孙女还是外孙女？四贵便气不打一处来，瞪一双小眼吼：什么眼神儿呀？我闺女！也不能怪人家眼拙，四张儿不到，四贵的头顶就成了寸草不生的盐碱地，再加上如沟壑纵横般的一脸皱纹，说他是五旬老翁也不为过。

——我这个人就是不在意"颜值"，好好捯饬捯饬，也是一枚型男。四贵如是说。

做为潜在型男，四贵在朋友中流传许多段子。其一，一次战友聚会，饭局散后，服务员追出来问，谁的手机没拿？众人摸摸兜都说手机没落，唯四贵掏出的是包间里的空调遥控器，他臊不搭换回手机，拍了一下秃头自我解嘲道：瞧我这脑子，真是进水了。其二，四贵曾赴一个重要约会，地点在某酒店3层。眼见电梯门开了，四贵却无论如何走不出去。那天，他很隆重地穿着西服，还打了一条银灰色领带，约定时间已到，他急得砰砰拍门。门不但没开，眼瞅着又关上了。他觉得撞鬼了，只得又回到一层，尾随另一位客人上了电梯。原来，这家酒店的电梯是前后两个门，南上北下。四贵走不出去，是因为进了电梯后始终面南而立，他眼瞅着打开的电梯门，是南面玻璃门映出的北门。明了了原委，四贵哭笑不得，说以后干脆改名就叫：缺心眼子。

缺心眼子的四贵天生具有幽默细胞。那天，他拉一位"白富美"到贵友大厦，姑娘下车时一弯腰，手包里的口红掉出来滚到车底下，她俯身够口红。四贵和她贫：嘿，不就是一支口红吗？姑娘斜了他一眼，说得轻巧，这支口红三千多呢。四贵哇一声，说这么贵，那我要是抹一下，是不是车费不用收了，还得倒找你呀。

就是穷开心！四贵这样解释他的行为。四贵烧过锅炉、干过小工、倒腾过服装，还当过五年通信兵。后来在某杂志社当司机，我就是在那时候与他相识的。杂志社效益不好，他听人说开出租挣钱，于是托人帮忙干上了的哥。

说起他开出租的经历，真是让人感慨唏嘘。

上路头一天，四贵拉了一个青年到民航大楼，到了地方儿那人却不下车，还架起二郎腿儿，点燃一支烟抽上了。四贵问，您下车不？乘客瞟一眼四贵，没好气儿地说，干嘛不下车？你开的是车，又不是旅馆！那您倒是挪挪地方呀！没瞅见外面下着雨吗？就这点儿雨，至于吗？四贵心里这么想，嘴里可没敢说，这是他拉的第一个活儿，总得图个好兆头吧？四贵没辙，也点燃了一支烟，抽了两口，架不住背上有生活的鞭子抽啊，忍不住又问，您到这儿干嘛来了？干嘛来了？买机票。要是买白菜，我就奔农贸市场了。您听听，这主儿怎么就像吃了枪药，一肚子火气！四贵咽了口唾沫，没言声。心想，就当是他丢了钱包刚被老婆数落了一顿，心里有气儿没处撒，咱就当一回"出气筒"吧，反正也掉不了一块肉。

那天，他起码少挣了三四张儿。

还有比这更闹心的事。四贵告诉我，有一次，一个黑衣女郎把手机落车上了，四贵在仪表盘旁发现手机后，想着失主一定着急，她刚才进了贵友大厦，四贵琢磨着此刻返回兴许能找到。说来也巧，四贵回到贵友大厦，见黑衣女郎正在路边俯首快快而行，他一点油门，汽车在她面前"嘎"一声停下。女郎抬起头来恶狠狠骂了一声，你他妈会不会开车！待认出四贵，才堆出一脸惊喜，哟，师傅，原来是您呀，我的手机落您车上了。四贵挨了骂心中不快，便有意"刁难"她，你说手机是你的，你叫它它会应声吗？那女郎也聪明，说我的手机我叫它自然会应声。言毕来到路旁的公用电话亭一拨号，那手机自然嘟嘟叫个不停。因为有了这个"插曲"，女郎从四贵手中接过手机后，非但没有道谢，还瞪了他一眼。眼瞅着女郎扬长而去，四贵才琢磨过味儿来，大喊一声，嘿，我大老远给你送手机，你不道谢也就罢了，怎么着也得给我个车钱吧！黑衣女郎已经坐上了另一辆出租车，她冲四贵一摆手，喊了声：拜拜——！

四贵心里这个气啊，骂自己吃饱了撑的，真是没事找抽型。更为奇葩的是，黑衣女郎居然举报了他，说他故意刁难乘客、索要酬金，让队长好一顿呲儿。四贵心里憋屈！憋屈有什么用，乘客是上帝，所有的道理都被这条道理管着。

禀性难移，四贵好管闲事的毛病改也难。这不，这一天早早儿出车，快到晌午才拉了两趟活儿。打车的倒是不少，可是大都上车屁股还没坐稳就火上房一样急着下车，嘴里还一劲儿说，您忙您忙，我再打辆车。四贵纳闷儿，这是怎么话儿说的，我吃的就是这碗饭，你们都下车了，我还上那儿忙去？所以，当一位乘客又"故伎重演"时，他忍不住问，怎么回事啊？您是看我别扭还是怕我黑您？给句明白话儿。那乘客脑袋摆得如同拨浪鼓一般，朝仪表盘一努嘴儿，四贵这才恍然大悟：原来是放在那儿的一个骨灰存放证和一个黑箍儿给闹的。昨天收车时，他拉了一趟活儿：从八宝山到崇文门外。客人到地方下了车，四贵从椅子上捡到了这两样东西，他没多想，随手放在了仪表盘旁，不想却搅了自己的生意。他觉得很晦气，摇下车窗扔出车外，刚一启动车又觉得不对劲儿，这种证件丢了不好补，不凭此证就不能看骨灰。看昨天那客人，一路无话，满脸阴云，像是个孝子，不如抽个空儿给人家送去，也算积了一次阴德！于是，他将骨灰证和黑箍儿收好，估摸着人家下班了，便凭着记忆找到了崇外的那个小院儿。一敲门，开门的正是昨天那位"爷"。这位"爷"也认出了他，一闪身关上房门，说兄弟，有话咱到外边聊。来到院外，他惊魂未定地解释道，老爷子不知道我把老太太的骨灰证给丢了，要是知道了非跟我拼命不可。我也没开发票，正发愁跟您联系不上呢，得，谢谢您了。说着掏出100元钱，我也不请您进屋喝茶了，您自个买包茶叶喝吧！四贵说钱不钱的倒无所谓，只要没耽误了您的事，我就踏实了。那位"爷"说，钱您一定要收下，不然就是看不起我。另外呢，我还得写封表扬信给你们公司。说着掏出笔来在手掌心里记下了四贵的车号儿。

四贵心里这个美，又有钱又有名，这趟没白来，可又担心他一不留神洗手时把车牌号洗掉了，想着提醒他一声，不过没好意思。就因为没好意思，表扬信便如泥牛入海音讯杳无了。为此，四贵闹心了好几天。这封表扬信非同一般，至少能把黑衣女郎的举报给抵了不是，咱四贵可是要面儿的人呀。

要面儿的四贵很善良，他是看重钱，可是也曾给白血病患儿捐过10张百元大钞，拉过昏倒在路旁的病人分文不取。因为善良，一脸沧桑的四贵还上过当。事情的经过一点也不复杂：一天晚上12点多，他在土城路口拉了一个老太太和一个小伙子，说是到西四药店买药。到了地方儿，小伙子进去转了一圈儿就愁眉苦脸地回来说，钱不够，回家取也来不及了，问四贵能不能先借点儿，反正待会儿还得打他的车回家。老太太也帮腔，让四贵学雷锋做好事。四贵觉得这两人挺面善，一问差200多，就把钱给垫上了。往回返时，老太太说有事儿，只小伙子一个人上了车。到了土城路口，小伙子指着一栋楼房说，您看4楼亮灯的就是我家。车没停稳，小伙子就急如星火般跳下车。四贵本打算跟进去，但是等他熄了火停好车，小伙子已进了楼门。四贵抽着烟傻等了一个钟头也不见人影儿，加上车费70多元，里外里赔了小三百，一天算是白干了。事后四贵明白过味儿了。咳，其实破绽挺多的：老太太兜里一个子儿没有，留在西四干嘛！什么病啊火上房一样到药店买药，有这功夫上医院好不好？我真是缺心眼子，脑子没转过弯儿！为此，四贵一个礼拜不苟言笑。

四贵想挣钱，这能怨他吗？老婆没工作，除了月儿，又添了杏儿，一个十岁一个两岁，正是用钱的时候。为了这娘仨，他干上了出租，只要舍得花力气，一个月总能挣够全家人的用度。可是开出租累啊，眼一睁就欠公司几百块份儿钱，每天干十个小时，前五个钟头都是为公司奔的，再刨去油钱、修理费和偶尔的违章罚款，每天干不够十个小时不敢回家。所以，他特烦别人说开出租的活轻松、挣钱多。

那天快擦黑儿了，一对儿恋人捧着一束花上了车，没话找话，师傅，干出租多好，想几点上班儿几点上班儿，想几点下班儿几点下班儿，又自在又能挣钱，每月少说也得弄个五六本儿吧！四贵开始不想搭理他们，从早晨六点出来，他都快干了个对头儿，真正挣到手的钱也不过两百多。刚才老婆来电话，说已经炖好了猪蹄温了老酒，他急着回家。可是，这对恋人越说越离谱儿，就忍不住和他们掰持起来，说到老婆、孩子和生活的艰辛，眼眶竟有些发酸。那对儿恋人开始还有一搭没一搭听着，嗓子眼蹦出一个个单音节的"噢"字敷衍，后来则被四贵的诉说打动，表情变得专注起来，目光中也多了关切与同情：啧，啧，真不容易大叔您。

人受一句话，佛受一炷香。四贵心里畅快了一些。

这对恋人到一个小区门口下了车，四贵结过车费要走，那女孩儿像想起了什么，又哎一声叫住四贵说，大叔，今天是情人节，我把男朋友送我的这束花转送给您和您太太，愿你们天天都有好心情！四贵接过花，望着他们渐渐走远的背影，眼睛忽地一热，只觉得有两串水珠顺着脸颊慢慢流进嘴里，咂巴咂巴，苦中有甜。得，什么也甭说了——挂挡，给油，走车吧您！

华灯初上，点燃了万家灯火。四贵知道，其中有一扇窗子装满温馨正等他回家。

原载于2019年7月26日《人民日报》

下辑 · 履痕

我在小岛遥祭你

我要去游览蜈支洲岛。

三亚的朋友一笑，说好兴致，那可是有名的情人岛呐！我听出了朋友语气中的调侃——你们一对年过花甲的老夫妻，怎么愿意往年轻人扎堆的地方跑？

我笑而不语。我有我的心思，我不说。

蜈支洲岛所以被称为情人岛，源于一个传说：很久很久以前，一个年轻的渔民因为风浪打翻渔船漂到一座荒岛上，靠捕鱼打猎为生。有一天，奇遇了一位美丽动人的拾贝女。小伙儿很奇怪，荒无人烟的小岛上怎么会出现这么貌若天仙的姑娘？原来她是龙王的女儿，因为贪玩跑到了岸边。后面的情节我不说想必你也猜到了：无非是两个年轻人情投意合，过起了只慕鸳鸯不慕仙的日子。老龙王自然是拆散年轻人爱情的罪魁祸首，他把小龙女抓回关了起来。小龙女日夜思念心上人，终于趁着看守不备，逃出来与情人相会。龙王得知后紧追不舍，眼看这一对痴情男女就要相拥了，一狠心用了定身术，将两个人变成了两块石头。千百年过去了，经历无数次潮涨潮落，两块石头依然矗立岸边，深情相望，情人岛因此得名。

蜈支洲岛的风光确实没有辜负这个动人的传说。

我们去时已是北国飘雪的隆冬，但蜈支洲岛却满目葱郁。乔木高大挺拔，灌木茂密葳蕤，其中竟有从恐龙时代流传下来的桫椤树，树茎高耸、冠如巨伞，站在树下，想到它历经沧桑而万劫余生，不知见证了多少人事代谢，真是令人顿生感慨。岛上还有两样景色令人称奇：这里的海域水清见底，能见度可达27米，清亮得如同晶莹剔透的翡翠。可惜我近视，不然也许能看见游弋其中的马鲛鱼、石斑鱼和形态各异的海胆、海参、夜光螺呢！再有就是小岛西北部的那一弯沙滩。细沙如雪、洁白圆润，在阳光的映照下银光闪烁，宛若一条玉带浑然天成。年轻人身着婚纱、礼服，或斜卧于醉人的沙滩，或隐身在绿树丛中，留下一张张倩影。情人岛，真是名不虚传。

我来蜈支洲岛，当然不是寄情山水。

朋友看出了我的心思，说三亚风光天下一绝，文化积淀却不比中原秦地，一镢头也许就能挖出一段尘封的历史。岛上，也只有一座妈祖庙可供凭吊了。

妈祖庙肯定是要凭吊的。我知道，妈祖本是一林姓女子，乡人感其生前为民治病、救护难船的恩德，在其羽化后立庙祠之，并逐渐形成了中国沿海地区民间传统的重要信仰。

随朋友来到位于小岛中心位置的妈祖庙，我在妈祖的塑像前虔诚地点燃了一束心香……

走出有些仄狭的正殿，驻足远眺，思绪一下飞扬起来，我还要遥祭一位先民。

想一想，煌煌五千年华夏文明，期间遭受了多少次外族入侵，经历了多少回内部战乱，却如地火滚过暗夜、惊雷掠过长空，生生不息，靠的是什么？最早进入文明社会的世界四大文明古国，古巴比伦、古印度、古埃及、古中国，为什么只有中国的文化传承下来？一个很重要的原因，是因为我们的文化基因特别强大，这个基因就是汉字。其他三个文明古国的文字都已先后失传，唯独古中国的汉字沿用至今。而且自甲骨文始，汉字在书写方式上竟没有太大的改变，以至今天，我们依然可以辨析锈迹斑斑的青铜古鼎上先民留下的铭文；在泛黄的史册上和老庄秉烛夜话，探究尘世之奥秘；与李杜把酒吟诗，解析人生之真谛；走进《本草纲目》，随李时珍尝尽百草，医民众之病痛；驻足《水经注》，伴郦道元行程万里，开游记之先河。这在使用拼音文字的国家几乎不可想象。因为发音会不断变化，而汉字是象形字，不会因为发音的区别改变汉字本身的含意。

汉字承载的华夏文化精髓，增加了中华各民族之间的认同感，更是维系民族灵魂的纽带。每一个炎黄子孙都会有这样的体会，即便身在异国他乡，一块汉字的牌匾便会如磁铁一样吸引住我们，让人感受到祖国的亲近和血浓于水的文化血脉。北美崔哥去国30多年，儿子从小生长在西方的文化环境中，从来没有叫过一声爸，只用英文称呼他DAD。今年崔哥生日，从来不说中文、不使用汉字的儿子送给崔哥一张贺卡，上面画了一颗红心，并用中文歪歪扭扭写了一个字：爸。崔哥一见顿时泪奔，这哪里是一个汉字，分明是他在儿子的世界里苦寻无果，却念念于心的文化根脉呀！作为象形字，汉字确实像魔块一样有着神奇的组词能力，即便单一的字，也有着很高的信息密度，会让人产生不尽的联想和情感变化。

有汉字在，中国文化的根就在；有中国文化的根在，中华民族的魂就不散。

我微微闭上双眼，一个人仿佛正穿越时空的隧道，从历史的深处缓步走来。他并非双瞳四目、天生异象，而是和远古的族人一样，长发披肩、美髯飘飘，兽皮与树叶制成的衣服披在肩上，有几分古朴，也有几分飘逸。作为黄帝的史官，他的职责是记载牲畜和粮食的增减，随着数量的不断变化，结绳记之已难以完成。有一天，这位有心的史官在狩猎时，见到三个老人在一个三岔路口争辩。一个坚持往东，说有羚羊；另一个提出向北，说有鹿群；再一个主张向西，说有两只老虎。史官问其故，得知他们是依据地上野兽留下的脚印做出的判断。史官深受启发，从此观星宿运动趋势和鸟兽足迹，依照其形象创造出各种符号，记录世间万物，逐渐形成了象形文字，割除了结绳记事之陋。

　　文字的发明，真是华夏有史以来最伟大的发明。据说，这个史官字成之日，举国一片欢腾，连上苍也被感动了，把谷子像雨一样哗哗降下，足见先人对这一创举的高度认同。汉字出现之前，人们不会记录生存的技艺和经验，虽然不乏智者，但是只能用口耳相传的方式将自己的经验传之后人。因为传播范围有限，那些宝贵的生活经验难以得到保存，所以祖先们一直在蛮荒中跋涉。汉字的发明，是中华民族由愚昧走向文明的分水岭。汉民族创造的辉煌历史和长久积累的生活经验，可以通过文字保存起来、流传下去。我们的祖先不再像拉磨的牛马一样，日复一日、年复一年在原地转圈儿，而是可以通过文字把华夏的文明进程像火箭发射一样，一级一级向前推进。从结绳记事到量子时代，从茹毛饮血到卫星上天，中华民族的哪一项伟大壮举，不是以文字作为最基础的载体？

是的，朋友，我在遥祭仓颉。造字史官，一个应该被后人供奉于心灵圣殿的名字。

仓颉或许没有想到，几千年以后，在有"南服荒缴"之称的边远之地海南三亚，他受到了一次隆重的礼遇。浙江海宁人士钟元棣出任崖州知府，上任后做了两件可以传之后世的事儿：一是带头捐款，重修了《崖州志》，为后人完成了一项极有价值的地方文化工程；二是拒绝了游方道人吴华存要在蜈支洲岛结庐而居、炼丹修身的请求，实地考察后，认为如此清幽美丽的宝岛不应为个人所有，理应造福于民。由州府筹资在岛上修建了名叫"海上涵三观"的庵堂，专门供奉仓颉。一时间，青烟缭绕、香火旺盛，海南以至全国的文人骚客登岛祭拜，咏诵之声不绝于耳。现在回头看，这位钟知州实在是不简单。他赴任的1899年秋，正是清廷将亡，帝国主义对中国的侵略加剧，民族危机日益严重，新政迭出、烽烟四起的历史大变革时期。新旧交替之际，钟元棣能够怀着敬畏之心，克服财政上的种种困难，修信史、建先贤祠，以彰显华夏文化的源远流长、博大精深，其高洁的人文情怀实在令人尊重。

天色将晚，太阳正缓缓下行。天边的一朵朵白云像是喝醉了酒，红头涨脸，在高远的天际舒展身姿，变幻出各种形状，忽而像狂奔的烈马，忽而像蓄势的雄狮。

　　我睁开双眼，收回远行的思绪。身边的朋友说，阁下莫不是在遥祭仓颉？我问何以见得，朋友回应，这妈祖庙的前身是海上涵三观，供奉的便是造字的仓颉。因为清廷衰败后庵堂乏人打理，日渐破败荒废，才被当地渔人改作妈祖神像。你驻足不走，神思远播，遥祭的当然是仓颉。我笑着调侃他，那刚才谁说三亚的文化底蕴不够丰厚？且不说崖州古城、藤桥墓群，鉴真和尚登陆点和黄道婆居住地，仅此一处，就在三亚的文化发展史上写下了浓墨重彩的一笔，足可以光耀史册了！

　　朋友闻言，颔首一笑。而后，双手合十、遥望远天，庄重地回应了两个字：正是。

原载于2019年4月6日《人民日报》

四个人的牧场

汽车拐进海清坝牧场旁的土路，行不多远，便看到草原深处的一顶蒙古包，像是一朵美丽的蘑菇云，降落在一望无际的草甸子上。远处，蓝天如洗、白云飘飘，蓝天下有几处移动的黑点，那该是觅食的牛和羊群吧？

四木一指车的前方，说主人来迎接我们了。我收回目光，顺着他指的方向，见一个汉族装束的中年汉子正挥舞着双手跑来。他约莫四十来岁、身量不高，剪一个平头，肤色已被草原风吹的黝黑。四木停下车，探出头和他打招呼，那汉子向我们拱拱手，一脸灿烂的微笑。他的牙齿很白，双眸黑亮黑亮的，像一潭沉静的秋水，让人能感觉出他内心的纯净。

四木告诉我，他叫谭立波，是海清坝牧场的男主人。

谭立波转身一路小跑，搬开了牧场的栅栏门。然后又高举着右手，样子很是伟岸的引领我们的车开到蒙古包前。他的妻子和女儿正在那里等候。

　　这是一个有故事的男人。二十年前，他还是北京一家餐厅的厨师，手艺好却讷于言的那种，偶尔餐厅里的美眉和他开个玩笑，还会脸红。谁也没有料到，丘比特之箭偏偏就把他和一个蒙古族姑娘连串到了一起。那女孩儿叫通力嘎，高挑个儿、长发披肩、唇红肤白，是个叫小伙子容易产生想法的美女，暗送秋波或者直接发动攻势的想来不少。可是通力嘎偏偏就把要执子一生的手伸给了这个只有初中文化、长相一般的汉族小伙儿。直到今天，问起他们怎么走到了一起，是谁先暗送的秋波？夫妻俩都含笑不语，只是深情地对望一眼。

　　那一眼被我捕捉到了：温柔、默契、欲语还羞。像是荷叶上的露珠，吧嗒一声融进了清澈的池水里。我还是第一次看到，一个过了四张儿的大男人会有这么多情的一瞥。相知相恋的过程有多么温馨、多么浪漫，抑或多么坎坷都不重要了。重要的是，两个人的心早已连在了一起，像重新捏过的两个泥人儿，已经你中有我，我中有你了。

　　其实，让我心醉的还不仅仅是两个人的牵手，牵手后小情侣的选择更是让人瞠目结舌。他们服务的饭店本来很红火，作为后厨红案的头牌和男孩儿追逐的店花儿，两个人的日子令多少进城打工的同龄人羡慕？上班时一个掌勺、一个传菜，闲暇时，逛逛故宫、赏赏红叶、看看电影、压压马路，兜里的钱包也足以支撑起这些美丽的时光，那时的北京天还是蓝的，没有令人逃无可逃的雾霾。可是，这一对小情侣却做出了一个出乎所有人想象的决定：回内蒙古草原去创建自己的牧场。

北京——内蒙古；繁华热闹——荒寂艰苦，这一切的反差实在太大了，天悬地隔。

那年月，还没有"创客"这个词，而他们应该是最先的创客。因为行色匆匆，我没有来得及深谈，不知道是什么点燃了他们心中创业的激情，或许是谭立波从饭店日益增多的客流上看到了人们对绿色食品的需求？因为他们饭店卖的羊肉都来自内蒙古草原。或许是通力嘎太思念那久违的奶茶了？总之，他们离开了北京，回到了内蒙古的巴林草原，用打工的积蓄创建了自己的牧场。

那个日子值得记取，是一枚镶进生命之册的金色书签。

由此，展开了一篇感人的童话。偌大的牧场只有夫妻两个，纵马跑出几十里地，看不到一个人影儿。偶尔有一只鹰在天边掠过，就会引发他们心中好一阵激动——千里草原上不仅有他们在牵着青春奔跑，还有许多高贵的生命与神同在。夜晚，躺在空寂的草原上仰望星空，他们更加浮想联翩：如果地上的一个人对应天上的一颗星，那么他和她在哪儿呢？牛郎和织女的爱情令人感慨，可是夫妻俩却不愿意站在天河的两边，一年才有一次难得的相会。他们要做两颗靠得最近的星，彼此能听得见对方的心跳、感受到对方的体温。在这篇童话中，孤独一转身，化作浪漫爱情的坚守；寂寞一声吼，变成超然物外的旷达。原来只要胸中有爱，冬日的雪花就是一首纷纷扬扬的诗；夏天的酷热也会成为一副色彩斑斓的画呢！

　　童话中的王子和公主在巴林草原上搭起了那顶属于自己的蒙古包。它像一颗钻石，折射了他们青春的全部光华。前后二十个年头，两个人就在海清坝牧场用勤劳和汗水装点着自己的人生。后来，一对双胞胎女孩儿在草原上降生了。冬去春来，如今已长成了十六岁的大姑娘。姐妹俩随妈妈，眉眼俊俏、身材高挑，从小就能歌善舞，现在就读于市艺术学校。寒暑假和逢年过节，她们依然会回到生养她们的牧场，帮父母放牧牛羊。面对着草原上叫不出名字的那么多野花，也会幸福地回味起童年难忘的时光。

　　两口子创业的故事是浪漫的童话，也是愚公移山式的寓言。一望无际的草原上，有牛羊、有鲜花、有牧草、有清风、有夫妻对唱的情歌，也有狂风、有烈日、有冰雹，有狡猾的狐狸和凶悍的狼。日复一日、年复一年，羊肥了、牛壮了、牧草茂盛了，两个女儿也像天使一样长大了。那么，幸福是像云朵一样被草原风吹来的吗？望一望谭立波黝黑的面庞、瞅一瞅通力嘎粗糙的皮肤和脸上细碎的皱纹——当年，那可是像水仙花儿一样灵秀呀！你就知道收获的来之不易。我问谭立波，苦吗？谭立波用手揉着因生活的磨砺而有些凸起的骨关节，说习惯了。正值国庆，牧草略显泛黄、野花也开始凋零了，想一想即将走来的冬季呢？地冻天寒、大雪封路，夫妻俩要穿越风霜与寒冷，该付出怎样的辛劳？况且，已是二十年一如既往的穿越，这其中的酸甜苦辣怎是"习惯了"三个字可以了得！只是，他们天性达观，勤劳坚韧，所经历的艰辛和即将面对的艰辛，不经意间，就淹没在他们不时漾出的笑容里了。

四木是内蒙古有名的诗人。他的诗有体温、有悲悯，有情怀。同时，他也曾经是一位忠于职守的乡镇党委书记，人如其诗，对草原、牧民有着一种永远也扯不断的情缘。他告诉我，如今小两口儿的牧场有五百多头牛，两千多只羊。不算羊绒羊毛和农产品贸易的收入，仅牛和羊每年出栏一项就能有二三十万元的进账。说这话时，四木特别高兴，不大的眼睛嗖嗖放光，嘴笑得合不拢。喜悦之情像烧开的水，顶的壶盖盖也盖不住。

作为诗人，他当然会为爱情感动；作为书记，他更有理由为收获骄傲。

为招待我们，夫妻俩特意杀了一只羊。这是草原上最隆重的待客之礼：烤全羊。谭立波当过厨子，自然使出了浑身解数。羊烤的正是火候，表皮酥脆、肉色焦黄，在吱吱冒油的肉上撒一层孜然和细盐，还没吃呢，口水便要淌下了。我们用刀子切一块鲜嫩的羊肉，喝一口美味的奶茶，感到这里的生活已经被爱和诗意浸洇。

不是吗？因为通信讯号不好，电视节目不清晰，每年春节，通力嘎会自编自演一台家庭春晚。妈妈唱歌，爸爸拉琴，姐妹俩翩翩起舞。勾得星星都要探头探脑地向蒙古包里张望，弯月也会含笑向这一家人送来祝福呢。

难熬的是谭立波外出谈生意的日子。通力嘎想丈夫了，丈夫想通力嘎了，要通个电话可不容易。通力嘎要拿着手机跑到老远的小山包上去接。她知道，哪个山包的信号强，哪个山包的信号弱。能听到丈夫的声音，跑几个山包都乐意。谭立波呢，在车水马龙的闹市听到了来自草原深处的问候，心里也像抹了蜜一样甜呢！再累，也不会感到疲惫。

现在，夫妻俩在照料我们享用烤全羊，他们的笑容像抑制不住的泉水，从心里咕嘟咕嘟冒出来，荡漾在脸上。

我说，合唱一首草原的歌吧。四木刚才爆料：通力嘎能歌善舞，谭立波的男高音也颇有磁性，这个小个子男人虽然不爱说话，但唱起歌来却很投入。谭立波望了一眼通力嘎，通力嘎笑着点点头。夫妻俩一点也不扭捏，谭立波唱低音部，通力嘎唱高音部，动听的《鸿雁》便在蒙古包里回响：

鸿雁北归还
带上我的思念
歌声远琴声颤
草原上春意暖

真是琴瑟和鸣，夫妻俩的演唱令人动容。歌声里有不尽的乡愁，也有他们难忘的青春岁月。一壶酒，独对苍天；两个人，相依为命，寸心誓与长相守。想一想共同经历的那些日子，眺望一下明天即将升起的太阳，歌曲中蕴含的情感被夫妻俩演绎的悠远蜿蜒，直抵内心。

一曲未完，我的眼睛里已经含了泪水。

四木又提议，立波，你们的双胞胎女儿是学舞蹈的，请她们为北京来的客人跳个舞可好？正巧小姐妹进来献茶，在大家的掌声中，爸爸打起拍子，妈妈哼着曲调，姐妹俩跳起了欢快的草原舞，轻如飞燕、美若彩蝶。一时，我有点恍惚，竟不知置身何处？原来，枯燥寂寞的生活也可以过得这样有滋有味儿；天堂与俗世，并非隔着一条不可逾越的天河。两者的转换，有时只依人的心境而定。

盘桓半日，终要离开了。人生多有不舍，只是，春风杨柳离别路，毕竟车船留不住。

我们走出蒙古包，太阳正准备交班。它喷射着炫丽的余晖，一朵朵火烧云燃烧起来，弥漫了大半个天空，像是展开的一幅五彩锦缎。没有到过草原的人，真的很难想象夕阳下草原之秋的壮美与辽阔。谭立波和我们依依惜别，两个小姐妹站在爸爸的身后腼腆地看着我们，显出了少女的羞涩。通力嘎用"蒙普"——蒙古族普通话热情地招呼我们明年再来，说明年夏天的巴林草原一定更美。她把美字读成了一声，听上去充满民族风情，蛮有味道。

汽车启动了。我从后视镜里看到，一家四口站在那里一直冲我们招手。我们有我们的远方，他们有他们的牵挂。在他们的身后，是那顶绽放在晚霞中的蒙古包和一眼望不到边的海清坝牧场。

原载于2017年1月11日《人民日报》

交河故城怀古

历史，原本是可以触摸的。

来到交河故城之前，历史于我，不过是教科书上一行行冷峻的铅字。即便是悲壮雄浑的古长城、金碧辉煌的故宫，也因为多了一些人工的雕琢而少了一份历史的凝重，多了一些尘世的浮躁而少了一份历史的幽静。古丝绸之路更如同我思想天幕上的一片浮云，遥远而飘忽。

来到交河故城就不同了。

它是古老的丝绸之路上一座驰名中外的城池，始建于公元前200年前后，因"河水分流绕于城下"而得名。西汉时是车师前部王都，曾繁华于一时。公元5世纪初，来自河西的匈奴后裔沮渠无讳兄弟，西渡流沙，亡命高昌，纠集遗族，攻击交河。车师人众志成城抵御外患，坚守八年直至"弹尽粮绝"，才在车师王车夷落的率领下舍弃故国，西奔焉耆。中原皇帝感车师王对大汉王朝忠贞不贰，下诏书开焉耆仓以赈济，车师国遂亡。以后，交河故城更历经战乱，多次更旗易帜，至公元十四五世纪，这座故城才完全废弃。

令人称奇的是，故城原是一块高地，所有建筑均是用减土留墙法"挖"出来的，建筑群整体格局牢固地连结于地体。它所以历经一千五六百年的沧桑，其遗址仍然奇迹般地巍然屹立于地表，危墙伟岸，街巷分明，除了当地气候干燥、地处孤岛等自然条件之外，和这一建筑构造也不无关系。

拜谒交河故城时，正值盛夏。烈日当空，生土墙已被晒得炙手，数里故城遗址内，竟无一草一木，满目残墙断壁。那每一堵残墙背后，每一截断壁脚下，分明都勾挂着一串真实的历史，不知演绎过多少幕人间的活剧。一千五六百年啊！多少个生灵，多少场战事，多少次悲欢与离合，多少回辉煌和幻灭，有如交河上空的朵朵白云，悠悠远去，无声无息，空留下一座满眼苍凉的废城任后人凭吊。这一天，除了我们几人外，再难得看见一个人影。听不见一丝鸟叫，感受不到一丝风动，时间似乎也凝固了。置身其间，仿佛步入了一条神奇的时空隧道，一下子被时间之神从喧嚣的现代都市送回了古朴宁静的历史深处。

陪同我们的新疆考古研究所工作人员刘学堂是吉林大学考古系高材生，他毕业后志愿来到塞外大漠，终日穿行于历史与现实之间，逸兴遄飞，乐此不疲。他告诉我们，每年8月1日，一位日本学者必千里迢迢来到交河故城，找一座废弃的庙宇打坐一宿儿，月出而入，日升而归。他说，交河故城在这一天是世界上最黑最静的所在。

小刘的讲述更给这座幽幽故城增添了一抹玄妙的氛围。这位远道而来的客人选择彼时彼地坐禅，是受了哪部典籍的指示？还是要静心去触摸一下物化的历史？不得而知。然而，这不妨碍我们放缓脚步，静下心来聆听一下历史的心音。

这里是故城的城门吗？斩崖而成，有如阙口。城门主道上的礌石坑、陷阱、瞭望塔，虽历经风雨侵蚀，但遗迹仍存，依稀可辨。轻抚残墙，驻足坑旁，分明可听到古战场的号角声声，旌旗猎猎。唐朝边塞诗人岑参曾留有"奉使按胡俗，平明发轮台。暮投交河城，火山赤崔巍"的诗句。并在一首诗中对当时治理西域的大将封常清倍加称颂，甚至认为和匈奴大小七十余战的汉将军李广若与封常清相比，不过是"微功今可哈"，足见交河故城曾历经过多少战争的风雨了。

这里想必是一条条街巷一座座庭院了。遗迹清晰分明，许多院落尚能看出平面布局和房屋的门、窗位置，院落中竟还有圆口的水井残存，徜徉其间，仿佛能感受到昔日的炊烟袅袅，灯影晃动。小刘告诉我们，除了战事频繁等深层的历史原因外，交河故城废弃的最直接原因是河水干涸、缺水所致。没有火就没有文明，没有水就没有生命。望着荒芜衰败的故城遗址，想象着当年的人们因为没有水而被迫迁徙的情景，不禁生出万千感慨。

故城中得以保存下来的大量遗址该是寺院了。据称，交河宗教盛行之时，城中寺庙曾达五十多座，如今虽香火不再，但静心细听，声声木鱼似仍可穿越时空送入耳中。交河原是进入西域的桥头堡，大唐时中亚成了边界，交河故城成了大唐统治下西域的腹地，丝绸之路上的往来商贾，大都要在这里休养盘桓几日，中原文化便在这里日见显扬。

小刘给我们讲述了这样一个故事：相传唐玄奘去印度取经路过古高昌之地，在这里建立了高昌国的国君以国宾之礼待之，恳请唐僧为其讲经，并命王公大臣都来听讲。自己则跪倒在地，让唐僧踩其背登上讲经台，一时成为高昌国一大盛事。讲经毕，国君希望唐僧留下来做国师，未能如愿，便执其手送唐僧上路，又亲颁官牒文书让西域各国一路放行。仅此一斑，便可见中原佛教文化的发达和当时西域各国对中原文化的认同与归属了。如同没有到故宫便没有到北京一样，没有到交河故城，也枉来新疆走过一遭。这里积淀了太多的历史文化，融汇了太多的人事沧桑，虽浮光掠影一游，也足以令人心醉情痴，神思幽幽了。

我在想，是什么把一座繁华的都城化为了一片废墟呢？

战争、缺水也许只是表层的原因。不是吗？战争皆因利益引发，水源枯竭则与人们对自然生态环境的破坏相关。究其根由，概因人心的贪欲与浮躁所致啊！残墙后与断壁下，仅仅勾挂着一串逝去的历史吗？不，分明也有先人对后来者的企盼与警笛。如果我们只是感叹一番人事的代谢，发一发思古之幽情，也许会令本来厚重的逝去岁月变得单薄而苍白。

"爸爸，瞧，这里有路标！"

一声清脆的童音，把我们的视线牵引了过去。原来不知什么时候，又来了三位游客：一对青年夫妇带着一个五六岁的女童。那奔跑的女童着一身红裙，仿佛一簇燃烧的火苗，在黄褐色的生土墙间跃动。哦，背景是经历了上千年风雨的废弃故城，眼前是正在绽开的一朵未被世俗玷污的生命之花，我突然觉得那其实是一个焊点，一下子把历史与未来焊接到了一起，不由得，我又想起了那位每年都要来这里静坐打禅的日本友人——

他不远万里拜谒这一片早已废弃的土地，仅仅是要触摸一下物化的历史吗？设想，一个人在最黑最静的世界一隅静坐打禅，心如止水，万籁无声，该是一番怎样的情景呢？他可以省察自己的内心，发现自己妄念全消而流露的真心，从而达到禅宗所推崇的"无"的最高境界。这时，纵然一片叶落也会轰然作响；一缕风动也会呼啸出声，在极度的空寂中获得丰富，在浓浓的夜色中感受光明，生命进入这样一种状态，便不仅仅是一具躯壳了，它已经获得了升华，成了一条清澈明快的溪水。文明不就是在这无数条溪水的映照中，一路抖落岁月的尘埃，磕磕绊绊地从远古走向未来的吗？

不过，这是我的揣度，无从去向那位日本友人证实了。

原载于1998年12月10日《中国旅游报》

庄市河

智者乐水。我不是智者，对水却也情有独钟。但凡一个去处，只要有了盈盈一泓碧水，即便偏僻贫瘠，也就觉得有了灵性。所以一脚踏进庄市，看到如绿色缎带一般的庄市河沿古朴的老街流过，心境顿时如微雨中的江南一样，温柔蕴藉起来。

庄市非市，不过是宁波近郊一处千年古镇，归镇海区管辖。就是这个面积仅20多平方公里，常住人口不过3万人的弹丸之地，竟是"宁波帮"的故里。作为中国最有影响力的商帮，"宁波帮"曾在中国的近现代史上创造了中国工商业的一百多个第一，诞生了一大批名传遐迩的鸿商巨贾，书写了中国工商业史上的百年辉煌。孙中山曾感叹："凡吾国各埠，莫不有甬人事业，即欧洲各国，亦多甬人足迹。其能力与影响之大，故可首屈一指者也。"当年解放军直取江浙时，毛泽东也特别电告前线指挥员要注意保护"宁波帮"大、中、小资本家的房屋财产，以利于他们今后与我党在上海的合作。国门洞开，邓小平更是和"宁波帮"的代表人物交往密切，并应包玉刚之邀亲自为宁波大学题写了校名。解放后的庄市，则依然魅力四射，奇迹迭出，人文领域的名人大师且不去说，仅功勋卓著的共和国两院院士就走出了七位！

徜徉在小镇历经千年的青石板路上，你随便问一位两鬓飘霜的庄市老者：宝地有何奥妙，竟孕育了灿若繁星的才子英杰？他们都会抬一抬手，堆出一脸菊花般的笑容，用一口好听的吴侬软语回答你，"水好呗！"据说，庄市曾有一个大池塘，即便大旱连年，池塘里也水流不枯。原因是池塘里有一条龙，恪尽职守，庇护着庄市风调雨顺，人才辈出。

此时，我就坐在庄市河边的一只石凳上。六月的江南烟雨迷蒙，小镇在万千雨丝织成的轻纱薄帐中显得更加柔媚动人：一带碧水，映出岸上若隐若现的水阁、吊楼、旧埠头；半河橹声，摇碎河边错落有致的老房、绿树、红灯笼。天，迷迷蒙蒙，像童年旧日的梦；雨，丝丝缕缕，似少女不了的情。天公巧手，只略施粉黛，就把一个让人心旷神怡的江南小镇鲜灵灵地呈现在我的眼前。此情此景最适合遐想，我不由合上双目，打开沉思的油纸伞，悄悄为小河流逝的往事撑出了一方晴天——

且把时针拨回到清康熙年间。现在的庄市河还是九只呈一字排列的河漕，不知是哪位老辈的庄市人突发奇想，把河漕打通拓宽而成了庄市河，与西南两端的大河贯通，成了宁波至镇海的主动脉。从此，奉化、慈西等地的方头大船，装着白的蘑菇、绿的冬瓜、红的番茄，停靠在庄市河埠头叫卖；汶溪、余姚也有船装着木柴、碗、盆到庄市交易。遇到喜庆日子，扎着绣球、系着红缎的婚船更是河中一道靓丽的风景。半大的小子们，不论熟与不熟，吵闹着在河塘里拦截婚船，身手矫健的俏船娘不散尽托盘中的糖果，婚船便莫想前行。舟楫往来，不仅开阔了庄市人的眼界，为其投身商海做了预热；也为他们即将的远行打开了一条便捷的通道。自晚清以来，许多庄市人就是摇着乌篷船从庄市河出发，在宁波轮船码头换乘大海轮，走向全国、全世界，开始了艰苦卓绝的淘金岁月，许多人日后成了翻江揽月的工商业界巨擘。铜钯铁板，古调长歌，母子分别时的眼泪，男儿"涉狂澜若通衢，变梦想为现实"的豪情，都如一层层涟漪，融入了日夜流淌的庄市河……

是先有的河漕还是先有的老街，抑或老街与河漕相伴而生？我未曾考证。总之，庄市河开通以后，庄市老街就日渐繁茂起来。河岸上店铺林立，摊贩云集。每日商贩不觉于耳的叫卖声，洗衣女叽叽喳喳的说笑声，加上橹声轻唱，小调低吟，摩肩接踵地挤满了一条河。前些时候，镇海区进行文物普查，依河而建的三百米庄市老街竟有60多处"宁波帮"的遗迹。不是"宁波帮"代表人物包玉刚、邵逸夫等人的故居，就是"宁波帮"发迹后捐建的建筑，如同义医院，叶氏义庄等等。说庄市是"宁波帮"的故里，庄市河是"宁波帮"的源头确是实至名归。倘若把庄市比作一曲华彩的乐章，那么，这条小河注定就是乐章的深情序曲。

雾色朦胧，雨下得似乎有些急了，丝丝如弦，串串似曲。黛瓦青砖、草木葳蕤的江南小镇，在雨雾的氤氲下已化作了一幅浓淡相宜的山水画，一首空灵飘逸的抒情诗——抬眼望去，人在画中走，诗在水中流。正沉醉，街旁一位卖菜的大嫂笑着招呼了我一声，她见我没带雨具，让我到她摊位的伞下避雨，我摆手婉拒。好心的大嫂只怕细雨打湿了我的衣衫，殊不知，我正想借江南这如诗如画的靡靡细雨洗去从大都市带来的世俗红尘呢。

庄市老辈人说的没错，庄市所以人才辈出，是因为水好。被他们笼罩上神奇色彩的池塘我没有寻到，不过，我看到了比池塘更美、更广阔的庄市河。没有了庄市河，哪里会有日后的百川归海，群星璀璨？其实，庇护庄市人的那条龙也未曾远行，它就蛰伏在离小河一箭之遥的叶氏义庄里。庄市的朋友告诉我，叶氏义庄由"宁波帮"的先驱者叶澄衷在清同治十年筹资创办，是当时镇上孩子免费上学的义塾，包玉刚、邵逸夫都是在这所小学里接受的启蒙教育。庄市人重视教育，确信"兴天下之利，莫大于兴学"，他们发迹后最重要的一件事就是反哺乡里，兴办学堂。当幼年的末代皇帝溥仪还在遥远的紫金城里接受君臣顶礼膜拜的时候，庄市河边的这所小学堂里和他同龄的孩子们，已经在诵读英语、学习数学，用来自西洋的望远镜做实验了。童年的包玉刚每天从家乘小船到叶氏义庄读书，闲暇的时候也在这条小河里嬉水玩耍，捕蟹捉虾。那时的他或许没有想到，他的人生将从这条小河启航，进而缔造出一个无与伦比的海上世界。不过，晚年的包玉刚先生满怀游子眷恋桑梓的深情荣归故里时，却实实在在想到了教育之于立国兴邦的重要性，慷慨解囊捐建了今日已名传遐迩的宁波大学。所以，我说那条龙从未远行——把祖祖辈辈庄市人注重教育的理念比喻成庇护庄市人才辈出的龙，该不会有人责备我牵强附会吧？

雨愈发密了，水珠乱溅，一河碎银。一摇橹翁驾一叶小船从我眼前摇过，眼光交汇时冲我友善地一笑。目送他的背影在庄市河中渐渐淡去，我突发联想：当年的叶澄衷、包玉刚、邵逸夫、赵安中们是不是也是这样驾舟远行的呢？只不过，他们除了头上的斗笠和身上的雨披外，带走的一定还有家乡父老的一兜企盼、满仓叮咛！

原载于2012年7月9日《人民日报》

敦煌之地

　　说敦煌是一座艺术的宝库，实在是一句太平庸的赞词了。可是，不平庸又当如何呢？即便聚天下文人之力，竭尽文采，扯蓝天白云做纸，来尽情描绘敦煌石窟的绚丽与奇巧，怕也是一瓢之于东海吧？

　　所以，从敦煌回来月余，我未着一字。不是不想写，而是不敢写。且不说我于绘画一窍不通，就是声名远播的名家大师，面对用金粉五彩绘就的敦煌壁画不是也呆若木鸡了吗？日本著名画家平山郁夫曾这样形容他们看到壁画的情景：一个个仿佛被施了魔法，久久站立，哑然失声。许久，才带着哭泣般的声音叫了一声："啊，真了不起！"

　　啊，真了不起！——只几个字，简单平常，毫无文采，卖浆引车者流皆可脱口而出。可是，谁又能否认它所蕴含的博大与精深呢？

　　徜徉于敦煌石窟，说是一步一莲花，一石一尊佛并不为过。面对以佛教经典故事为主要表现内容的敦煌壁画，我是一名虔诚的香客，只是不知道，这一束心香该插在哪里才是。

对话弥勒

我在九十六号窟中伫立。

九十六号窟是敦煌最大的石窟，其中供奉的弥勒佛高度为35.5米，乃全国泥塑大佛之冠。只不过，这座弥勒佛和我们常见的那个笑容可掬，布衣大肚，随地而卧的弥勒佛不同：他呈坐姿，两腿自然下垂，两脚着地，双手支在腿上，目光下视，其势高大威严。加之容纳大佛的洞窟是一个高耸的空间，下大上小，石窟向上弧转收小，下部的平面为方形，站在窟底仰视大佛，越发感觉空间高耸，大佛威严，天地悠悠，人生渺小。

"弥勒"为梵文音译，汉文译为"慈氏"，是佛教的未来佛。据说他降世成佛后，会出现太平盛世：雨泽随时，谷稼滋茂，树上生衣，寒暑自用，人寿八万四千岁，女子五百岁才出嫁。这样一个虚幻美妙的世界自然令人憧憬，所以世人急切希望弥勒能够早日下生成佛，降福人间。唐高宗去世后，武则天趁机自称是弥勒下世，登基称帝。九十六窟就是在这样的背景下建造的。

这以后，每逢农历四月初八的佛诞日，四方百姓便拖家带口，携带贡品前来九十六窟烧香拜佛。

且让我们穿越时空的隧道，来见证一下当时的盛况——

祭拜开始，青衣布履的和尚击鼓鸣钟，口中念念有词。他们或稚气未脱，或满脸沧桑，皆微闭双目，肃穆庄严。钟鼓之声悠然响起，一声紧接一声，穿越众僧虔诚的祷告，穿越人们饥渴的心灵，在长天大漠间回响。据说，鼎盛时期每日前来祭拜的人有数万之众，前后一个礼拜络绎不绝，可见人们企盼天降甘露，佛赐恩泽的愿望是何等迫切。不过，战乱与灾荒并没有因为人们的美好愿望而揖别人世，随着丝绸古路的逐渐衰败，敦煌石窟也一度荒草萋萋，路断人稀。

此刻，正是日落时分，九十六号石窟外，夕阳衔着最后的余晖渐渐坠入与罗布泊相接的浩瀚沙漠，几抹余光透过宽敞的窗子洒在威严的大佛身上。在阳光的余晖中，弥勒佛右手上仰，左手平伸，深邃祥和的目光，略显迷离，似乎端坐千年终有些倦息。我抬头仰望大佛，正好与他下视的目光对接。于是，忙双手合十，闭目屏息，于冥冥之中开始了与大佛穿越心灵的对话——

请问：大千世界，人何以知未来，并修得来生？

佛答：茫茫大千，无始无终。今生即往世之未来，未来即今生之因缘。现世的一切欲望转瞬即为烟云，留存未来的只有人心而已。

再问：何当以解？

佛又答：世间没有东西一成不变，诸法因缘生，诸法因缘灭。往事之因缘导致今生之状况，现世之行为决定未来之去向。故佛法以为，因果是修得未来的舵手。此间，众生业力不可思议，果报亦不可思议。悟得了众生即佛，也就悟得了佛法的真谛，众生所系亦即未来，修得今生即是修得来生。

佛言禅意颇深。吾生愚钝，终不得详解。再想发问，暮霭四合，阳光尽收，威严肃穆的大佛逐渐被夜色淹没。他望着我的目光似乎蕴含深意，竟以一语中断了冥冥中的对话——去看看前殿堂的几层石砖吧。

这几层石砖莫非藏有玄机？我知道，那是一九九九年十月，敦煌研究所为了配合九十六号窟埋设电缆，在挖掘中发现的初唐、西夏和元、清两代铺设的洞窟地面。这几层地面高低相差一米，也就是说从初唐至清代上千年间，石窟共计修缮了四次。每次重修后因为风沙太大，虽有僧人打扫，但日积月累，地面都抬高了几十厘米。敦煌研究所的考古人员在把这些珍贵的地面清理保存时，每一层都在原处留存了几块，依次在前殿堂左侧用玻璃罩着，供游人凭吊。

我俯身细细地揣摩着这几层石砖。

我惊异地发现，砖上的花纹清晰可见，即便是最下一层的唐代地面，也完好如初，时间的流水竟没能在上面冲刷出多少痕迹。其实，敦煌石窟多经修缮，许多已并非原样了，唯这几层石砖静静地铺在那里，上千年间没有被人做过任何修饰。望着这几层石砖，我想象着制作和铺设它的工匠，他们的音容笑貌，他们的悲欢离合，竟在我的记忆深处一点点复活。上下相距一米，历经却是千年。千年的黄沙古道，千年的岁月流逝，埋藏了多少朝代更迭，争战讨伐，湮灭了多少英雄梦想、壮怀激烈？不是吗？武则天以弥勒自比，自加尊号为"慈氏越古金轮圣神皇帝"，妄想开创千载之基业，享受万代之香火，虽不无建树，终因重用酷吏，滥加杀掳，晚年又荒奢无度，纵情声乐，在位十五年不是就被迫颁布了"退位诏书"吗？她炼丹求道，追求长生不老的做法也被后世传为笑谈。正所谓，诸法因缘而生，诸法因缘而灭。因果才是修得未来的舵手啊！倒是这几层由历代工匠精心制造铺设的石砖，默默地见证着世间运命怎样由人的行为所决定。告诉人们，尘世万物皆为过眼烟云，唯人心可以穿越时空而进入永恒。乞求来世，不如修好今生！

不知道我的解悟是否牵强？可惜弥勒无语，已在塞外大漠的茫茫夜色中入定参禅了。

馒头柳

我不明白，每天拜访敦煌的游客成千上万，为什么没有为它留下一行赞美的诗文呢？

比起"沙不平铺，堆积而起伏，低者十米八米不等，高则二百三百米直指蓝天，垅条纵横，游峰回旋"的鸣沙山，它确无惊人之貌；比起"其水澄澈，深不可测，弯环形如半月，千百年来不溢，不涸"的月牙泉更无神奇之处。可是，就是这样一株盈盈碧绿的柳树映入我的眼帘时，我的心竟倏地一颤，仿佛在满耳西北大汉的高亢秦腔之后，又伶听到了皓齿吴娃的一曲牙板清歌。

那是我们观赏了月牙泉、鸣沙山，踏上归途的时候。汽车驶离山脚，行不多远，一棵枝繁叶茂的馒头柳突兀地挺立在茫茫沙海之中。此刻，夕阳正衔着无限的依恋，把无数条金丝线抛向喧嚣的尘世。在落日的余晖中，漫漫黄沙披金戴玉，反射出耀眼的光晕。就在这金黄的世界里，一棵生意盎然的绿柳迎风摇曳着它那一头碧绿的枝条：傲然、淡定，从容而又执著。

我惊呆了！不由想起千佛洞的缘起：公元366年，手持锡杖，云游四野的乐僔和尚来到三危山，正在峰头茫然四顾，准备找个地方栖宿，忽然眼前金光万道，云蒸霞蔚，似有千佛跃动。他双膝一弯，长跪不起，发出宏愿在此筑窟造像，再现眼前圣景。我想，这黄风大漠中的绿柳突然映入我的眼帘，莫非也如那一山佛光，是在向我昭示着什么？于是，忙叫司机停车。我不敢近前打搅，就悄悄摇下车窗，默默地向它注目致意。当地的朋友见我对它痴迷，才有些惋惜地告诉我，除了拍摄它的照片获得过全国摄影大奖以外，还没有一个文人为它留下只言片语。

　　我惶惑。是因为它的孤独吗？或许，它的震撼正在于它的孤独啊！倘若这茫茫沙海里齐匝匝一排垂柳，虽也壮观，却只会令人欢愉，而不会让我驻足沉思。"花间一壶酒，独酌无相亲。举杯邀明月，对影成三人。"孤独作为一种生命形态，呈现给我们一种别样的意韵。"人生的第一件大事是发现自己，因此人们需要不时地孤独与沉思"，说这话的挪威人南森一定是有感而发，他所以在北极探险和动物学等方面取得了非凡的成就，孤独或许正是他成就的催生婆呢！仰望璀璨的星空，哪一个事业有成的饱学之士，终日于酒席宴上虚与委蛇，在名利场上博弈争锋？所以郝胥黎才如此断言：越伟大越有独创精神的人越喜欢孤独。

　　孤独，有时和雄浑同义。比如，面对这棵大漠中的馒头柳，谁能说只有泰山绝顶、黄山云海、八月十八的钱江潮、蜿蜒万里的古长城，才配称雄浑？这株生意盎然的馒头柳难道不也是对雄浑的最好解读吗？雄，强有力；浑，奋不顾身也。它传递给人们的不是一般的美感，而是当生命力受到阻遏而后洋溢迸发的振奋感，面对险恶的生存环境，奋起抗争而涌动于胸的勇气和自豪。在干旱的沙漠，这棵馒头柳靠深植于沙漠间的根须一点一点地汲取着水分，然后把它输送给碧绿的枝条，绽放出一团生命的璀璨，令人叹为观止，浮想联翩。面对着它，身处顺境的人应该更加奋发；身处逆境的人也会触景生情，感悟顿生，重新焕发出抗争的勇气。

孤独，不同于寂寞。寂寞是狭窄的甬道，两边枯草离离、残花落败；而孤独则是五彩云虹，蓝天为衬，气象万千。

孤独，更不同于空虚。空虚，是一件落魄的衣衫，它使你在别人鄙夷的目光中内心战栗，在自我否定的心境里精神萎靡；而孤独则是一袭豪华的裘皮大氅，在朔朔寒风中，你因为它而温暖；在明枪暗箭前，你因为它而坚强。

孤独，是令人享受的。现代人越来越被变幻万千的社会生活物化，通往生命终点的每一处驿站，都挤满了为登上华丽动车而争抢五彩车票的人群，一生之中难得有属于自己的宁静与淡泊。孤独，却给了我们省察自己内心的可能，与心灵对话的空间。享受孤独，就是不为世象的浮华所诱惑，按照内心的呼唤，守护好自己的信念，让人生多一份属于今天的精彩；享受孤独，就是不被内心的孱弱所击倒，厘清岁月的航道，由思想的烛光引领，执著地走向生命的既定目标。

如果说，聚会是众人的孤独；那么孤独就是一个人的盛宴。这棵馒头柳够有造化了，它在滚滚黄沙之中，生长得如此健硕，一定是尽得大地之灵性，日月之精华。它与鸣沙山为邻，月牙泉为伴，日观黄沙漫漫，夜听泉水潺潺，在极其恶劣的自然生态环境中，绽放着生命的绚丽。它多像一位襟怀博大、品德高洁的智者，默默地向希望读懂它的人诉说着人生际遇、世事无常……

王道士

记述敦煌，无法回避王道士。

王道士就像一道坎，绕过他，博大精深的敦煌学便是一片虚无；面对他，我们又会平添几分纠结、几分惆怅。

看过王道士仅存于世的一张照片——这是那个叫斯坦因的英国人给他拍摄的。就是这个斯坦因，像一条闻腥而至的猎犬，于十九世纪初远涉重洋来到敦煌，费尽心机取得了王道士的信任，用四十锭马蹄银换取了堪称无值之宝的万卷经书。此后，又有几个外国探险家接踵而至，以极少的银两从这个叫圆箓的道士手中，盗买了大量经卷、佛画、印本、文书。苍天无语，国宝外流，王道士也因此背负了百年骂名。

照片上的王道士个子不高。他身着道袍，神色黯然；眉眼气宇之间，似有几分茫然，几分无奈。

王道士的茫然是有理由的。是佛缘的感应，还是上天的眷顾？总之，衣食无着、浪迹四方的王道士一脚踏入已然荒凉破败的敦煌，就像倦鸟归林。从此，便把重现千佛洞曾经有过的辉煌当作自己的理想，四处奔波、苦口劝募、省吃俭用、集攒钱财，用于修补佛窟，清理淤沙。1900年5月25日，那本该是一个石破天惊的日子，但是在积弱难返的晚清王朝，它却如初夏的一缕微风，没有在历史的长河中掀起任何波澜：王道士雇用的一个做文案的贫士，在16号窟的墙壁上无意磕打烟锅，觉得似有空音，疑为暗室，遂禀告王道士。就此，藏书五万余册的藏经洞像一位闺阁深藏的少女，在被时光的尘埃遮蔽了千年之后，极不情愿地向世人展露了她诱人的神韵。王道士虽然腹无诗书，但是浪迹天涯的人生阅历告诉他，这一发现也许非同寻常。于是他下至县令，上至慈禧，或游说或上书，结果，不是遭人冷遇，泥牛入海，就是被敷衍了事。从1900年发现藏经洞到

1907年英国人斯坦因闻讯赶来，长达七年间王道士不遗余力地奔走呼号，却没有引起任何一级官吏的重视。修缮莫高窟、保护藏经洞，也未曾得到官方一两拨银。王道士怎么能不茫然？

王道士的无奈尤其令人心酸。千年的佛教艺术宝库却由一个对佛教知之甚少的道士来维护，这是历史的悲情表露，还是现实的无奈苦笑？我们不得而知。我们知道的是：北京六国饭店乳白色的莲花灯下，当身着燕尾服的法国汉学家伯希从他费尽心力盗买的敦煌文物中，挑选出数件卷子装裱后进行炫耀时，围观的中国达官显贵除了摇头晃脑啧啧称奇外，竟无一人为国宝流失略表惊诧。王道士先后出售给外国探险家的四万余件敦煌文物，在该国国家级的图书馆、博物馆都得到了妥善的珍藏与保管；而留存于国内的一万余件敦煌经卷却流失严重，损坏异常。晚年，王道士曾经装疯卖傻。因为，美国人华尔纳给他的几十两银钱竟被夸大成十万银元，当地村民们因此去找王道士要求分享，否则就以死来威胁他。可怜王道士为保护千佛洞倾其半生精力，向外国冒险家出售的敦煌文物所得，在没有任何监管的前提下全部用在了千佛洞的维修和保护上，到老竟有此劫，死后骂声如潮，他怎么能不无奈？这无奈又岂能不令人酸楚？

王道士当然有令人愤怒的地方：比如，他不该拿着刷子蘸着白灰，刷去自以为灰暗的几孔石窟壁画；他不该廉价出售经卷、印本、画幅，无论他是出于多么高尚的目的；他更不该在千佛洞经卷被洗劫一空后，收受了美国人华尔纳一点小钱，就听凭他用洋布、树胶粘去了二十余幅洞窟壁画。但是，如果我们把这些"不该"放在一个特定的历史语境中，对于一个不懂佛教、近乎文盲的道士来说，是不是有些苛求？

据说，斯坦因装满箱子的一队牛车在离开敦煌启程时，这位蓝眼睛、黄头发的英国绅士曾回过头看了一眼西天凄艳的晚霞。一位青年诗人说，那是一个古老民族正在淌血的伤口。诗人的感慨不无道理。只是，一个王朝的昏聩能由一个道士负责吗？一个民族的悲哀该让一个道士"埋单"吗？按照道家戒律，道士死后不得建塔，王圆箓的弟子们还是为逾八十而终的师父修建了一座很气派的道士塔，并在碑文上记述其功德。时下，这座墓塔就在敦煌景区的门口。游人如织，却很少有人在它面前驻足。是的，比起婀娜多姿的飞天壁画，形态各异的洞窟大佛，它实在微不足道。可是如果没有墓塔中的主人，令世界惊诧的千佛洞也许早已被滚滚黄沙淹没；浩瀚精深的敦煌学也将无从谈及了。

夕阳西下。我伫立塔前，也回首眺望了一下西天。那里，晚霞片片，如火如荼，就想，那该不会是民族伤口滴出的血珠浸淫的吧？毕竟，离以飞天壁画称绝于世的敦煌不远，酒泉卫星发射基地已经把"神七""神八"成功地送上了天，圆了中国人几千年的"飞天"梦。王道士如果塔中有知，该会绽出难得的笑容吧？只不过，那笑容是委屈还是自责，抑或两者兼有，就只有他自己能解个中滋味了。

夜　市

敦煌的夜市确是一个奇妙的所在。

说它奇妙，不单单是因为它地处佛门圣地。这样说吧，你在夜市随便找一处楼台弯弓搭箭，向北一箭射出，便是一望无垠的茫茫戈壁。我们从嘉峪关驱车东行，几百里之内竟看不见一处房舍，望不到一缕炊烟，满目皆是板结的土地和小如拳、大如斗的鹅卵石，生命的迹象如同蒸发的水汽一样难以寻觅。可是就在你叹息大西北的荒芜与孤寂时，立马又被一片勃勃生机簇拥，这中间仿佛只隔着一道幕布。幕布拉开，里外便完全分属于两个大相径庭的世界了，你说奇也不奇？所以，当好客的主人领着刚从戈壁深处走出的我们来到飘洒着花雨般音符的夜市徜徉时，我总觉得，这繁华奇妙的所在，分明就是哪位神人点化出的一处仙境。

一进夜市门，我们的双脚先被一阵歌声留住。唱歌的是一位身着藏袍的男青年，二十来岁的年纪，眼睛不大却极有神。充满青春光泽的脸上洋溢着友善与祥和的神采。或许是被源远流长的佛教文化浸淫得太久，小伙子宽额大耳，多少带些佛相。他双手弹着电子琴，嘴巴对着绑在琴架上的麦克风，一边唱一边扭动着身体，歌声深情而辽阔，竟使一群内地来的游客随着歌声的旋律翩翩起舞。我被小伙子的歌声感染了，不忍移步。同行的一位朋友一拍我的肩膀，卫东，你看他多像你弟弟呀！我有些嗔怪友人的唐突，如果小伙子抬眼看到面前站着的是一位满脸沧桑的中年人，该会引发心中的不快吧？无论如何，一只青春勃发的小鹿和一头步履沉重的老牛是拴不到一个圈里的。不想，那小伙子扭头看了我一眼，脸上竟溢出了充满善意的微笑。

这种宽容与友好，我在几分钟后又一再领受到了。当地的朋友非要请我们喝冰镇姜啤、吃现烤的羊肉串。拗不过主人的盛情，本来已酒足饭饱的我们只好找了一个摊位坐下。一个女孩儿微笑着从身后递过一个纸夹，我以为是菜谱，翻开一看原来是点歌单。先生，请您点歌。这时，卖烧烤的女老板已经将啤酒和羊肉串摆上了桌。我看看歌单，调侃问要钱吗？女孩宽厚地一笑，说随便您，高兴了就给，不高兴也不勉强。女老板一旁笑着帮衬，他们可是我们这里的最佳组合呢！我抬头一看，见一个男青年，已支上电子琴，举起了手鼓，见我看他，男青年腼腆地一笑，说，先生，我给你唱一首《陪你一起看草原》吧。我问，你怎么知道我喜欢这首歌？男青年一边调试电子琴，一边回答，如果我没有猜错，您是从北京来的。您从繁华的大都市来到这边塞小城，不就是为了寻找原始的自然美嘛？

诚如斯言。一脚踏进戈壁腹地的敦煌小城，我那已被城市生活沙化了的心田，竟变得润泽了。这里虽然气候干燥，每年降水量不足蒸发量的五分之一，没有内蒙古草原上那奔腾的骏马，白云一样的羊群，绿茵茵的水草和缤纷开放的野花，但是那绚丽多姿的千佛洞，变幻万千的鸣沙山，神奇玄妙的月牙泉，还有阳关道上的离离别情，在使人感到古朴荒寂的同时，也更加抵达了生命的本真，抵达了精神家园的深处。实在说，这里不该是游客的乐土，而应是学子梦中的故乡。倘若你把心留在那里，思想就会长出翅膀，高高翱翔于历史的云端，看时间如何退回原点，然后如地龙一般穿行于无尽无崖的宇宙之间；感受古老的华夏文明怎样筚路蓝缕一路走来，穿过落寂与凋零，走进繁华与丰茂。所以，歌声刚停，我们就像一尾尾鱼，重又游进了色彩斑斓的夜市。我们觉得只是坐在那里饮酒听歌，怕会辜负了这古朴纯真的塞外云月。

夜市被管理者划分为不同的区域，休闲区、餐饮区和工艺品区。在工艺品一条街，我的脚步再一次被绊住了。不仅仅是因为小街两旁古色古香的仿古建筑令人惊叹，也不仅仅是因为在摊位前招呼游人的敦煌女子一个个生得流光溢彩；令我始料未及的是，那精美绝伦的木雕挂盘竟出自这些不起眼的敦煌汉子之手。也不打底稿，就用大小不同的各种刻刀，在或圆或方的桦木板上刻着，线条飘逸、灵动。倒弹琵琶的飞天女，落日中渐行渐远的驼队，宛如在宣纸上绘制而成。一举手，一投足，一片余晖、一轮落日都生动传神，令人啧啧称奇。更为玄妙的是，在鼻烟壶里作画的艺人，一个个也就三四十岁，手持特制的狼毫钩形画笔，一笔笔在磨砂的鼻烟壶内壁上汇聚日月灵气，展示大漠风情，不足方寸之地，竟也被演绎得风生水起、十里波澜。望着这些巧夺天工的艺人，我忽然明白了，为什么敦煌千佛洞能够成为世界一大奇观，令中外游客叹为观止。倏地，我生出一个想法，如果新开凿一座石窟，就请这些身怀绝技的民间艺人，把今日夜市的情景描绘于岩壁之上，让人的生活场景不通过神的折光就直接再现出来，流传于世，过上几百上千年，后人游览敦煌石窟时，也一定会被施了魔法一般，久久站立，哑然失声，许久才带着哭泣般的声音叫一声，啊，真了不起吧？

我知道这想法有些异想天开，却又禁不住为其玄妙独自陶醉了许久。所以没有和当地的朋友说，是怕他们笑我癫痴呢！

原载于2012年5月19日《光明日报》

目　光

如果说，戊戌变法是中国社会彻底变革之先声，谁能否认，菜市口刑场上空那血染的风采中，没有黎庶昌的一腔热血呢？

——题记

我们去凭吊一位先贤。

时值残冬，面包车驶入遵义近郊的沙滩村，眼前仍为之一亮：一亩亩池塘碧水盈盈；一洼洼菜田绿色正浓。远方，山色如黛，檞树成荫；近处，野菊未凋，桂树飘香。山坡上，一幢幢白墙红格的双层农舍错落有致、形状各异；碧波粼粼的乐安江绕村而过，如一条绿色飘带，把这一方水土勾勒的钟灵毓秀。遵义的朋友说，现在不是最美的时候，如果夏天来，才真是"人间仙境"呢。我听了暗自感叹：如此山水，必有大贤。人杰地灵，此之谓也！

　　朋友，你猜对了，此行，我们是来拜访黎庶昌。

　　车在路旁的黎庶昌故居前停下。庭院两进，门楼一座；前带清流，后枕山峦。正房屋檐下有一黑漆竖匾："钦使第"三个字灵动飘逸，像三只穿越了百年风雨的火凤凰，为这座古旧的宅邸衔来了几片沧桑。庭院中有水池，金鲤摇尾；宅檐下长杂花，叠红吐绿。

　　这里，就是一代先贤的人生起点，也是这位贵州好汉的人生归宿。

1

　　秋风已至，落叶渐稠。京城一间民宅里，一位身着青布长衫的后生推开面前的窗户。已近午时，蓝天高远、白云惨淡，院中槐树上有几只夏蝉，正低一声、高一声嘶鸣，似乎是叹息生命的短促。后生凝望片刻，头一甩，脑后的长辫划出一道弧线，啪一声缠在脖子上。他已踌躇多日，终于下决心回到案前，咬住嘴唇，饱蘸浓墨，在案头的宣纸上写下了第一句话：臣愚伏读七月二十八日星变诏书……尔后，眉头微蹙、奋笔疾书，洋洋七千余言一挥而就。

　　他就是黎庶昌，时年26岁。两次乡试不中，一贫如洗，滞留京师已走投无路。

这是1862年10月的一天。太平天国正与清廷激战，英法联军不久前攻陷了北京。近来又天呈异象：正月太阳三晕，二月流星南奔；春夏之交，阴云遮日，旱蝗四起。西北有洪水暴发，东南现台风肆虐，七月间更有陨石雨和彗星划破苍茫天际。刚刚通过"辛酉政变"掌控了国家最高权力的慈禧，认为这是"危亡倾覆"的征兆，为消灾弥变，以皇帝名义"下诏求言"：申谕中外大小臣工，务各齐心悉虑，于朝廷政治得失大且要者，谠言无隐。

在黎庶昌这封时被后人与贾谊的《上疏陈政事》、诸葛亮的《隆中对》和范仲淹的《上宰相书》相提并论的《上皇帝书》中，自号黔男子的一介山野书生，以心雄万夫的气概，要"为一代除积弊，为万世开太平，为国家固根本，为生人振气节，上以回天变，下以尽人事"。笔锋所至，直指清廷种种弊端，陈述兴利除弊的方略大计。行文犀利，雄视千古。

黔地，古有"鬼州"之谓。飞鸟不通、荒蛮贫瘠，在世人眼中乃瘴气弥漫，非人所居之城，故李白曾放逐夜郎，刘禹锡被谪贬播州。这样的闭塞之地，为何走出了一个才高七步、腹隐珠玑，敢蔑视天颜、顾盼自雄的黎庶昌？

此时，我就伫立在黎庶昌沙滩故居的老屋中。

青砖铺地，横木成梁；一张圆桌，两把座椅；靠墙有六尺卧榻，四周挂着白纱帷幔。黎庶昌别妻辞子，束衣整冠，就是跨出这间房子，一路翻山越岭，走州过府，千里迢迢赴京城应考。满腹才华、一腔抱负，却不被认可。犹龙困浅滩、虎落平阳，我能想象他当时的愤懑与无奈。生他养他的沙滩村，乃黔北一朵文化奇葩。方圆不过数里，渔樵耕读，学风鼎盛，自清乾隆年至清末已延绵百余年。其间，出了几十位名人贤士，著书上百种，内容涉及经史、诗文、音韵、地理、训诂、科技、金石、书画等诸多领域。代表人物之一的郑珍有"西南大儒"之称，曾国藩仰其名几欲相见，都被淡泊名利的郑珍婉言相拒。郑珍是黎庶昌的表兄，曾教授过这位志向宏大，才学卓然的表弟。黎庶昌自幼读古人之书，即思慕古人之为。十七八岁时便立下志向："以瑰丽奇特之行，震襮乎一世"。他留心时政，探寻强国富民之道，对种种时弊洞察入微。两次乡试落第，更使他对八股文取士的陈规不屑一顾，直言批评皇帝："乐于求才而疏于识才，急于用才而略于培才"。

黎庶昌上书清廷，认为吏治腐败、人心敝坏，光是"危道"就列出十二种。消息传到沙滩，连郑珍都吓了一跳，言其惹下杀身大祸。出人意料的是，清廷并未加罪于黎庶昌，反而恩赏了他一个"候补知县"，差遣到曾国藩江南大营听候调用。是清廷确有剜病除脓、改革图强的勇气吗？事实是，黎庶昌上书所列种种弊端，凡涉及权贵利益和更改旧章，均因"事多窒碍之处"存而不问，只是对诸如"荐举贤才"一类的建议，谕令有关衙门"遵照办理"。窃以为，黎庶昌因祸得福获得清廷破格提拔，一下子由贡生官至"正处"，虽是非正式领导职务，但毕竟有了晋升仕途的平台，盖因其时局：咸丰皇帝驾崩，他钦定的顾命八大臣被捕入狱，其中两位亲王还掉了脑袋，朝野上下无不噤若寒蝉，皇帝下诏求言，一个多月竟无一人应答。本来清廷此举是为排遣内心纠结做的一次自我按摩，如果尴尬收场，心何以安？

黎庶昌的上书不啻帮清廷找到了一个台阶。该贡生言辞激烈、话锋犀利，"朕"还降旨恩用，岂不更显"皇恩浩荡"？其实，黎庶昌后来投身江南大营只委了一个"稽查保甲"的小差事，若不是一个偶然机遇，他以小吏之身终老南山也未可知。有一日，曾国藩早起查看诸营，夜色未退，只远处一点星火露帷。他循星火挑帷而入，见一年轻人正习文练字，环顾案头收藏不俗，一番攀谈有感其才，遂把这个叫黎庶昌的年轻人调到身边，进了秘书班子。这之后，未见黎庶昌在军事上有过什么建树，但曾国藩为桐城派晚期领袖，其诗文成就在中国文学史上不可或缺，他身边又聚集着一群富有真才实学的文人骚客，黎庶昌与他们诗文唱和，文学上倒是日有精进。

清以小说名世，诗词成就并不为世人称道，但非乏善可陈。今人有"清诗三百年，王气在夜郎"一说，推尊郑珍为清代诗国第一人。甚至有论者认为历代诗人中，除李杜苏黄外，鲜有能与之比肩者。黎庶昌自幼受郑珍指点，其诗词奇绝恣意，应有资格分沾这一盛誉。至于散文，他年轻时熟读司马迁与班固，尊尚儒术、兼收诸子百家，入仕后又师承曾国藩，其文简练缤密、风格奇伟、意境开阔、雄恣华瞻，确是一代文章高手。后来黄遵宪与他作竟日谈时，说他是"一世倜傥之才，抗时希世，海内外驰名"，绝非虚与委蛇。

黎庶昌仕途蹇带，一度想彻底投笔从戎，为此他曾写信向已调任直隶总督的曾国藩求教，并希望他推荐自己到李鸿章的淮军，在镇压陕西的回民起义中建立军功。曾国藩回信认为不妥，理由是，太平天国剿灭，中原初定，建立军功已殊为不易。况且，"李相西征，部下尚多，必不能舍其屡立战功之旧人，更用未习军旅之文士。阁下杖策相从"，充其量混个助理、秘书罢了，何必呢！曾国藩让他稍等数月，说正在为他活动差事。清朝晚期，候补干部多如牛毛，想得一实职殊为不易。

黎庶昌对曾国藩是敬重的。他以"曾门弟子"为荣，在曾国藩死后对其一生梳理总结，撰成《曾国藩年谱》十二卷，后又为其做了一篇长达万字的传记文章。曾国藩位高权重，但礼贤下士，对黎庶昌有提携奖掖之恩。他曾明奏秘奏清廷几次，希望为黎庶昌谋一实职，并在黎庶昌落魄时多方为其奔走。不过，这一瓢冷水浇的正逢其时。如果黎庶昌随李鸿章部去"剿匪"，手上就会沾染起义农民的鲜血，笔下则少了意蕴丰沛的华章。这当然并非曾国藩初衷，历史在这里愣了一下神儿，于是，清廷失去一条镇压农民起义的鹰犬，中国近代史多了一位引火种于华夏的先贤。

2

站在黎庶昌的老屋前，眺望微波荡漾的乐安江，我的眼前曾出现一幅幻境：江水千回百转、一波三折，终于奔流入海。湛蓝的大海欢迎她远道而来，绽放开一簇簇晶莹的浪花。无垠的海面上，一艘轮船正准备启航，从乐安江走出来的黎庶昌站在船首，迎风而立。

乐安江是乌江的支流。它动静交织，流经处，有两岸峭壁林立、水势湍急的险滩；也有水面滞缓宽阔、鱼翔浅底的平湖。我在想，黎庶昌的人生多像他的母亲河，如同一曲扣人心弦的古筝，有激越的抒情也有无奈的低吟。1876年10月17日，当他随公使郭嵩焘出任大清国驻英参赞，登上英轮"塔拉万阔"号从上海吴淞口起锚出海时，可曾想到，这一天注定要被写进中国的近代史，而他的荣辱进退也将构成祖国母亲脸上的细微表情？

记述这次行程的散文《奉旨伦敦记》，就安放在黎庶昌故居的展柜中。隔着玻璃，那斑驳的字迹依稀可辨，沿途的见闻亦在字里行间呈现。历时50余天，航程三万一千里，这不仅是一次地理意义上的跋涉，更是一次观念和思想的跨越。

可以想见黎庶昌当年的情景：多少次日出，多少个月落，他站在甲板上，手扶船栏，极目远眺，但见烟波浩渺、水天一色，雾锁山头山锁雾，天连水尾水连天。低头，海浪击打船舷，有如碎玉乱溅；抬首，一行海鸥正掠过天际，引发了他内心一腔豪情。说来令人惊诧，当时的封建士大夫固守"华夷之辨"，以"天朝上国"自居，即便是娘肚里的双胞胎，西人也是"其足向天，其头向地"，咱们"则自生民以来，男女项背端坐腹中，是知华夷之辨，即有先天人禽之分"。故光绪二年，清廷开始向外派遣使节，凡出使外邦者皆为人不屑。郭嵩焘奉旨首任英国公使，竟被乡党耻笑和辱骂，他原拟橄调的参赞也有人囿于偏见托词不就。黎庶昌则不然，他卓然而立、清廉自守，在颓靡的晚清官场仕途不顺；更重要的是，他受林则徐、魏源影响，企盼能有机会走出国门学来富民强国之道。尽管行前娇妾爱子百般不舍，他还是毅然奉调，成了贵州走向世界第一人。

一旦踏上西方诸国，开明的黎庶昌还是有些"蒙圈儿"。

出使西欧五年，他历任英、法、德和西班牙四国参赞。在《曾侯两次呈递法国国书情形》一文中，他曾这样描述递交国书的过程：宫门外陈兵一队，奏乐迎宾。至门前下车后，他以参赞身份手捧国书，紧随公使曾纪泽身后，"以次鱼贯入其便殿，三鞠躬而前"，法国总统则"向门立待，亦免冠鞠躬"。双方互致诵答后，鞠个躬就齐活了。

黎庶昌觉得很新鲜。不妨对比一下他日后回国被召见的情景：半夜两点半来到军机房候着，早上八点半才应招进殿。"太后御座上遮一黄纱幔，制如屏风，皇帝则坐于幔前"。黎庶昌进门即跪，高呼"跪请圣安"；复摘冠于地，再呼："叩谢天恩！"，随即一个头要在地上磕出响儿来。其后，所有的回话都要跪在地上。慈禧先和他扯了几句闲篇儿，突然问："见他们的国君是怎么样？"黎庶昌据实而奏："见面不过是点点头，仪文甚简。"这位中年妇女产生了好奇心："是站立么？""是。"老佛爷很是自得："他们也还恭顺。"听话音儿，仿佛鸦片战争一败再败后，割地赔款、签订丧权辱国条约的不是腐朽的清廷，倒是以两万余众便长驱直入北京，令慈禧仓皇出逃的西方列强。而一个外表显赫，实则已腐朽到只能靠可悲的精神胜利法来支撑的王朝，焉有不倾倒塌陷之理？

出使西方递交国书，只是履行一般的外交程序。作为参赞，黎庶昌还被邀参观了法国议院开会的场面，这让素有师夷之长以自强的黎庶昌眼界大开；在一个可容纳200人左右的会议厅里，议长居中而坐，手边放着一个铃铛，与会者可自由发言，议长"不欲其议"，摇铃铛制止也没人理会。有一个绅士，"君党也，发一议，令众举手以观从违，举右手者不过10人，余皆民党"，或嘲讽讥笑，或拍手起哄。法国总统马克蒙因为在议院中得不到多数支持，只好下台。"朝定议，夕已退位矣。"巴黎的老百姓生活如常，好像不曾听说一样。而且开会时，"人声嘈杂，几欲交斗"，如此"家丑"不但不刻意遮掩，还令外国使节当场观看。

黎庶昌没有嘲笑"蛮夷之地"的不臣之举，反省清廷决策施政过程，认为这才是民政之效也。感叹中国乃君主专制之国，皇帝独揽大权，既不让朝臣分担责任，也不把权利放置于类似西方议院那样的机构予以制衡，怎么能够保证决策的正确与科学？

黎庶昌参观了军工厂、印刷厂、纺织厂、造船厂、瓷器厂，看到了火车、轮船、电器和各种机器生产确是强国富民之要术，见证了顶层政治设计对生产力发展的推动作用。仅举一例，中国以农业立国，却连一座专门的农务学堂都没有，还停留在牛耕人拉，靠天吃饭的水准。而在西班牙的一所普通农业技校里，他看到了配有各种精密仪器的化学实验室、物理实验室、植物标本陈列馆、教具陈列馆以及各种先进的农业机械。他与社会广泛接触，认真体察各种民俗，感到西洋民众的文化艺术修养确实高于国人，他们观看戏剧、参观画展、举办舞会，被封建卫道士斥为桑间濮上的所谓"淫靡"之风，较之大清国的"男女授受不亲"，亦不过是社会风气开化的表现罢了。资本家"嗜利无厌，发若鸷鸟猛兽"，但有钱后却能捐资办学，赞助慈善。由于法制相对完善，为官者较之清廷也廉洁得多。耶稣蒙难日那一天，西班牙王室举办纪念活动，国王和王后竟亲自给平民洗脚。在大清王朝，有这想法就触犯天条，说出来那还得了？纯属作死！

黎庶昌变法的思想愈加清晰。中国地广人稠，但如果妄自尊大，一味墨守成规、不思变革，必为世界潮流所淘汰，他将这些见闻详尽记录了下来。按说，黎庶昌游览西方诸国，事事皆动于心，文章应该声情并茂、色彩斑斓。可是，在他这些文章的结集《西洋杂志》中，却没有文接千载的议论和思飘万里的描绘，都是纯客观记述，用现在的话说，属于零度叙事。这其实是有原因的，当年应召上书，就因为黎庶昌出语无忌、直抒胸臆，受到了朝中保守势力弹劾，如果不是特定的历史背景，被"递解还乡"甚至杀头也未可知。郭嵩焘是曾国藩的儿女亲家，作为首任中国驻外使节，他对西方文明推崇备至，每每谈及，欣赏羡慕之情溢于言表，结果被朝中保守势力抓住了小辫儿，斥之为"汉奸"。堂堂二品大员被一撸到底，成了一介平民，死后还险被开棺鞭尸。不过，倘据此认为黎庶昌是因为官场颓风熏染而变得圆滑了，则不然。入仕后，他清廉自守，以学问立身，如求自保，他可以尸餐素位，一言不发。作为一个窃火者，黎庶昌其实是想尽量不被保守势力纠缠，多运些薪火于暗夜沉沉的晚清，让更多的国人感受到民主与科学的沾溉。

雄鹰收翅于枝头，不是为了逃避，而是为了更远的飞翔。

3

1884年3月的北京。春寒料峭，绿色还在路上。一匹快马疾奔而来，扬起一路黄尘。在位于东堂子胡同的总理各国事务衙门前，佩带腰刀的折差一挽缰绳，烈马前蹄腾空，发出一声长鸣，路旁古柏上几只宿鸟被惊醒了，忽闪忽闪翅膀，慵懒地飞向天空。

日本成功实行"明治维新"的第16个年头，驻日公使黎庶昌再次上书清廷求变。历史把一个重要的变革机遇，假黎庶昌之手推给了宫禁森严的紫禁城。

使欧归国后，黎庶昌升任日本公使，时年45岁。官帽上的顶珠已由青金石换成了珊瑚，穿上了绣有锦鸡的清廷二品高干制服。那时的他对未来一定踌躇满志，"斯游应比封侯壮，莫道书生骨相穷"，或许是他心境的真实写照。不然，展室墙上的黎庶昌怎么会怡然而笑？只是他肯定不知道，这笑容会在那张已被岁月雕刻过的脸上持续多久。

日本的发展曾很落后，中国进入奴隶社会向封建社会转化时，日本还处于原始社会。在很长一个历史时期内，日本以中国为师，改革其氏族奴隶制国家阻碍生产力发展的种种弊端，渐显赶超之势。特别是1868年由中下层武士发动的明治维新，开始拜西方文明为师，以富国强兵、殖产兴业、文明开发为目标，推翻了封建幕府长达300年的统治。实行内阁、建立国会、颁布宪法，使日本走上了资本主义道路，生产力水平得到迅速发展，国力大增。不但废除了和西方列强签署的一系列不平等条约，摆脱了沦为殖民地的危机，还俨然与其平起平坐，把曾经的老师中国甩在了身后。

黎庶昌有充分的理由微笑。中日文化交流源远流长，1868年宣布改元明治开始的明治维新，"明治"的年号就是取自《易经》："圣人南面而听下，向明而治"。明治维新后，日本虽然已实行"脱亚入欧"，但文化界仰慕华风的余温犹存，朝野中许多学士大夫对中华文化颇有造诣，不少人可以用汉文成诗。黎庶昌家学渊源、学识超群，上任甫始，便经常与日本友人吟诗唱和，风骚独领。一时间，在日本的文人骚客当中，如果与黎庶昌没有过从竟成了一件很没面子的事。黎庶昌和他们之间的吟诗唱和并非官场客套，而是加深中日民间友谊，弘扬中华传统文化的有力之举。比如，西学渐兴，旧版秘籍已不为日本书肆所重视，其中竟有不少国内早已亡佚的古籍，有的还是极为珍贵的孤本。黎庶昌如获至宝，通过日本友人以重金四方收访。"耗三年薪俸积余，举银一万八千两"，刊刻出了精美的《古逸丛书》200卷。

此刻，这套丛书像劫后余生的勇士，成军一列，立于黎庶昌故居的展柜之中。文字是文化传承的重要载体，文字起源的历史就是中国古代文明开端的历史。作为鲜活的历史符号，先哲们著书立说，记述了对社会发展与自然进程的独特认知。

每一本书都是一个用黑字印在白纸上的灵魂，一个个睿智的灵魂聚集，便成就了光耀千秋的炎黄文化火炬。古老的中华民族五千年来聚而不散，靠的就是其文化的巨大向心力。如果古籍珍本不断亡逸，便如同江河断流，中华民族的血脉何以延续？仅此一事，黎庶昌即居功甚伟，值得我们脱帽致敬。

在沙滩黎庶昌的故居里，还保存着一块前些年出土的石碑。长一米，宽半米，碑文典雅畅达、凄婉动人，书法遒美健秀，颇具二王之风。如果不是遵义友人提示，我真不敢想象，碑文和书法皆出自一位叫贞子的日本姑娘。她的父亲海南先生是日本学有所成的汉学家，与黎庶昌相识后，情谊日浓。黎庶昌再使日本后，海南先生正在外地养病，不日后去世。黎庶昌特赶去送葬，写下了情真意切的墓志铭，并从此对海南先生的遗孤多有关照。《海南文集》出版，先生的女儿贞子请黎庶昌为之作序，还不时来署探访求教，与黎庶昌随行日本的夫人赵氏情同母女。后来赵氏归国后病逝，贞子闻讯，"悲恸不能言"，为赵氏写的墓志铭感人肺腑，黎庶昌令工匠按手迹勒石锈刻，藏于地下。我望着石碑感叹不已，当年，一位日本小姑娘竟有如此的汉学功力和书法造诣。遵义的朋友告诉我，黄苗子先生曾参观黎庶昌故居，面对其碑文也十分惊诧，拓了两幅，一幅送与日本友人，一幅自己收藏。昔日的文化外交成就斐然，留存于今的这一佳话似可佐证了。

遗憾的是，黎庶昌脸上的笑容没有能够持续多久。他以文化为纽带的外交特色时被世人称赞，应该得益于其文人本色。"焦遂五斗方卓然，高谈雄辩惊四筵"，本质上他还是一介书生，对本国及所在国文化的掌控能力是他手中最有力的武器。除此之外，黎庶昌也有难以言说的苦衷。初任日本公使时，黎庶昌很欣赏前任大使的参赞黄遵宪，想留其共事，却被黄遵宪一口拒绝了，理由是，"非不为公佐，实弱国无外交可言"。那时中日尚未开战，日本还不为大多数中国人所认知，即便是中国的知识界也自以为："即便放眼五大洲，中国也堪称强国。与东海区区一岛国相较，知其渺乎不足比数矣，土地之大，人民之众，物产之富，何啻十倍于倭、百倍于倭而已？"。

黎庶昌上任后不久即感到黄遵宪言之不虚。在许多外交场合，他所受到的礼遇颇为疏阔，远不如西方诸国使节受到尊重。战场上拿不到的东西，更休想在谈判桌上得到。比如，他任日本公使时，中国的属国琉球已被日本强行设县，黎庶昌赴任后，曾试图通过交涉有所转圜，终因国力衰微，只能眼巴巴地看着日本将其彻底吞并，算是切身体会到了"天朝上国"怎样被"东海区区一岛国"所轻慢。他还经手过一起人命官司，长崎巡捕以查巡鸦片为名殴伤华侨数人，其中一人不治身亡。日本外相井上馨对黎庶昌惩办凶手的要求根本不予理会，咬定是误杀不应抵罪。黎庶昌性格刚健，与日本外相"文书往复辩论至两月之久"，日方最后才将凶犯判了五年监禁，赔了家属几千块银洋。这件事在华人中争相传颂，因为能有这样的结果已实属意外了。而黎庶昌的自尊心仍然受到了伤害，日本所以敢轻慢"天朝上国"，实为其国力已超过清廷。他出使欧洲六年，足迹遍及西方诸国，再使"明治维新"后的日本，反观清廷的因循守旧、国力日衰，更加痛切感受到了变法求新的迫切性。

使日第3年，黎庶昌经过深思熟虑，写成了《敬陈管见折》递交总理衙门，请求转奏朝廷。主张"整饬内政""酌用西法"，提出了七条富国强兵的措施。其中第一条就是加强海军实力，认为现在的水师"战舰未备，魄力未雄"，"实难责与西人匹敌"，要练足一百号兵船，分成南北两个水师，专做攻敌之用，而且每个水师应有铁甲巨舰四五艘。可惜，这道奏折老佛爷连看都没有看到。总理事务衙门认为"情事不合，且有忌讳处"，竟然"寝而不奏，将原折退回"。曾纪泽知晓奏折的内容后，认为"大疏条陈时务，切中机宜"，"弟怀之已久而未敢发"；掌管总理衙门的亲贵大臣认为这道奏折有涉忌讳处，也不是纯属的推诿之词。天朝威武、一派祥和，慈禧觉得有水军撑一下门面就可以了，花更多的银子去添船置炮纯属多余，如果当时看了黎庶昌的折子，难保不甩脸子。至于朝廷那些守旧的大臣，因"循袭旧之见牢不可破"，仇视"火车轮船"，对黎庶昌的相关奏请更会横加指责。

清廷又错失了一次历史性机遇。如果黎庶昌的奏折当时能被采纳，后来的甲午之战也许就是另外一种结局，中国近代史也是另外一种走向了。

可惜，历史不能假设。

<h2 style="text-align:center">4</h2>

余晖下的沙滩村别有一番景致。

远方的山峦被镶上了金边，近处的水面泛起满目碎银，江畔的垂钓者持杆未动，仿佛镀上金辉的雕塑。有几只叫不上名的飞鸟在空中盘旋，例行归巢前的最后一轮搜巡。如果来得巧，据说还能听到江边古寺的悠远梵钟和渔家女子的清亮歌喉呢！

遵义的朋友问："黎庶昌墓离此不远，可否有兴致凭吊？"

　　我来到庭院中，端详着他的半身雕像不愿移步。真是感叹能工巧匠的精湛技艺，居然把一位一百多年前的先贤塑造的如此栩栩如生：瓜皮帽、长布衫，剑眉下是一双炯炯有神的眼睛。那目光如两道利剑，脱鞘而出，正穿越一个多世纪的历史风云向远方眺望。

　　我站在他的对面，我们的目光在瞬间对接。

　　哦，他的目光中为什么会有难以排遣的幽怨？是的，比起他使日归国，"饯别宴会无虚日，惜别祝颂之词数以百计。启程之日送行者盈途塞港，情谊涤笃者竟追饯至数百里外"的盛况，黎庶昌的晚景可谓凄凉。十米卧室、两进庭院，覆盖了他生命的全部空间。"君看缥缈綦江路，万马如龙出贵州"，他本来应该有一个更为壮丽的人生舞台。更何况，他忧郁成疾，孑然独处，生命最后的时光终日以泪洗面，一介翩翩名士已成了一个疯癫孤寂的山间老叟。世事弄人，殊荣与失落的变幻在晚清官场已近常态，他的恩师曾国藩接受直隶总督关防时，曾被赐予在紫禁城里骑马的殊荣旷典，气势之煊赫，足以使百官生慕。其后一年，即因天津教案谤怨交集，成为众矢之的。一代"中兴名将、旷代功臣"，几近身败名裂。黎庶昌非恋栎老骥，视荣华如浮云，自然明白官场荣枯无常的道理。

　　他的幽怨是因为他对大清国的失望。甲午开战之前，时任四川川东道员的黎庶昌曾请命去日本斡旋，以避战端。因为两任使日经历，他明白战端一开断难取胜。不是因为兵单力薄，那时，仅北洋水师已有各种舰船70余艘。号称亚洲第一，世界第九。但是决定战争胜负的不仅仅是表面上的军力对比。政治腐败、贪腐盛行，李鸿章已把北洋水师当成自己在官场谋身立命的私产，上下不能一心，将士难以用命，水师成军后装备从未更新，指挥、训练、现代海战理念、日常管理以及火力配备，已在日本海军之下，一旦交手胜算能有几何？清廷没有"恩准"他的这一请求。翁同龢主战，光绪皇帝主战，慈禧亦主战，他们已被表面上的强大所迷惑。深知北洋水师实力的李鸿章则有口难言，因为他以操练水师有功揽权邀宠，已获得了清廷太多的褒奖。战败后他曾自嘲，貌似强大的北洋水师不过是纸糊的老虎，虚有其表，小小风雨尚可支吾应对，一旦有大的风浪袭来，露馅儿是必需的。黎庶昌也是自作多情，虽然他出使日本时以道德文章在日本文化界享有很高威望，但以他的游说想使日本休兵罢战，则天真的有些迂腐。日本不满岛国之境久矣，对外扩张是既定国策。黎庶昌早就明白，国之是非皆以实力强弱而论，没有道理好讲，他不过是心存侥幸罢了。但是一旦开战，作为爱国者的黎庶昌则从主和派变成了坚定的主战派。双方已然交手，再提不成无异投降。甲午之战从1894年

7月始，至1895年4月终，每闻战败消息，黎庶昌即忧愤至极，终日不食。

　　焉能不怨？当他听说北洋水师的主力舰定远号，在海战的关键时刻竟只剩三发炮弹，前后主炮各发一弹后，剩下的一发竟要划拳而定；当他听说黄海一战，邓世昌驾驶着航速只有18节且已受伤的致远号，去撞击航速22.5节的日本旗舰吉野号中弹而沉，邓世昌壮烈牺牲；当他听说李鸿章命丁汝昌避而不战，躲进威海卫，水师苦撑待援，终陷绝境，总兵刘步蟾下令自沉定远号"以免资敌"，并与提督丁汝昌先后自裁殉国；北洋水师被日军海陆夹击，"包了饺子"；可以想见黎庶昌心肝俱裂、痛不欲生的情状。十年前就上书清廷需厉兵秣马的黎庶昌，曾在战事中要捐白银万两以襄军费，并奏请朝廷令各级官员出钱助战，也被清廷置之不理。就在黎庶昌每闻败耗便失声痛哭时，慈禧却正在筹措巨资，一门儿心思为自己举办60大寿庆典，准备接受百官朝贺，大宴群臣呢。眼看败绩连连却无能为力，黎庶昌的眼泪仅仅是流给阵亡的将士吗？作为一介儒生，黎庶昌的内心是矛盾的。清廷的专制与腐败他洞若观火，而忠君的历史局限又让他不愿看到大厦将倾。这和他的恩师何其相似乃尔，曾国藩深知清兵腐朽无能，弹压内乱尚可，抵御外敌堪忧，曾提出裁撤绿营编练新军。清廷拒绝了他的军改方案，曾国藩就心知肚明了，做为异族统治者，原来清廷惧内乱较外患更甚，由此对清廷绝望至极。但听幕僚预言清廷将在五十年内灭亡，却惟愿速死。曾国藩救得了清王朝，清王朝却救不了灾难深重的中华民族。这是一代效忠清廷知识分子的悲哀，又何尝不是中华民族之幸事呢？"凤凰台上凤凰游，凤去台空江自流"。况且，凤非凤台非台。情系华夏，当为奔流不息的江水而歌；心念苍生，何必因沉舟病树哀伤？

我的目光和黎庶昌的目光对视。我发现，他目光中的幽怨似乎有些退隐，代之一束穿透历史风云的睿智。莫非，九天之上的先生痛并思痛，与我心有戚戚焉？

我们知道，自汉以降，中国与西方的交流主要靠陆上的丝绸之路。十八世纪中叶，西方列强的坚船利炮打开了中国封闭的大门，也开辟出了一条抵达中国的海路。更直接、更舒适，更安全的海上交通工具使中西交流变得更便捷，更具规模。晚清一大批知识分子作为文化交流的使者，几乎无一不是通过海路抵达西方的。

黎庶昌是其中优秀的一员，他站在中西文化的交汇处，胸襟开阔，目光深邃而明澈。

较之洋务派，黎庶昌固然也重视科学技术对社会发展的巨大推动，并为此考察了西方诸国的各类工厂。游历巴黎万国博览会时，他随众人坐上腾空而起的热气球，并不是为了欣赏巴黎美丽的景致，而是记录下了热气球的各种数据。但是，他更关注民俗民风所反映出的国民心理，更重视议院政治对权力的约束与监控，这在他记述外交活动和日常民俗的多篇散文中可以看到。国民心理，折射的是一种民族精神；民主政治，反映的是一种施政理念，这或许比坚船利炮更能支撑起一个国家的强盛。

　　黎庶昌多次记述了递交国书的情形，包括向日本天皇递交国书也是"相视一笑，礼仪甚简"。反观清廷，仅一个"拜折"仪式就令人惊诧：地方官员向朝廷呈报奏折前，先要在衙门大堂内设香案，供奉用黄缎包裹的小木箱。僚属们则按等级排列庭中，主衔上奏官员穿戴齐整立于庭院中间，面对香案，门外放礼炮三响，鼓乐齐鸣，行三跪九叩大礼。礼毕，捧起木箱恭敬地交给站立一旁的折差武弁。折差接住，将木箱双手捧过头顶，疾步下堂走出辕门，再鸣炮三响，以示恭送。且看，专制之国与民政之国的分野何其巨大？而当年英法联军火烧圆明园的一个重要借口，就是时处颓势的清廷，仍坚持西方使节面见大清皇帝必须行跪拜大礼，而且，王八咬手指——死不松口，谈崩后扣押了对方谈判代表，囚于圆明园。在朝为官，黎庶昌不能僭越官场规则，但是他却在文章中曲隐地表达了对这种皇权专制制度的不以为然，希望以此唤醒国人对民主与自由的向往。

　　不过，与对西方文明顶礼膜拜者不同，黎庶昌对开放有着独立见解，主张"酌用西法"。他不认为中国传统文化糟糕透顶，反而认为西方列强的"美善之风"亦可从中国的传统文化中寻觅到珍贵的思想资源。"民为重，社稷次之，君为轻"，孟子不是在两千多年前就说过了吗？天下为公、天人合一的理念，在我们的经史子集中不是也一再倡导吗？至于中国传统的建筑文化更是美轮美奂了。西方一位使节曾断言绝不会向大清皇帝下跪行礼，可是他刚刚走到太和殿便双膝一软，扑通一声跪倒在地。因为，伟大的中国建筑太令他震撼了！黎庶昌与李鸿章均为曾国藩幕属，后来李鸿章权倾朝野，但黎庶昌对他的崇洋媚外很不赞同，曾婉言提示，或许李鸿章不以为然。黎庶昌无奈叹曰："两大之间难为小，然子产相郑，郑已立。国朝（指清朝）的子产安在乎？"。郭嵩焘在引欧风美雨启迪民智上功不可没；但他认为大英帝国拥有大量殖民地，也是因为"仁爱兼至"，赢得了"环海归心"，就有点走火入魔了。在汲取与接纳西方文明时，黎庶昌没有忘记托承传统文化之精义，难能可贵。

　　黎庶昌的目光犀利而智慧，还表现在能与时俱进。他也曾受"华夷之辨"的影响，也曾盲目憎恨洋人。岂止他，即便是中国"放眼看世界"的第一人林则徐，不是也相信过"米利坚并无国主，只分置二十四处头人"，相信英国兵"腿脚僵直，不善陆战"吗？可贵的是，黎庶昌经过实地考察，很快纠正了偏见，既有文化自信，又能从中西文化的对比中洞悉中国之种种不足。行文著书，引火种于华夏；不惧刀斧，发宏论于庙堂。他的见解不为清廷所采纳，不是由于他缺少洞察时事的目光，而是因为清廷没有刮骨疗毒的勇气。睿智与腐朽的种种细节，已经在历史的底片上纤毫毕现。

1897年冬，黎庶昌在沙滩老屋郁郁而终，时年61岁。

据说那一天，天降细雨，雨带西风。黎庶昌咽气时，院中古槐有一大鸟，灰羽白喙，开翻腾空飞起，绕树三匝，悲鸣数声。然后，消失在灰蒙蒙的天之尽头。

黎庶昌死后第2年，爆发了震惊中外的戊戌变法。其实，谭嗣同等人的改革主张大都在黎庶昌的历次上书中涉及。一腔热血谁珍重？洒去尤能化碧涛！如果说，戊戌变法是中国社会彻底变革之先声，谁能否认，菜市口刑场上空那血染的风采中，没有黎庶昌的一腔热血呢？

要离开这座百年老宅了。一代先贤在这里出生，一个甲子后又逝于斯处。这是一次简单的人生轮回吗？不，它标刻着中国近代史一次螺旋式的上升。积铢累寸，历史总是在坎坷中前行。我精心从庭院的角落采来几朵野菊，恭恭敬敬地置于黎庶昌塑像前。遵义的朋友见到了，说，我们正在征集反映沙滩文化精髓的词句，二十个字以内。黎庶昌是沙滩文化的重要代表，可否有兴趣撰一佳句，也算是献给前辈的一束馨香？

我略一沉吟，想了两句话。这应该是几代中国人的梦想，可惜，黎庶昌们积薪引火、不惜驱命，转头之间，已在历史的天空中化作了一缕青烟。而现在，吾生有幸，正由我们这一代人努力践行，虽然筚路蓝缕，却矢志不渝。但愿先生在天之灵能够期许：

——渔樵耕读，固文化之本；经世致用，圆强国之梦。

原载于2016年第六期《北京文学》

陶人：远古之神

1

历史的真相总会显现，就像潮水褪去礁石一定会裸露。

这一天——2012年5月23日，中华民族共有的先祖注定要穿越幽深的时空隧道，来和现实拥抱了。

它是一尊陶人。五千多年的云卷云舒、花开花谢；五千多年的世事变迁、风云际会，它一直潜身在厚厚的历史尘埃之中，注视着中华文明怎样从远古走来，一路筚路蓝缕、栉风沐雨；一路卧薪尝胆、披荆斩棘。就在它充满期盼地想显身于世时，它所隐身的那片土地，承包人为了多打些粮食，深耕细作的犁头将它化解成了碎片。

距离这尊陶人生成的日子已经过去了近两百万个日日夜夜。时光像西西弗斯推动的那块滚石，周而复始、亘古不变。

那一天，春天尚未走远，夏的脚步还有些蹒跚，但毕竟绿色已经萌发，叫不上名的野花开始在草丛中绽放。蓝天白云下，牛羊发出一阵阵鸣叫，在催促着夏天的脚步。从远古驶来的历史车轮，却已碾压过了石器时代、青铜时代、铁器时代、蒸汽时代、电器时代而进入到信息时代。结绳记事被电脑取代；石斧、青铜剑被远程导弹和航天母舰替换。或许，这尊陶人太企盼目睹人世间沧海桑田的巨变了，于是不惜以身碎为代价。它知道即便化作碎片，也要比永远不见天日幸运。岁月，可以淹没太多的往事。

那天——5月23日，为实施中华文明探源工程，由中国社科院考古所与敖汉旗博物馆联合对红山文化聚落进行的测绘中，一个考古队员王泽在一块刚刚深翻过的农田里发现了一块陶片。他弯腰拾起，内心即被深深触碰，像一只翱翔在天空的鸟突然被一处迷人的风景吸引。按说，对于整天和文物打交道的考古人，一块在地表拾到的陶片，犹如一束麦穗之于农民，一个零件之于工匠，本来已经不会在心里掀起太大的波澜。但是，他端详着手里这块陶片，心中却有一种冲动，他断定这不是普通陶罐上的残片。当他在周边的泥土里又找到两片带有嘴和鼻子的陶片时，血脉贲张，心跳骤然加快。他不明白为什么会有这样奇特的感觉，仿佛自己摩挲的不是几块陶片，而是历史神秘的纹理，祖先沧桑的肌肤，他预感到将有震惊中外考古界的奇迹发生。

回到博物馆，王泽小心翼翼地将几块残片拼对，陶片呈现出来的神情简直让他灵魂出窍。它的眼睛似乎仍在转动，它的声音呼之欲出，它好像有灵魂附体，目光如剑出鞘，穿越了堆积如山的日子，流露的分明是不甘、孤傲和一缕难以言说的诡异。王泽赶忙请来馆长，著名考古学家田彦国。老田同样惊诧不已，他以丰富的职业阅历当即做出判断，这应该是一尊典型的陶塑神像，很可能是红山文化考古学的重大发现。陶片的断裂处印痕新鲜，证明是不久前才破碎的，于是又叫上一个同伴，三个人立即驱车130公里，回到发现陶片的兴隆沟村。这之后历经两个月，费尽周折又找出了一百多块陶片，并从中筛选出了60多块估计与陶人有关的残片进行拼接、粘对。

尽管发现第一块陶片时，考古学家的灵魂就为之震撼。但是面对一尊用65块残片粘接、拼对而成的陶人，他们依然目瞪口呆！这哪里是一尊陶人，分明就是一位从远古走来的王者或者巫者——神秘高贵，气宇轩昂。

德国美学家莱辛在评论古希腊雕塑"拉奥孔"时，曾详细阐述过时间艺术与空间艺术的关系，认为造型艺术应当挑选整个"动作"里最耐人寻味和想象的"片刻"。制作这尊陶人的工匠早于莱辛五千多年，两人更是分属于完全不同的文化断代，但是他选择的"片刻"的确耐人寻味：陶人双手交叉，盘腿而坐。神态肃穆、安详，略带一些诡异。它的上身略微前倾，目光专注，嘴巴圆张，显然是在发号施令或者传道作法。与它对视，你似乎可以感觉到远古的气场扑面而来，像是氤氲在时间之河上的水气、弥漫于历史隧道中的雾霭，诡异、神奇，还略带一股欲说还休的张扬。

分布于内蒙古西辽河流域的红山文化与中原仰韶文化同期，年代约为公元前4000年至前3000年。这尊陶人是目前所知第一尊、也是最大一尊能够完整复原的红山文化整身陶人，在中国同时期的史前考古材料中极为罕见。专家论证，它距今在五千三百年前，所代表的正是活生生的先祖形象，很有可能与祖先崇拜有关，或者就是五千多年前中华民族的共有祖先。

因此，这尊陶人被学界尊为"中华祖神"。

2

此刻，我们正肃立在敖汉旗博物馆敬放"中华祖神"的展柜前。

在赤峰一下飞机，草原的朋友就神秘地告诉我，此行第一站是到敖汉祭拜"中华祖神"。见我略显茫然，又叮嘱说，要心存敬畏，那可是我们中华民族共同的先祖呐！见到"中华祖神"的那一瞬，我也被震撼到了，仿佛被来自远古的石镞飞镖击中。历史，并不一定是教科书上呆板的文字，它也可以成为一尊雕塑，鲜活地站立在你的面前，与你对视、和你交流，尽管中间已经横亘着五千多年的烽火云烟。

田彦国馆长是"中华祖神"出土的重要推动者和见证人，中等身材、浓眉大眼，目光中透着学者的睿智与平和。他告诉我们，专家确定这尊陶人的身份是红山文化晚期的巫者或王者，有充分的依据：发现陶人的兴隆沟村是红山文化的核心区域，类似于现在的"行政中心"。进一步的考古发掘表明，有为陶人专门建造的房间，彰显其身份的尊贵。由中国社科院考古所内蒙古第一工作队队长刘国祥组织的考古发掘中，还发现了陶人额前的"帽正"和残断的胳膊，确认了陶人出自红山文化晚期的房址中。陶人戴冠并有帽正，这也是身份和地位的象征。红山文化时期，神权与王权其实是合二为一的。巫与神进行沟通，而巫一般是由王来出任。

好了，且让我们请出这位至尊的巫者，还原一次当时盛大的祭祀庆典。

远古时的祭祀活动像我们今天祭祖一样，有着严格的程序和庄严的仪式。王或巫在仪式中代天而言，传导神的意愿。那时候，社会管理的职能主要通过祭祀活动运作和体现。天地生成万物，祖先繁衍子孙，祭祀的内容既有对天地、亡灵的祈祷；也包含图腾崇拜和生殖崇拜。

一块突起而平缓的台地，依山傍河。

天苍苍、野茫茫，辽阔的草原上暮霭四合，夜色初降。星星开始闪烁，月亮在云朵后潜行。一团团的云在天幕上翻滚，变换出不同形状：时而如巨龙腾飞，时而像海浪奔涌。在先民的眼中，那是神的踪迹，令人仰视。

巫者居中而坐，神色庄严而诡异。祭台上摆着美玉雕成的祭祀礼品。玉是通灵的神器，巫要借助玉与神沟通。他的双眼凝视着前方，目光穿过迷离的夜色，有些怪异、有些冷峻。此刻，他已经变身为神，履行着与神沟通的职责，必须有着神的尊严与威仪。尽管他和匍匐在他面前的先民们一样，上身赤裸；但是他的长发不是披散在肩头，时而遮住面颊；而是戴着用兽皮做成的帽子，长发盘折，用一条美丽的皮带捆扎得一丝不苟，形成横向的发髻。特别显示他尊贵身份的是帽冠正中，那一块用美玉制成的长方形"帽正"。中国古代形成过一套完整的衣冠制度，或许由此已见端倪。

祭祀活动开始，鼓乐齐鸣。这之前两三千年，红山先民们已经断骨为笛，今人用出土于八千年前的骨笛尝试各种不同的演奏指法，竟可以吹奏出精确的七音节古韵新调，令人疑为天籁。在隆重的祭祀活动中，想来乐器是必不可少的。那乐声应该低回悱恻，类似笙箫，兼有号角之声，在黑压压的人群上空弥漫。乐声渐强，一只只火把依次点燃。先民们高举过头，随着乐曲跳起神秘的舞蹈，那是先民对祖先和神灵表达心中的敬畏。火把在夜色中有节奏的晃动，形成了各种神奇的图案，那是对神的呼唤。火把在祭祀中的神奇作用影响至今，现在一些庆典活动中的火炬传递便有远古时祭祀的影子。

夜一挥手，为长天大地罩上了深黑色披风，一只只燃烧的火把成了披风上的豪华饰物。

巫者开始作法。他先把美玉雕成的祭祀礼器高举过头，口中念念有词，以打开与神交流的通道。接着深深吸进一口气——那是五千多年前的空气，纯净、躁动，夹杂着一股醉人的青草气息。尔后缓缓地由胸腔内发出一声长鸣，低沉而持久，诡异并饱满。在先民的眼中，巫即他们的王，也是他们的神。此刻，巫圆张着嘴，发出的低嚎或许只是单音节的吟诵，或许是某种简单的谶语，但传递的都是神的信息，无不摄人心魄。于是，虎狼远遁、倦鸟归林。男人们长揖而跪，女人们则一脸虔诚伏地不起。襁褓中的孩子也停止了啼哭，睁大好奇的眼睛，凝视着夜空中飘过的一团团云絮。

巫者进入心造的幻境：云遮雾绕、紫气升腾。他开始与神沟通，一阵晚风吹过，打着尖利的呼哨，巫者把它视作神的回应。他看到了云层背后飘然而至的神，端坐在莲花之上，身后衬着七彩虹霓。神一说话，便如瑞风吹拂；神一挥手，便有甘露普降。巫觉得已经变成了手擎火种的智者，正引领着族人度向神点化的仙境……

祭祀完毕，巫飘然而去。先民们望一眼巫的背影，目光中充满敬畏。远古的祭祀活动，催生了中国最早的礼乐制度，也由此形成了孔孟儒家文化的最初源头。

3

时光如电光火石。倏忽之间，我们从远古回到现实。

"中华祖神"的出土所以令考古人惊喜，不仅在于它对研究先民的祭祀活动和社会生活意义重大，更是由于它的出土为中华五千年文明提供了一个实证。

我们说中华有五千年文明史，即便从夏以降也只有四千余年。所谓五千年，是将伏羲时代起始年定为公元前两千九百五十二年，以此推算，中华文明大约有五千年历史。不过，伏羲是神话传说，并非正式的国家概念，它是可以被构建的，没有实证，很难被世人认同。曾有很大影响的疑古派就认为，古史传说中所指的时代越久远，后人做伪的成分越多。因此，汉代以前的史书无不可疑，"东周以前无史"。后来出土了商、夏和新石器时代的诸多考古成果，此说才被否定，但争论并未止息。近年来一位通过电视走红的学者，以自己的研究和推论断言：中华文明上限不早于公元前一千五百年，再加上公元后的两千年，加在一起，中华文明不过三千多年的历史。

何为文明？学界认同的标准有四要素：铜器、城市、文字和原始国家。其实，距今约一万年前，中华文明便开始了它的起源历程。到了伏羲时代，也就是距今约五千年前，文明的四大要素已经在中华大地上不止一个地方显现，所以学界有"一体多源"和"满天星斗"说。仅以敖汉而论，西台遗址发掘出土了铸造青铜器的完整陶范，距今五千三百年，满足了要有冶炼场所的条件；草帽山祭祀遗址发现了刻划在陶器上的"米"字"十"字符号，很可能是中国最早的象形文字，距今五千五百年；城市的雏形可追溯到八千年前的兴隆洼文化遗址，四周有环壕围拢的100余间房址，布局有方，排列有序，总面积近七万平方米。在遗址中心区并排有两间140平方米的大房子，被学界称为是"世界建筑史上的奇迹"。遥想当年，擦肩摩踵、呼儿唤女，这里该是多么喧嚣热闹的一座城市啊！原始国家的形成则可以从距今五千五百年的牛河梁遗址找到证据。该遗址由大型祭坛、女神庙和积石冢群址组成。泥塑残片表明，女神庙里的泥制女神雕像，小的与真人等同，大的是真人的两到三倍。庙内还有壁画、泥塑的龙和陶制的祭器。专家认为，如此庞大复杂的祭祀中心，绝非一个部落的力量所能建造和拥有，只能是更大的一个政治共同体崇拜共同祖先的宗教圣地。在工具缺乏、技术落后的远古，能动用浩大人力，营造如此繁杂的陵墓，墓主人生前应该具有"号令天下"的身份。

如果把中华文明比作一轮喷薄欲出的红日，那时历史的天空中已经云雾初开，霞光四射。随着敖汉人口增加，农耕文明发展，社会的礼仪和规范日渐完善，生产力水平进一步提升，用学界泰斗苏秉琦先生的话说，"文明的太阳"已经在敖汉冉冉升起。

那是一个早晨，也许是一个黄昏。什么时段并不重要，重要的是在一间制陶作坊里，一件杰作接近完成——一尊高度写实的雕塑神像。工匠年近不惑，隆起的剑眉下是一双黑白分明的眼睛。常年与泥巴打交道，他的双手骨节突出，双臂略一弯曲，肱二头肌便像两座小山包一样隆起。街市上人来人往，店铺、客栈和各种手工作坊星罗棋布。但在N个同样的制陶作坊中，他的技艺最为娴熟，因为他的模特竟然是不久前主持祭祀的巫者。此刻，巫已还原为王，正庄严的端坐在铺着兽皮的木台上。王的姿势是工匠确定的，王也乐意接受，因为他们都认为，截取的这个"片刻"最为传神、最有威仪。

工匠在完成最后一道工序——为陶人镶嵌眼睛。透过稀疏的树叶，阳光在地面上铺了一层碎金。微风一吹，碎金晃动，变换出不同的形状。本来，工匠可以用两颗美玉做眼球，但是为了更加逼真的还原巫者的神韵，他用了两粒陶制的球，以便与整尊陶人更加浑然一体。眼睛镶好后，陶人立即被赋予了灵性，如同一尾放归江河的鱼，扑棱棱游向生命的深处。王对工匠的技艺十分信任，他知道，这尊神像烧制后将有等同于他的身份与威望。王并不衰老，但是在缺医少药的远古，为了氏族部落平稳运行，及早预备一个"备胎"并非多虑。他仙逝后，后世王侍神时，这尊陶人将被敬作神，平日则会置身于为它专门建造的房间里，以先知先觉的化身听取人们商议大事。在先民的观念里，死者始终与生者同在，王生前为王，死后就成了神。工匠制作的这尊陶人，鼻孔、嘴、肚脐、耳朵都是通透的，为的是便于逝者的灵魂出入。

应该是一个秋天。萧萧远树疏林外，一半秋山带夕阳。匠人选择这样的日子为王制作神像，是因为这是烧制陶人的最佳季节，既没有盛夏的酷热，又没有冬日的寒冷，有利于陶人干燥，而干燥的过程直接关系到烧制效果。王起身整一整帽冠，走到泥塑前眯起眼睛端详了一阵儿，面露愉悦。他走出作坊，门外，挺拔的胡杨树上拴着一匹深褐色的蒙古马，筋骨适度、健硕精悍。王一翻身跃上马背，挽住缰绳双腿一夹，蒙古马昂起头一声嘶鸣，绝尘而去。工匠则对着王远去的背影长揖而拜，他是因为王认同自己的劳动心怀感激。个体之于历史似乎渺小，但渺小的个体却常常在历史的竹简上刻下深深的标识。显赫者被史书记载，卑微者为岁月尘封。工匠洗去手上的残泥时，绝对没有想到，五千多年后，他制作的这尊陶人将成为中华文明探源工程的重要收获，被炎黄子孙奉为共同的先祖祭拜。

同时期的陶人非此一尊。不过，只有它幸运的一路从远古走来昭告世人：中华文明在五千年前已经成型。陶人所具有的社会功能，标志着当时的社会管理规范而有效；陶人所体现出来的制作水平，又折射了当时生产力的发展水准。敖汉旗博物馆的考古人员为了体味先人制作陶人的情景，曾经费劲巴拉复制了一尊，但其神韵却远远不及出土的陶人，说明我们先人的艺术感受力已经达到了相当高的水准。田馆长告诉我们，连最为挑剔的西方学界也认同了这一点。这之前，他们曾经认为红山文化没有进入成熟的文明社会，理由就是还缺少艺术。没有艺术，谈何文明？"中华祖神"无疑是价无可估的艺术瑰宝，它的出土令西方学界一片哗然，中华五千年文明史确是名副其实了。

4

我有一个疑问："中华祖神"为什么会在敖汉出土呢？

田馆长笑而不语，他领我在博物馆参观。馆中陈列着敖汉出土的各种文物上千件，其中不乏国宝级文物。依次排开的展柜有如一条蜿蜒的长龙，跟在他身后，我仿佛走进了一条时空隧道。

老田在一排展柜前停下，说你仔细看这些出土玉器——

我知道，华夏文明因玉而始。远古时期，"巫以玉事神"；进入封建社会，"君子以德比玉"。作为重要文化载体的玉，见证了中华文明五千年的历史发展全程，儒家的仁、义、礼、智、信等传统理念，比附于玉物理化性能的各个特点，又使玉蕴含了深刻的中国传统哲学思想和人文理念。因此，季羡林先生认为，如果用一种物质代表中华文化，那便是玉。我素来敬玉，却不知道玉是红山文化的重要组成部分，在敖汉出土的各种精美玉器大都在八千年以前，敖汉原是中国玉文化的重要发源地。

此刻，这些出土的玉器就无声的躺在旗博物馆镶着玻璃的展柜里。

远古和现实，只隔着一道五毫米的玻璃。你把脸贴近展柜，玻璃会映出你的双眸。你敛声屏气，先民用简单工具打磨玉器的情景会一一浮现在眼前：他们长发披肩、腰系兽皮，或蹲或坐，神情专注地执于一念。冬雪秋风、春花夏雨，锲而不舍。一件件玉器制成了，其精美的程度简直让你疑为是天人之作。

五毫米——五千年，历史真是诡异。细想，长与短、动与静、真与伪、美与丑、大与小、冷与热，以至战争与和平、摧毁与构建，但凡事物的两极，其实常常存于一念。一念，刹那之间，二十念才为一瞬，时间的长度实在微不足道。但是无数个付之于行的一念，成就了五千年的中华文明史。合上，是一座厚重的大山；展开，是一幅感人的长卷。

展柜中有三条出土于五千多年前的玉猪龙，猪首龙身、雕刻精美。由此我想到龙。

龙是一种图腾。最初的龙应该是一个模糊概念，出于对自然界风雨雷电的恐惧与敬畏，远古的先民认为这一切应该由一个神秘的庞然大物所主宰。龙，隆的谐音。先民由自然界的隆隆雷声引发联想，便以"隆"称谓这个庞然大物，后来有了文字，即以龙名之。但龙是什么样子，没有人知道。远古的图腾会对应于自然界客观存在的动植物，古谚曰：猪乃龙象。猪与原始农业相伴相生，龙则是农业文明的产物和象征。玉猪龙出土，说明早在远古两者就有了某种渊源。而且，它的形态与商代甲骨文的龙字完全吻合，证实了玉猪龙是中华龙的本源，敖汉也是龙崇拜的最早发端地。

田馆长告诉我，兴隆洼文化遗址发掘的人猪合葬墓距今八千年，反映了敖汉先民对猪的图腾崇拜。同属于兴隆洼文化遗址范畴的兴隆沟遗址，还发现了由野猪的头骨和用石块与陶片摆放出来的S形躯体，距今也有八千年历史，被专家认为是最早龙的雏形。龙的起源与崇龙习俗的形成，在敖汉旗境内有相互衔接的考古实证资料。

言及与此，老田双眸发亮，笑道：刚才你问我为什么"中华祖神"会出土于敖汉？现在我可以回答你了，敖汉是蒙古语，翻译成汉语就是老大，它有各个不同时期的文化遗址四千多处，既是中国玉文化的发源地，又是龙文化最初的摇篮。而且在八千多年前，敖汉先民就已经开始了粟的培育与种植，开启了农耕文明的序幕。前推一万年，人类的繁衍生息没有断层、没有缺环，在同时期的文化遗址中极为罕见。"中华祖神"出土在这样厚重的土地上，不是顺理成章吗？

我频频点头。古老的敖汉就像有着仙风道骨的智者，一路击节而歌，展示着新石器文化的灿烂、青铜文化的辉煌以及契丹文化的绚丽。

要离开敖汉博物馆了，老田恭恭敬敬走到"中华祖神"面前，双手合十，深情祭拜。我心头一动，也依他的样子，默然肃立：

红丝绒底座，长方形玻璃罩，高55厘米、红陶烧制而成的"中华祖神"就端坐其中，它已经这样端坐了五千三百多年。一次次日出日落，一年年季节交替，历史湮没了多少鲜活的故事，岁月填平了多少记忆的鸿沟？旌旗变幻，在时光的叹息中，一顶顶皇冠落地；壮士悲歌，在先人的奋斗中，社会一步步前行。因为有了文明之光的烛照与引领，中华民族得以破茧成蝶、浴火重生。此时，春光明媚，蓝天高远，明亮的展厅被落地窗、大理石和各种豪华灯具装饰的尽显现代与时尚，作为中华五千年文明的历史见证，陶人又以残破黏合之身，让今天细细抚摸身上的每一寸肌肤，去解析人类繁衍生存的密码。

于是，我面向神秘的"中华祖神"深鞠一躬，并在心中默默祈祷：

——愿天佑中华，生生不息、万世永续！

原载于2016年12月2日《光明日报》

颐和殇：大清盛衰侧影

世界上有这样一座园林吗？几处楼台亭阁，上演过显赫王朝由盛而衰的历史；一湖盈盈碧水，倒映出苦难国度任人宰割的往昔。

有。出紫禁城西行20里，坐落着颐和园。

侧影（1）：盛世寿礼

如果没有为一位六旬老妇举办的生日派对，1751年初冬的那一天必将和无数个庸常的冬日一样，淹没在历史深处。

11月下旬的北京，落叶枯黄、北风乍起。然而，储满每一升空气中的欢乐与祥和却一扫冬日的萧瑟。只见街市上张灯结彩、人头攒动；鼓号声此起彼伏、不绝于耳，从西直门一直到高粱桥，剪彩为花、铺锦为屋的彩棚绵延十余里。每隔数十步还搭有一座戏台，各种地方戏粉墨登场，急管繁弦、锣鼓喧天，每每前场未歇、后部又起。因为担心交通堵塞、出现踩踏事件，庆典的组织者还对这段路实行了交通管制，规定只能徒步行走，不准轿马通行。

各省官员为老寿星供奉的寿礼花样繁多，令人目不暇接：广东进献的翡翠亭高三丈、宽二丈，全是用孔雀的尾翎制作的，"一亭不啻万眼"；湖北进献的是武昌名胜黄鹤楼的克隆版，整座楼阁的搭建，没用一砖一木，一水儿五色玻璃瓦砌成，阳光照射下可辉映数里；浙江进献的镜湖亭是把一个直径两丈的大圆镜镶嵌在藻井上，四周用数万枚小圆镜砌成墙垣，小圆镜层层叠叠，呈鱼鳞状，人入其中，"身可化百亿"。

孝子贤孙们供奉的各种祝寿礼品，更是琳琅满目、美不胜收。

派对的女主人是孝圣宪皇太后。她的儿子乾隆皇帝号称以"天下养一人"，举办如此奢华的派对既是践行以仁孝治国的执政理念，又可以借此展示一下大清富甲天下的盛世风采，有什么不可以吗？其实，与街市上的张灯结彩、各地官员和王公贵戚进奉的奇珍异宝相比，乾隆皇帝为母亲60岁生日献上的寿礼才是最不寻常的。乾隆长在圆明园、畅春园、避暑山庄，从小知道祖父康熙垂青江南名园，因而对江南的烟雨风情也无限想往，曾令人专程查访、图画。恰逢母亲60寿辰，他决定建造一座集江南灵秀于一身的园林做为寿礼，让母亲不出北京就能享受到江南之美。

这想法一经产生，便如同乾隆脑后的那根辫子一样摆脱不了了。他在京城以西的瓮山圈了一块地，因为此处山水"宛然江南风景"，有诗为证：十里青山行画里，双飞白鸟似江南。一个薄雾初散的早晨，这座开始被称为清漪园的工程正式启动。之前，自称"山水之乐不能忘于怀"的乾隆因为腰包儿有钱，刚刚扩建了北京西北郊的畅春园、圆明园、静明园、静宜园，信誓旦旦表示绝不再"重费民力以创建苑囿"，话音未落立马打脸的事总有点不好意思，所以，他为清漪园的修建打了一个"治水"、"操练水军"的幌子，称是因为有了湖山之胜，才在其间点缀了一些楼台亭阁。不过，这话乾隆自己也觉得不太靠谱，解嘲道："虽云治水，谁其信之？"

经过一年多赶修，清漪园初具规模；万寿山、昆明湖、大报恩延寿寺等主体建筑也基本竣工。做为敬献给皇太后的生日寿礼，乾隆肯定搀扶着母亲来到过这座奢华的皇家园林，在总管太监和御前侍卫的引领护卫下，沿着红地毯铺就的山路一阶阶攀向万寿山顶峰。

那一刻，旌旗翻卷，鼓号低鸣，禁卫军银甲金盔，肃然而立；王公大臣们身着花缎蟒袍的礼服跪拜于路旁，称颂之语不绝于耳。大报恩寺的祈福诵经声嗡嗡作响，像是无数只蜜蜂在天际萦绕。五十四名由雍和宫派出的喇嘛端坐于寺庙正殿，身着长齐脚面的紫红僧裙，外披紫红色袈裟，双手合十、闭目念诵《无量寿佛经》，虔诚的为皇太后增福添寿。昆明湖的水面上有水鸟嬉戏；万寿山的天际处有苍鹰盘旋。一阵微风吹过，几片枯叶飘落在红毯上，有小太监忙不迭拾起后低首垂立于路边。

云蒸霞蔚之际，乾隆母子登上万寿山。站在佛香阁前，但见烟波浩渺、碧水蓝天，昆明湖成一巨大桃形横亘于天地间。联想到万寿山、大报恩延寿寺，祈福祝寿的寓意不言自明。当老妈得知这一切的策划均来自儿子，而这座美轮美奂的皇家园林就是他奉上的60大寿生日贺礼时，心中的激动可想而知。

在母亲祥和、慈爱的目光注视下，儿子极目远眺，一副志得意满的神态。

乾隆有理由顾盼自雄。他自1735年登基，承康熙、雍正两朝70余年昇平，宵衣旰食、励精求治。平定准噶尔后江山一统，"盛世"就成了大清帝国各种文件中出现频率最高的词。国家也确实财力雄厚，当之无愧第一强国，CDP占比世界三分之一。在全球制造业中，大清所占的份额是当时英国的8倍、俄国的6倍、日本的9倍，更是甩了刚刚建国的美利坚不知几条街；由于经济总量巨大，乾隆朝的财政储备令人瞠目，康熙年间国库存银最高不超过5000万两，雍正年间稍多一点，有六千多万两，到了乾隆当政的时候最高竟至8000万两；版图比明朝扩大一倍，达到了一千四百五十三万平方公里，而且对纳入大清版图的地域派官设衙，皆有行政制约能力；人口数量近3亿，为历朝历代所不及。"通泽四方，举踵来王，近郊诸邦，皆为属国"并不是吹牛皮，难怪乾隆会以皇帝中的"一哥"自诩，情不自禁地自我表扬："得国之正，扩土之广，臣服之普，民庶之安，罕与伦比。"

也是巧，把清漪园做为皇太后寿礼前，英国举行过一场为世界瞩目的隆重葬礼。成千上万的普通市民涌上街头为逝者祈祷，两位公爵、三位伯爵和一位大法官为逝者抬棺，王公大臣和文人学士一起向逝者鞠躬告别。在教堂合唱的哀歌中，逝者被安葬在威斯敏斯特大教堂，这里是王公贵族的墓地，逝者成为第一个安葬在此的普通人。这位哀荣殊重的人就是科学家牛顿。无独有偶。半个世纪后的一天，《国富论》的作者亚当·斯密走进了一位公爵的客厅。客厅里的王公贵族和商界巨贾，几乎掌握了英国经济的全部命脉，时任英国首相皮特也在其中。见到斯密，原本散坐四处、谈笑风生的绅士们立即中止了话题，把眼光一起投向他，并纷纷起立向他致意。斯密有点不好意思："先生们，请坐。"这时候，已经站在斯密身边的首相皮特认真地说："博士，您不坐，我们是不会坐下的，哪有学生不为老师让座的呢？"

而这个时候的乾隆，已经把他的帝国统治的如铁桶一般。所到之处，无论王公大臣还是富商巨儒，皆俯首帖耳、不敢仰视天颜；唯唯诺诺，自称奴才和草民。

乾隆是幸运的。他在25岁的锦绣年华登基，即未涉祖父康熙幼年继位便面临刀光剑影的险境，又没有父亲雍正中年继承大统就陷入重重危机的困顿。他是在花团锦簇当中接过的权杖，隐忧和暗礁已经被父亲默默消除，江山和基业也被祖父和父亲打理停当，加上他天资聪慧、勤勉敬业，大清朝在他执政的前期如日中天。乾隆又是不幸的。如果他出生在汉唐，应该无愧于伟大两个字，因为那时候，野蛮和贫困如野火一样在世界漫延，乾隆取得的业绩足以一骑绝尘。而乾隆出生前，世界已经进入了全球化时代，他在位的60年，正好经历了英国产业革命全过程。物质财富似火山喷发，政治文明亦如暗室逢灯。乾隆十三年，孟德斯鸠发表了《论法的精神》。这是一部关于法律和政治的里程碑式巨著，它突破"君权神授"观点，对封建专制进行了严肃批判，认为人民应该享有政治和宗教自由。同年，苏州奸商屯粮抬价，布衣顾饶年代民请愿，请求官府出手抑制粮价，以保证贫民生计。为了表示对大清的恭顺，他"自缚双臂"，居然被捕入狱。老百姓到官府要求放人竟遭到无理弹压，一下将39人下狱。乾隆只因奏折中有"聚众"二字便大为惊悚，下旨凡此类事件一律"立即正法"，顾饶年因此被活活打死在苏州知府堂上。三年后，山西一个腐儒敬献诗联，祝贺皇太后寿诞，"不过尽我小民之心，欲讨皇上喜欢。"并在诗联后发了一段议论，多为歌功颂德之语，不料乾隆命令地方官：立毙杖下。开了清朝献文献策者处以死刑的先例，理由是：俾愚众知所炯戒。乾隆五十四年，法国爆发资产阶级大革命，发表《人权宣言》，提出"主权在民"原则；莫斯科大学、美国科学院、哥伦比亚大学先后成立，数学、医学、物理学和化学为人们打开了一扇扇认识世界的窗口；乾隆却把排斥自然科学、以封建伦理纲常为主要考试内容的科举制度推向极致。乾隆六十年的会试中出现了如下奇观：青衣布衫的曾孙打着"百岁观场"的红灯笼，为银须白发、颤颤巍巍的太爷爷引路参试，这些一步三晃儿的耄耋老人只要走完会试的全过程，就会得到赏赐。尽管早有人上书，指出"科举之制，积弊日深。应将考试条款改移更张，别思所以遴拔真才实学之道"，志得意满的皇帝却没听劝。他曾在不经意间透露玄机，科举制度并非只是为了选拔人才，而是为了让读书人一辈子为博取功名皓首穷经，不与朝廷作对。这之后，乾隆70岁生日时自称"古稀皇帝"；另一位尹氏老人也以"古稀老人"自号，立马被判了"绞立决"，罪名是僭越。呸，你是什么东西，也敢自称古稀！本来要凌迟处死、祸及满门，还是乾隆发了慈悲，赏了他一根上吊绳。1796年、1797年，在中国的太和殿和美国的众议院大厅，分别举行了两场有关权力交接的仪式，前者奢华并高调，后者简朴而务实，主角分别是乾隆和华盛顿。

听上去，两个名字根本不在一个频道：一位封建专制的卫道士，一位现代民主的开启者。然而，他们真真切切生活在同一时间段。为了践行在位时间不超过祖父的承诺，前者很不情愿的把皇位传给儿子永颙；后者则拒绝担任第三任总统，回家去酿酒了。华盛顿辞职，为民主留下的是路标；无奈禅让的乾隆则又一次为封建专制做出了诠释。

说起来，乾隆个人的德行是不错的，见百姓受苦他会落泪，在位时曾几次减免全国钱粮，且数额甚巨。他任职期间常常出现如下奇观：皇帝枯坐宫中，苦等大臣不到，当值太监不得不一趟趟走出大殿张望，好一会儿，王公大臣们才一个个急火火赶来。不是乾隆朝的大臣傲慢或者懒惰，他们哪敢？实在是皇帝起得太早了。每天东方稍显曙光，皇帝已在紫禁城的龙椅上候着了。如果他在颐和园召见群臣议事，大臣们子时未至就要坐上马车颠颠儿往园子里赶，在乾隆手下做官实在是个苦差事。论勤政爱民，乾隆当之无愧，不过他有一条底线绝对不容触碰：皇权至上。他是有名的孝子，母亲60大寿不惜以清漪园做为寿礼，但绝对不允许皇太后染指朝政。在位60年，乾隆以文字罪人高达130多次，为清朝历届皇帝之冠。为了皇权枉杀几个小民以示震慑，这么一点执政成本他根本不在乎。

"何处燕山最畅情，无双风月属昆明"。一生最爱清漪园的乾隆皇帝，多少次往返于紫禁城的乾清宫和清漪园的勤政殿已经史无可考，但我猜想，夏踏落英、秋赏红叶，他一定N次漫步在昆明湖畔，徜徉于万寿山间。琼楼玉宇，和天朝上国的自我感觉正好相符；人间仙境，与十全老人的人生定位十分契合。登高远眺、把酒临风，乾隆皇帝对"蛮夷之国"不屑一顾，他们的使节觐见必须行三叩九拜大礼。

乾隆80寿辰，英国以兵舰做为大使礼船，扣响了东方巨人的国门。那时的英国已今非昔比，它先是击败西班牙无敌舰队，其后在人类历史上率先建立了三权分立的政治体制，国力飞速崛起，接连打败了荷兰、法国、印度和加拿大，并将美国变成殖民地。小小的英伦三岛，开始号称"日不落帝国"。他们以祝寿为名来一探天朝虚实，他们觉得，大英帝国已经有资格与神秘的东方大国分享世界的荣耀。但是一踏上中国土地，他们发现这个传说中"遍地黄金的国度"名不符实，老百姓面黄肌瘦、畏官如虎，生活得即不富足也没有尊严。可笑的是，乾隆把这个强大的帝国等同于周边的藩属之邦，认为也是摄于大清天威专程来北京进贡称臣。也不能全怪他孤陋寡闻，因为翻译为讨得皇帝欢心，把英国的国书译的极为恭顺，甚至自作主张，让英国女皇在国书中高呼中国"大皇帝万万岁"。藩属之国的使节来觐见天朝上国大皇帝，自然要行三跪九叩之礼了。乾隆和他的大臣们没有想到这个本来顺理成章的程序，刚一通知英国使节就炸了窝。太奇葩了，难道我们历时九个月，航行几万里，风尘仆仆一路来到中国，就是为了给中国皇帝磕个头吗？由于英国使团态度强硬，清政府只得让步：面见乾隆时可以行单膝跪地礼。不过，带来丰盛贺礼的英国使团随后受到了报应，接待档次大幅下降，经常被中国官员甩脸子，有时候甚至连饭也吃不饱。后来的火烧圆明园和八国联军攻入北京，算是为他们找回了面子。

执政后期的乾隆闭关锁国、喜谀恶谏、昏庸自大、纲纪松弛，政治腐败如同细菌遇到了合适的温度，在皇帝眼皮子底下像吹糖人一样膨胀起来。从政治纪律严明到贪腐无孔不入仅仅用了十几年，乾隆留下的盛世已经千疮百孔了。在乾隆"十全武功""十全老人"的自我陶醉中，被蔚蓝色海水分割在地球另一端的诸多"蛮夷之国"，正在进行着一场风生水起的工业革命。时代如同一列隆隆驶过的火车，已经在把牛逼哄哄的大清甩在了身后。

乾隆苦心营造的天朝繁华，注定将是清漪园的一地落英。

侧影（2）：秋天里的一把火

秋风瑟瑟、枫叶飘红，京城的天空已经有了南飞的雁阵。清漪园却仍然如刚出浴的江南女子，玉肌冰骨、红飞翠舞。昆明湖半池荷花秀，乐寿堂满庭牡丹香。林瑟瑟，水冷冷，溪风群籁动，山鸟一声鸣。

像往常一样，清漪园总管大臣款步来到办公室，端起下属沏好的香茗，掀开杯盖吹了吹浮在表面的茶叶，轻轻抿了一口。他尽量在同僚面前不失威仪，但是因为手在微微颤抖，放下杯子时还是有茶水溢出。这些日子传来的都是坏消息：僧格林沁王爷的精锐之师与英法联军在八里桥开战，据说已溃不成军；咸丰说是秋狝木兰，其实是避难，已经从紫禁城逃往了热河行宫；上万名大鼻子、蓝眼睛的联军士兵正气势汹汹杀来，扬言要火烧圆明园。

"报……报，大人！"一个身佩腰刀的护卫急匆匆跑进来，单膝跪地："不好了，大人！圆明园方向火光冲天、乌云蔽日，洋兵列队举着火把，正逼近清漪园！"

总管大臣闻言一惊，回身从挂在墙上的剑匣里抽出宝剑，对众人吼一声："迎敌！"

这是1860年10月下旬的一天，距乾隆薨逝过去了60年，中间隔了嘉庆、道光两朝。清漪园风光依旧，大清朝已经走进危机四伏的多事之秋。

清漪园被焚，要追溯到英国对中国的鸦片输入。尽管最初鸦片流入就为中国皇室所不容，但由于利润空间巨大，依然呈越演越烈之势。雍正时期，每年鸦片走私不过200箱，乾隆年间达到1000箱，嘉庆年间4000箱，到了道光、咸丰年间已突破

3万箱。鸦片贸易带给英国政府的利益和利润实在太重要了，他们在印度种植鸦片，然后把鸦片贩运到中国去卖，用卖鸦片的钱购买中国的茶叶运回国内，英国人泡茶之前要交一笔税。鸦片贸易不仅可以帮助英国政府控制印度，还可以帮助他们用这笔巨额税收来发展帝国海军。没有强大的海军，就没有十九世纪的大英帝国，就无法维持它在亚洲乃至全球的扩张。

1840年鸦片战争，英国炮舰已经让清朝政府尝到了怠慢英国使节的苦果。战败后中国与英国政府签订了丧权辱国的《南京条约》。其后12年，英国政府为了进一步扩大在华既得利益，又向清政府提出修约要求。和尚摸得，我就摸不得？——英国可以修约，美国、法国、俄国也趁机要求修改和中国签订的条约，以获取更多利益。由于英国的修约内容已经触碰了清政府的心理底线，连鸦片贸易都要求合法化，咸丰皇帝觉得太没面子了，一怒之下严词拒绝。这之后，英法一再寻衅滋事，先是用武力占领了广州，扶持了一个地方傀儡政府；又于1858年3月，将炮舰直接开到天津大沽口外要求修约，被拒后攻陷大沽炮台，迫使清政府签订颜面尽失的中英、中法、中俄、中美《天津条约》。

咸丰皇帝看过太监呈上的条约样本，真是揣着黄连敲门——苦到家了。他怒不可遏又无可奈何，突然想起了在道光朝主持签订《南京条约》的耆英，一道圣旨将其赐死，算是稍微舒缓了一下心中的郁闷。第二年5月，英法借口换约，又将军舰轻车熟路地开到大沽口，因为轻敌被清守军重创。咸丰闻讯大喜过望，尽毁《天津条约》，朝廷上下也一片欢呼雀跃。他们哪里料到，英法汲取轻敌的教训，转年一举攻占了天津。咸丰皇帝傻眼了，急忙派大学士桂良、直隶总督恒福为钦差大臣赴天津谈判，接受了英法提出的天津开埠、赔款等各项要求。为了争回点面子，咸丰提出先退兵、后定约，也被英法联军怼了回来，继续向通州进兵。怡亲王载垣、兵部尚书穆荫，奉旨屁颠屁颠跑到通州与联军议和。

　　通州八里桥清军大帐。英法谈判代表巴夏礼等人正和中国皇帝派来的钦差大臣、清军将领谈判。时值盛夏，大帐里暑热难耐，为了不失天朝威仪，清朝的文官武将尽管四脖子汗流，依然正襟危坐、衣着肃整。虽然屡战屡败，不断签订城下之约，但蛮夷与天朝毕竟不在一个层面。英法的代表要随意和放松很多，他们摘下礼帽、松开领结，还不时用带着香味的手帕扇来缕缕微风。他们在抱怨天气的闷热时，也会耸耸肩、摊开手，相互之间开上一两个不咸不淡的玩笑。对中方代表的诚意他们是认同的，因为提所要求，清朝钦差几乎全盘接受；唯独在一个他们认为匪夷所思的细节上，双方又卡了壳儿。这已经不是第一次了，当年英国派使团参加乾隆皇帝的80寿辰，就因此闹得很不愉快。

　　巴夏礼双手摊在桌子上，用右手的食指轻轻敲击着桌面："尊敬的亲王阁下，为了表示诚意，我们必须要向贵国皇帝亲自递交国书！"

　　载垣手一抖，打开扇子，然后转动了一下脖腔上肥硕的头颅："我看，没必要戴斗笠打伞——多此一举了，和约的条款已然议妥，你们可以打道回府了。"

　　"NO，NO，NO"，巴夏礼连连摆手："我们必须要觐见贵国皇帝，这既是表达诚意，也是为了以示郑重，请亲王阁下尊重我们的要求，并安排觐见的时间和地点。"

　　穆荫有些不耐烦了，他双手抱拳侧举过头："你们非要面见我大清皇帝，行啊。但是必须要行三拜九叩的大礼！"

　　"三拜九叩？"巴夏礼叨咕了一句，扭脸向他的同伴眨眨眼睛，一副很懵逼的表情。

　　"对，三拜九叩，这是臣子觐见君王的礼数，少磕一个头也不行！"载垣双眉一锁："这之前还要由礼部领你们演示，省得到时出了岔子，你我都担待不起！"

　　巴夏礼自然不肯以臣子之礼觐见中国皇上，这有损得胜之军的使节尊严，也与人权理念相悖，他试图说服清朝官员，几番较量下来，发现无异于对夏虫以言冰。在割地、赔款等有损国体的事情上一味委曲求全的中国长辫子官员，在这个问题上表现出了高度的原则性，王八咬手指——死不松口。虽然清廷已经被打得满地找牙了，但是你觐见吾皇时只要行了三叩九拜大礼，就等于臣服于我朝，阿Q的精神胜利法原来早已有之。巴夏礼看出了对手的小心思，他觉得极其可笑，原来对手并不特别在意战场上的胜负，更注重谈判桌上的心理满足。他坚持不给清朝官员这一份虚荣，你来我往之间，惹恼了已得到皇帝旨意的僧格林沁王爷，他一拍桌子，大吼一声："来呀，给我绑了这群王八羔子！"

　　后面的情节并不曲折。联军兴兵讨伐，清军屡战屡败。皇帝带着后妃逃亡热河行宫，在京主持善后的"背锅侠"恭亲王奕䜣急忙放人。只不过当时抓回来关在圆明园的39人中，21人已死于非命，有的还被丢到荒野喂了狗，连尸首都找不到了。侥幸活命的使节一番哭诉，彻底激怒了联军统帅，他们表示要对这个自以为是、出尔反尔的清政府进行惩罚。

　　于是出现了本节开头的一幕。圆明园、清漪园等皇家园林被洗劫一空，付之一炬。

　　英法联军在清漪园等著名皇家园林杀人放火、掠夺抢劫。本来，这对于一个国家的统治集团是极其栽面儿的事儿。奇葩的是，清廷被外夷痛殴之后，反倒变得驯服乖巧起来。似乎将凝聚了中国建筑文化无穷智慧的圆明园、清漪园付之一炬的大火未曾点燃，为守园而投湖、被杀的大臣、士兵和太监也不曾存在，众多被凌辱的宫女和整车被运走的奇珍异宝就更是无足轻重了。面对趾高气扬的英法联军最高军事长官，留守京城主持妥协事宜的恭亲王奕䜣，温恭自虚、谦逊有礼。因为他觉得洋人十分可爱，他们完全有能力占领北京、天津，甚至一把火将紫禁城也化作一片废墟，但是他们没有这样做，而是以得胜之师与战败之国握手言和。英法还表示，愿意把军事占领三年多的广州城交还清廷，这是何等的绅士风度？事实足以说明，这些外夷"内则志在通商，外则力争体面，如果待以优礼，似觉渐形驯顺"。他们绝非为争城夺地而来，根本就没有打算推翻清朝皇帝。

恭亲王奕䜣的这个判断确实不错。英法联军并不是没有打过一把火烧了紫禁城的算盘，但是经过认真的协商与讨论，两国指挥官意见趋于一致：如果烧了故宫，就等于和清政府彻底撕破了脸，这个政府虽然二货，但是还要靠他们获取在华利益。尽管对外他们非常窝囊，在与西方列强的角逐中很少占到便宜；但是耗子扛枪窝里横，对内整治乱民还是很有一套的。况且，这场因鸦片输入引发的不义之战，在国会并没有得到压倒多数的支持，这在某种程度上也束缚了他们的手脚。决定对清廷实施报复前，英法联军满北京城张贴了不少小广告，宣告其火烧圆明园的"宗旨"："任何人——哪怕地位再高——犯下欺诈和暴行以后，都不能逃脱责任和惩罚：圆明园将于18日被烧毁，作为对中国皇帝背信弃义的惩罚；只有清帝国政府应该对此负责，与暴行无关的百姓不必担心受到伤害。"

不过，他们没有信守承诺，不但烧了圆明园，还将乾隆钟爱的清漪园也付之一炬。

以区区一万余众，敢于孤军深入有数万守军和数十万老百姓的皇皇京城，言语不通、地形不熟、后勤补给困难，说他们胆儿肥那是瞎话，他们的勇气源于对中国国情的了解。他们知道，中国的老百姓和统治者没有共同的利益诉求。当时的大清子民看到告示后，根本没有愤怒和同仇敌忾，反而在眉宇间流露出吃瓜群众特有的好奇和看热闹不怕事大的麻木心理。英法联军一路长驱直入，最大的战事是在八里桥以六千之众和僧格林沁的清军精锐接火儿，结果清军望风而逃，根本不堪一击。以至连英法联军的士兵都觉得仗打得十分无趣，给人做梦一样的感觉，因为"我们光打死敌人，自己却几乎毫发无损。"

据说刚开始烧园子时，英法士兵还是很讲秩序的。珍宝分类、交割有序，洗劫有条不紊地进行。可是突然涌来了一些想趁乱捡点洋落的中国老百姓，他们竖起梯子，翻墙而入，赶也赶不赢、轰也轰不走。联军指挥官一看，得了，烧吧！那些脑后拖着长辫翻墙进入园子的人一听要放火，一个个高兴得像过年一样，踊跃贡献出了火石、火镰、火线等专业放火装备，并迅速收集了麦秆等助燃物，侵略者一声令下，美轮美奂的圆明园、清漪园、畅春园、静安园等著名皇家园林便陷入了一片熊熊大火之中。

这个藏匿于历史皱褶中的细节正史无考。即便如此，也丝毫不能减轻侵略者罪责。毋庸置疑，以鸦片输入为起因的这场战争，绝非传播人类文明的正义之举。他们焚毁的仅仅是几座供清朝皇室游乐的山水园林吗？不。圆明园中西合璧，被誉为"万园之园"，它既彰显了中国古建筑的帝王之气，又融入了欧式建筑的典雅与高贵。建成后世人就把这个令人叹为观止的建筑杰作，与希腊的帕特农神殿、埃及的金字塔和罗马斗兽场相提并论。1815年，威名赫赫的威灵顿公爵率联军在滑铁卢大败拿破仑，占领巴黎后并没有下令焚烧凡尔赛宫；英国在19世纪中叶吞并印度，镶满宝石、恍若仙境的泰姬陵也依然保留了它姣好的容颜。可是1860年秋天里的那一把火，却把无法复制的人类建筑史上这一杰作，化作了东方大地上的缕缕黑烟。

探究火烧圆明园、清漪园的起因，表层说法是因为清政府虐待人质。当然，清廷为觐见皇帝礼仪，就扣押人质、加害来使，无疑反映了这个腐朽王朝的愚昧与残暴。一味盘剥百姓，只顾自己骄奢淫逸而蔑视芸芸众生的朝廷，也很难指望人民与它休戚与共。不过，人质问题只是一个引爆点。以几千人的兵力和有几亿人口的中国在主场交锋，联军明白，耗时越长变数越多。从英国本土到达广州要四个月，即便从印度发兵也要一个月，他们根本就不可能劳师远征、长期作战，后勤补给

线实在太长了。而且，北京日趋寒冷，洋兵担心水土不服，也
是急于结束这场战争的诱因。火烧圆明园，是为了迫使清政府
尽快投降。事实上，这一把火也确实达到了预期目的：咸丰闻
知圆明园等皇家园林被付之一炬，痛哭不已；清廷整个高层惊
恐万状。大火烧后第6天，就换来了一纸割地赔款的《北京条
约》。清廷官员和英法代表在礼部大堂签约时，北京西北部的
天空浓烟未散，甚至还可以嗅到树木烧焦后刺鼻的味道。

　　雨果认为，把欧洲所有大教堂的财宝加在一起，也许还
抵不上东方这座了不起的富丽堂皇的博物馆，它是在欧洲文明
的地平线上，可以瞥见亚洲文明的剪影。它不是为哪个人而建
造，岁月创造的一切都将属于人类。闻知圆明园被洗劫焚烧，
雨果怒不可遏，在《致巴特勒上尉的信》中痛斥：有一天，两
个来自欧洲的强盗闯进了圆明园。一个强盗洗劫财物，另一个
强盗在放火。一个叫法兰西，另一个叫英吉利！

　　此刻，我就站在颐和园的一株参天古树下。在那场被雨果
所痛斥的纵火中，它劫后余生，至今树干上还留有烈焰焚烧后
的疤痕。1860年10月18日下午2点，这里曾是一片火海，英国
随军记者沃格曼在当天发回国内的报道中描述道："最引人注
目的是那个建在高处俯瞰全园的高大楼阁，它耸立在高高的花
岗石台阶之上，四周被熊熊的烈焰所包围，看上去就像是某个
处于火海之中的巨型祭坛。"大火过后，万寿山上的佛香阁荡

然无存，大报恩寺和所有木质结构的建筑也全部被烧成灰烬，遍地瓦砾、一片狼藉。

望着古树上的疤痕我想，在时间的长河中，酷热与严寒有时仅仅隔着一场秋雨。没有制度的保证，只凭人君素质，历史就存在了太多变数；失去民心又不能自省，固执地以为皇权天赋，孤行己见、器小易盈，离垮台也就不远了。从励精图治、开拓疆宇、四征不庭、揆文奋武的"康乾盛世"，到鸦片战争、南京签约、联军入京、帝后出逃的"道咸衰世"，中间只不过隔了几十年。就在清漪园等皇家园林陷于一片火海，守园的大臣和不堪被辱的太监、宫女投湖殉国时，因为害怕洋人，拒不回銮的咸丰皇帝正携嫔妃于热河行宫，日日金杯买醉，天天纵情声色，试图以此来麻痹自己。琴瑟笛箫吹奏出的哪里是什么歌舞升平，分明是大清朝的亡国之音。

丧钟已经敲响了，离下葬的日子还会远吗？

侧影（3）：一个寡居的女人

玉泉悲咽昆明塞，唯有铜犀守荆棘。
青芝岫里狐夜啼，绣漪桥下鱼空泣。

付之一炬的清漪园像一位满目疮痍、披头散发的怨妇，在时光的长河中掩面而泣。掠过昆明湖面的冬日寒风，是它哽咽的哭声；垂落万寿山前的夏季阴雨，是它不尽的泪水。

这里曾是一座多么富丽堂皇的皇家园林！前后历时15年、耗银438万两，乾隆亲下江南实地考察并领衔首席设计师的清漪园，集江南万千灵秀与一身、融中华建筑智慧于一炉，堪称世界园林的经典之作。被焚后除了石碑、石狮、铜牛和砖石建筑的智慧海、宝云阁外，只留下万寿山前的几株枯树和昆明湖畔十一间半残破的长廊。

没有人能体会清漪园心中的苦楚。

清宫王府，丝竹依旧、歌舞照常。

终于有一天，历史如同一位蹒跚的老人，来到凄风苦雨的清漪园旧址。站在万寿山前，它凝神静思、良久无言，为开始走下坡路的清王朝留下了一个一洗前耻的机遇：清政府与英法媾和后，太平天国首都天京也于1864年8月被曾国藩的湘军攻陷。由此，大清朝有了一段政治上相对平静的稳定期，可以励精图治、改过自新。

不幸的是，这时候占据大清权力中枢的决策者是一个27岁的守寡女人。

时下，随着国学热兴起，曾国藩被捧上神坛，成了儒家学说的完美圣人。他主张敬以持躬、恕以待人，其修身精要就是勤谦敬恕，在遗嘱中他这样表明心曲："善莫大于恕"。可就是这样一位宽恕的"仁者"，在攻陷太平天国首都天京后，杀人如麻、血流漂杵。在他写给皇帝的奏折中表功说："三日之间，毙贼共十余万人，秦淮长河，尸首如麻。此次金陵破城，十余万贼，无一降者，至聚众自焚而不悔，实为古今罕见之剧寇。"为什么太平军不降？因为曾国藩下手太狠。不降，杀；降亦杀。他的幕僚赵烈文在日记中记述了当时惨状："沿街死尸十之九皆老者。其幼孩未满二三岁者亦被戮以为戏，匍匐道上。妇女四十岁以下者一人俱无，老者负伤或十余刀、数十刀，哀号之声达于四方。"他估计南京屠城，湘军的刀下之鬼至少应该有二、三十万。

何以大开杀戒？曾国藩坦言："使民之畏我远于畏贼"。

这个曾国藩杀"发逆"于疆场，挽大清于既倒，南京屠城后，兵强马壮，东南半壁尽在掌中。为了避免朝廷忌惮，他主动让战场上功勋卓著的兄弟曾国荃回乡赋闲，裁撤了一手创建的湘军，并真诚表明心迹：倚天看海花无数，高山流水心自知，对大清可谓忠贞不贰。通过辛丑政变走上权利峰巅的慈禧对他也确实不薄，加封其为太子太保，并赏戴双眼花翎，一时权高位重，如日中天。在其后的政治平静期，曾氏为报知遇之恩，不遗余力的辅佐慈禧，想为日薄西山的大清带来中兴气象，与左宗棠、李鸿章、张之洞并称"同治中兴"四大名臣。但是他心里明镜儿一样，自己可以救大清于一时，却根本无法阻止这辆已经吱吱作响的破马车滑向万劫不复。他很赏识赵烈文的才学与胆识，与其交往甚厚、无话不谈。两人一次在营中闲聊，曾国藩问大清还有多长气数？赵烈文或许是亲眼目睹了杀戮的惨烈，看到了清廷的腐败、专制、凶残和守旧，伸出一个手掌，回答了三个字：五十年。曾国藩闻言神色黯然，他从心里不愿意相信赵烈文的预判。1867年，曾国藩被任命为直隶总督，第一次见到了慈禧、同治和恭亲王奕䜣，几天之内四次受到慈禧召见，有机会近距离观察清王朝的最高决策层。回到寓所后他与友人拂须而叹："两宫才地平常，见面无一要语；皇上冲龄，亦无从测之。时局尽在军机恭邸、文、宝数人，权过人主。恭邸极聪明，而晃荡不能立足。"在说完"甚可忧耳"之后，他终于相信了赵烈文的话。

曾国藩功在大清，对于皇权从无半点觊觎之心。这番话，绝非清流看客的物议高论，实在是对主子哀其不幸的忧患之言。如果他知道，这之后要由"才地平常"的西太后乾纲独断，大清国运皆系于一个偏执女人的喜怒哀乐，不知会作何感想？

那么，这个通过辛酉政变成为清廷最高决策者的慈禧是个什么人呢？

我们知道，努尔哈赤和叶赫部曾是满族不同的分支。叶赫部被努尔哈赤所灭，据说叶赫部首领死前留下的最后一句话是：我叶赫部的子孙就算只剩下一个女人，也要灭掉建州女真。于是努尔哈赤规定：后代子孙绝不选叶赫那拉的女子为妃。传言史考无据，但努尔哈赤打下的江山曾经旁落于一个小名叫杏儿的叶赫氏女人，却是不争的事实。

杏儿属镶蓝旗，父亲惠征任过道台。长相端庄、声音甜美的杏儿入宫当年即被赐号兰贵人，说明咸丰皇帝对她情有所钟。作为皇家的夏宫，清漪园的硬件、软件丝毫不逊色于紫禁城，但规矩和礼数比城里的皇宫少很多。比如皇上在紫禁城雨露均沾，敬事房会有详细记录，在夏宫就不用敬事房的太监每天跪着请皇上翻牌子了，这也是清朝皇帝热衷修建皇家园林，愿意在紫禁城外处理政事的一个潜在原因。杏儿文化不高却极有心计，她凭借自己的姿色和聪慧，一步步取得咸丰宠幸后，就不再满足于和青年皇帝沉溺于清漪园的花前月下、枕畔窗前；咸丰在勤政殿批阅奏章时，她会铺纸研墨、端茶递水，还会在皇帝累了时候唱上一支小曲。当然，如果皇上允许，她也会就臣子所奏之事发表几句看法。也许就是在那个时候，杏儿的心里播下了痴迷权力的种子。进入大清决策层后，她极注重学习，曾命南书房、上书房师傅编纂《治平宝鉴》，作为两宫太后的教科书；还让帝师翁同龢定期进讲，以熟悉国事处理程序和基本常识。那时候，慈禧还做不到乾纲独断，会受到慈安太后和恭亲王奕䜣等皇室贵胄掣肘。同治中兴，是她长达半个世纪专制统治的一次热身，投身权力游戏的一次试水。

同治新政的总设计师实际是恭亲王奕䜣。奕䜣的文韬武略远胜于四哥咸丰，但是阳错阴差没有能坐上大清龙椅。咸丰在热河行宫死后，他的儿子同治在清朝历代皇帝中最不靠谱。六岁丧父，两宫皇后醉心于政治，缺少管束的同治就像一棵疯长的歪脖树，一切由着性儿来。为文难以成篇，做诗不忍卒读，知识储备严重不足，以至亲政后都看不了奏折。学识、格局、眼界远在咸丰、同治父子之上的奕䜣以议政王的身份重用汉臣、推进改革，使同治年间确实出现过中兴苗头：成立总理衙门、设立同文馆、办新式学校、派人出洋、办厂开矿、修建铁路，在技术层面向西方学习。他是洋务运动的实际首领、中国近代外交和工业的奠基者。由于风头太劲，引起慈禧忌惮，而奕䜣偏偏又是一个有性格的人。一次，慈禧派太监往娘家送东西，敬事房没有向守门护军传旨，护军不准其出。慈禧得知后大怒，要廷杖值班护军。奕䜣反对："廷杖乃前朝虐政，不可效法。"廷杖确实残忍，强壮者勉强支撑七八十下，体弱者三四十下即可毙命；侥幸未死，也要割去败肉若干，调养医治半年以上。慈禧不快，说你事事和我对着来，你以为你是谁呀？奕䜣正色回答："臣是玄宗第六子！"慈禧恼羞成怒，杏眼圆睁：你信不信我削了你的王爵！奕䜣不惧："你削得了我王爷的封号，可改变不了我是先皇六儿子的身份！"一下把慈禧怼了回去，就此和慈禧产生了芥蒂。宦海沉浮，几遭罢黜，再度复出，奕䜣已是须发斑白的花甲老人，报国之心未改，锐气和棱角却已荡然无存了。

说来可笑，同治新政期间，闭关锁国的清朝政府为改变"彼有使来，我无使往"的现状，以洞悉外国之情伪为由，拟向国外派出使团。但当时腐朽的满清政府自视天朝，不屑与"蛮夷之邦"交往，出使国外几乎等同流放，为官者皆退避三舍，清政府最早派出的竟是一个以美国人为首的外交使团。团长朴安晨原系美国驻华公使，1867年卸任回国时，自己去总理各国事务衙门争取到了这个差事。他先回到美国，以清政府代表的身份说："中国欢迎你们的商人，欢迎你们的传教士。希望你们的传教士把神圣的十字架插到中国的每个山头上和每个山谷中。"他真拿自己不当外人，代表清政府擅权与美国政府签订了有利于美国的条约。第一站圆满收官，朴安晨以中国使节的身份又游走于欧洲诸国，如果不是在俄国病死，还不知道依靠外国人来办中国外交的闹剧何时才会收场。

同治新政本来在日本明治维新之前，可谓是一次十分难得的历史机遇。在国内，处于太平天国和义和团两次重大的社会动荡之间；在国际，处于英法联军和八国联军两次入侵的时间空档期，民心思治，社会相对稳定。之前的道光、咸丰，之后的光绪、宣统都没有过这样的运气。如果把握好了，励精图治、变法求新，中国的近代史也许会改写。只是，历史的进程中没有"如果"两个字。日本的明治维新坚决放弃"尊王攘夷"的治国哲学，以海外开明之治为范，弃己之短，取彼之长，破陋习，变古格；而中国的顽固派则死守天朝大国虚荣，极力排斥西方先进思想和制度，以致长期陷入"中学为体，西学为用"的泥潭而难以自拔，应对失措，坐失良机，这场由恭亲王主导的改革，最终成了大清灭亡前的一次回光返照。

在这场变革中，有一段插曲值得一提。

同治亲政后办的第一件大事是重修圆明园。这个18岁的小皇帝，虽然缺少治国才能，但是对权力的贪恋一点也不亚于慈禧。他对亲妈什么事都要插一杠子的做法很不满意，就想赶紧修座园子让她去养老。慈禧当然乐观其成，圆明园、清漪园是她的发迹之所，她留恋那里的琪花玉树、松风水月；留恋那里的杏雨梨云、雨条烟叶，如果有这样一处人间仙境能让她愉悦身心，当然是再好不过了。至于那时候是不是完全归政于同治，就要看心情了。她不是一个没有见识的女子，英法联军进逼北京时，正在圆明园的咸丰一下慌了圈儿，还是随伺于侧的慈禧说，大敌当前，哭有什么用？赶紧找奕䜣商量一下吧，他是一个有办法的人。这说明，慈禧虽然是个妇道人家，但事到临头有自己处事的原则。

母子俩心里打着各自的算盘，同时忘记了一个基本事实：

今天的国情和康乾盛世已今非昔比。那时候GDP世界居首，一度裕民足国、笑傲群雄；今日大清国库空虚、积弊如山，一条腿已经踏进了坟墓，哪里经得起折腾，拿出上千万两银子重修圆明园毫无可能。没钱？同治想出了一个法子：皇室贵胄及全国各级官员捐款。可是忙活了半天，归了包堆只捐了30万两，杯水车薪，无济于事。在户部先行拨银2万两、圆明园工程强行启动后，朝廷震动、百官疏奏，反对的声音一浪高过一浪。

重修圆明园是同治亲政后要办的第一件大事，他怎么能够允许皇权受到挑战？于是对上疏谏阻的官员或严词申责，或革职罢官。眼见小皇帝一意孤行，恭亲王和弟弟醇亲王一起找到侄儿苦口婆心劝说，无奈同治油盐不进。听烦了，起身道："我把这位子让给你坐如何？"两位亲王听了惊出一身冷汗，这等同于说你要谋反篡位，顿时目瞪口呆，手足无措。

眼看皇帝任性执拗，大清江山根基动摇，恭亲王奕䜣破釜沉舟，联合了包括亲王、郡王、御前大臣、军机大臣在内的十位朝廷重臣联衔疏奏，请停圆明园工程："宜培养元气，以固根本；不应虚糜帑糈，为此不急之务。"

这一天，紫禁城的养心殿上爆发了一场激烈的冲突。一边是皇帝，一边是反对修建圆明园的十位重臣，双方剑拔弩张、势同水火。同治脸色铁青，大臣们虽然跪伏于地，但脸上的神态依然只写着两个字：抗争。皇帝将奏章怒掷于案，斥责：为臣之道当忠君事国，岂可忤逆君父以博取敢言直谏之名？恭亲王回答，皇帝此言差矣，为臣之道当以国家社稷为重，谏言时弊，正是为江山千秋永固计。同治强词夺理：当年高宗皇帝以仁孝治国，修清漪园为孝圣宪皇太后祝寿；今朕效仿曾祖，修园以为母悦，何错之有？大学士文祥抬头直视皇上，反驳说，白云苍狗，难以同日而语。当年高宗皇帝修建清漪园乃彰显大清天威，今日重费民力再建圆明园实为动摇国本！双方舌枪唇剑，你来我往，互不相让，最激烈的抗辩之辞是："使朘削而果无他患，则唐至元、明将至今存，大清何以有天下乎？"朘削，乃剥削、盘剥之意。用时下的话说，你非要用民脂民膏修园以供享乐，就是在作死！这句话终于把同治的怒气推向烈火烹油的境地，他恼羞成怒，要给十大臣扣上"朋比为奸，谋为不轨"的罪名，并发朱谕拟革去奕䜣的亲王世袭罔替，降为郡王。眼见局面难以收拾，两宫太后只好出面圆场，其时的情景竟多少有点悲戚：两宫垂涕于上，皇上常跪于下。慈禧这个颇有心计的女人抹了一把眼泪，叹了一口气对儿子说，十几年来，没有恭亲王尽心辅佐，哪能有今天？又转脸对垂手肃立的恭亲王表示歉意：皇上少不更事，昨天的那道上谕我已经让他撤销了。

这次修园计划胎死腹中，令慈禧心中十分不快。在某种程度上进一步刺激了慈禧的权利欲，也许就是在同治和十大臣廷争激辩的时候，慈禧在心中暗暗发誓，一旦乾纲独断，谁敢违背她的意志，就一定让谁儿不得好活。

她念念于心的颐养之所是清漪园，那一处让她梦想出发的洞天福地。

侧影（4）：修园与祝寿

1889年，光绪大婚后亲政。慈禧的位置得以巩固，她再一次动了重修清漪园的念头，于是以光绪的名义发布上谕："此举为皇帝孝养所关，深宫未忍过拂，况工用所需，悉出节省羡余，未动司农正款，亦属无伤国计。"

慈禧未必相信这话可以瞒天过海，她是用另一种方式宣示自己的政治实力。

动用司农正款了吗？修园初始，为避免言官劝谏，醇亲王在颐和园成立海军学校，号称要在昆明湖训练水师。梁启超亲眼所见，颐和园门栅内外，皆大张海军衙门告示，以为奇，此内务府所管，与海军何与？原来为建设海军所筹的款项，尽数以充土木之用，都拿去修园子了。清政府设立的这个海军衙门与颐和园工程相伴始终，说它是颐和园工程指挥部更为妥帖。其时，岛国日本整军备战，连天皇都在为购买军舰以攻中国而日食一餐；可是清朝政府以加强军备设立的这个重要军事机关，不操练水军，不置办战船，不严守海防，不洞悉时局研究作战方略，却在颐和园内成天热衷于什么什么殿的上梁仪式，什么什么堂的开工典礼。海军衙门成了颐和园的工程指挥部，海军衙门总理大臣成了名副其实的项目经理。

这次修园子，帝、后两党颇为一致。同治年间与恭亲王联手，力阻重修圆明园的醇亲王如同打了鸡血一样，不遗余力的推动此事。为什么？因为光绪帝是他的亲生儿子。慈禧以退养为名提出重修清漪园，正中醇亲王下怀：慈禧若能归政，退隐园林，光绪帝就能真正掌握皇权。他当然希望自己的儿子能在这个位置上有一番作为，所以作为海军衙门的总理大臣，醇亲王的工作十分勤勉敬业。

慈禧重修颐和园到底动用多少海军经费，学界一直有各种说法，估价在几百万两到几千万两之间，数额悬殊如此之大是因为缺乏第一手资料。有研究者曾试图查询清朝海军衙门档案来还原真相，但几经周折，发现的却是海军衙门奏请将其各项杂支用款不造册报户部核销的折片，说明老佛爷也做贼心虚，早把相关的秘密毁踪灭迹了。不过，依据海军衙门的收支和工程估价测算，颐和园工程所挪用的海军经费应该不低于八百万两。

慈禧重修颐和园确实没有从户部直接拨银，也就是"未动司农正款"，但是在外敌虎视眈眈的情况下，她却打着兴建海军的旗号，大笔挪用海军经费，修园供自己玩乐，情形更加令人发指。八百万两，至少可以购五、六艘铁甲战舰。

难怪邹容这样痛斥慈禧："崇楼杰阁、巍巍高大之颐和园，问其间一瓦一砾，何莫非刻括吾汉人之膏脂，以供一卖淫妇那拉氏之笑傲！夫暴秦无道，作阿房宫，天下后世尚称其不仁，于颐和园何如？"

光绪十五年（1889）3月23日，慈禧在光绪陪同下第一次临幸颐和园。

早春的北京，杨柳泛绿、百草权舆。出紫禁城西行的銮驾所经之处，已拓宽为三丈六尺宽的御道，轧平、洒水，盖着黄土；道路两边，每隔十几米便有一名金盔银甲的护卫和一个贮满清水的缸，表示龙不行干道。一名锦衣华服的太监策马疾行，指挥沿途避之不及的百姓跪下迎驾。接着是骑兵护卫，龙旗飘扬、鼓号低鸣，御前大臣和侍卫并马而行，除了望不到头的各色旗帜在微风中发出的哗哗声外，便是人和马踏在地上发出的沙沙声。人们一个个大气不出，就连那皮毛像绸缎一样光亮的几百匹蒙古战马，也仿佛被这森严的阵仗所威慑，喷嚏都不打一个。鞍桥上坐的人盛装华服，马鞍上都镶着珍贵的珠宝，脚蹬上也有灿烂的饰物，远处望去，在阳光映照下像是一抹色彩斑斓的云霞横亘在淡蓝色的天际。队伍中间，有一乘大轿格外显眼，轿子四周围着金黄色的轿帘，轿子两边绣着两条张牙舞爪的金龙，抬轿的是32名太监。他们用余光照应着前后左右，步子不紧不慢，落地轻重有序。

轿子里肃然端坐着慈禧。这时，距离同治与十大臣廷辩已经过去了16年。同治皇帝薨逝，按照皇室家谱，新皇应该在"溥"字辈儿里确定，但若溥字辈的人当了皇帝，慈禧垂帘听政就没有了合乎仪规的辈分。所以她确定由醇亲王奕譞4岁的儿子载湉入继大统，即光绪帝。载湉成为新君，改变了清朝皇位父死子继的祖制。为了免遭物议，慈禧假门假事地走了一下"民主程序"，召见了包括皇室宗亲在内的29人商议。但那时慈安太后已经暴病而亡，恭亲王奕䜣也没了实权，昔日的杏儿成了大清朝实际的掌门人，尽管大家心里明镜儿一样，慈禧如此改变祖制，其目的只有一个：垂帘听政、独掌朝纲，可是已没有谁敢再说半个不字。醇亲王奕譞还是过于天真了，他希望园子修好后慈禧能放权归政，无异与虎谋食。权力欲极强的慈禧既要有山水寄情之处，也不会放弃乾坤独断之权。

仪仗来到颐和园，慈禧掀开轿帘看了一眼正门匾额上"颐和园"三个大字，脸上露出几分难以察觉的笑容。这是光绪皇帝亲笔所书，清漪园改称颐和园，取颐养天和之意。

慈禧在这一片灵山秀水之间要做一件大事，仿照孝圣宪皇太后，搞一个60岁生日的大派对，她提前一年就开始操持准备。清政府打算筹措一笔巨款，供慈禧在颐和园好好风光一回：生日那一天的早上，先在皇宫接受王公大臣朝贺，然后出皇宫在北京城里转悠一下就出西直门直奔颐和园。为什么要在城里转悠一下呢？为庆祝她的生日，北京城将被装饰一新，老太太要感受一下歌舞升平、万民拥戴的盛世景象；到了颐和园再听戏、开宴。为此，慈禧命军机大臣、礼亲王世铎担任庆典项目总指挥，一切仿照当年乾隆爷的气派，除在皇宫、颐和园妥为筹办外，还要在西华门至颐和园的几十里大道旁点缀景观，搭建经坛、戏台、彩殿、牌楼，组织僧道念经、戏班演戏，夹道欢迎。

就在慈禧憧憬着60大寿生日派对的美好盛景时，日本舰队1894年7月在黄海挑起战端。8月1日，中日互下宣战书。

日本精心挑选了这个时候宣战。他们知道，统治中国的老太婆正一门心思开好生日派对，清政府所有的高管们都会围绕这个庞大的娱乐计划而忙碌，无心旁顾。当时，北洋舰队的实力并不在日本联合舰队之下，能否击败中国海军，不但日本人心里没谱儿，西方各国也投不信任票。国内的主战浪潮更是一浪高过一浪，认为日本乃蕞尔小国，不堪一击。

结果，北洋水师一战即溃，号称亚洲第一的铁甲舰队全军覆没。

甲午之战为何战败？败在腐败和内耗。《大清北洋海军章程》明确规定，总兵以下官员终年驻船，不得私建公馆、酗酒聚赌，否则严惩。可是水师各级军官在基地兴建私宅、置办房产、蓄养歌妓、私吞军费，生活很是骄奢淫逸。据《清末海军见闻录》记载，刘公岛开设的烟馆、赌馆和妓院就有70多家。

舰队纲纪松弛，高层更是自擅自利。1894年甲午海战时，日本最大的战舰排水量只有4200吨，而中国北洋水师的定远号和镇远号排水量都在7000吨以上。日本与中国基本一样，大吨位战舰都是向英德订购的。不过，日本的武器装备可以源源不断补给，清廷则打沉一艘少一艘。为什么李鸿章一味怯战？北洋水师是他邀宠清廷、拥兵自重的资本，没有了舰队，他在朝廷的分量就会减轻。那么，是我们的造船工业不行吗？非也。甲午海战以前，在洋务运动的推动下，李鸿章的江南制造总局和左宗棠、沈葆桢的福建马尾船厂，已经有了相当的制造能力。但是，眼瞅着马尾船厂的研发制造能力渐渐超过江南制造总局，李鸿章担心自己的利益受到威胁，于是自废武功，利用在朝廷的话语权改造船为买船，致使中国的重型装备自产能力长期被列强压制，甲午一战，中国的重工业化就彻底停滞了。难怪光绪皇帝在战败后悲愤长叹："中国制造机器等局不下八九处，历年耗资不赀，一旦用兵，仍需向外洋采购军火。"如果李鸿章不是囿于门户之见，知难而进，推动民族重工业破冰前行，甲午战争的结局也许会改写。

更加令人无语的是，甲午开战之前，北洋海军提督丁汝昌申请60万两银子购置速射炮，李大人一句没钱便给怼了回去。是没钱吗？容闳说李鸿章"绝命时有私产四千万两以遗子孙"。有人会说，那是李鸿章的私人财产，凭什么拿出来为国家充做军费？那好，分别被存入外资银行的几百万两海军军费呢？当然也不能动，因为李鸿章需要用它生利息来修建颐和园，好给慈禧办好60大寿！

甲午海战时，北洋舰队的官兵有时竟要为争最后一发炮弹划拳而定，他们哪里知道，日舰雨点一样打过来的炮弹许多是从天津军械局买去的。而这个军械局的总办便是李鸿章的外甥张士衍。事后，这个张士衍仅以玩忽防务罪被革职，后来又在李鸿章的庇护下东山再起。高升号被日军击沉，近千名官兵血染碧海，日军获得的相关情报也是从中堂衙门送出的。李鸿章周围那些靠出卖军事情报中饱私囊的人，基本上都被他包庇下来。更为诡异的是，战前日本曾向中国购买大量稻米和煤炭，交战后部下建议停止供货，因为稻米会被充作军粮，煤炭会被用做战舰动力，但是李鸿章却以守信为由不肯毁约，还让儿子直接操办此事。难怪左宗棠闻知中国军队对法作战取胜，李鸿章还主持签订了丧权辱国的《越南条约》后仰天长叹："对中国而言，十个法国将军，也比不上一个李鸿章坏事。"断言李鸿章误尽苍生，将落个千古骂名。中国甲午战败，日本政府非李鸿章不签《马关条约》，恐怕也不是因为他能据理力争，维护国家利益吧？有人为李鸿章脱罪，说签完《马关条约》，李出使世界各国，回来时要在横滨换船，他"大义凛然"拒不登上日本土地，而是踏着跳板上了招商局的船。倘若想以此衬托老头儿的民族气节，我看纯粹是矫情；包括他签完《马关条约》后乞求日本政府施舍2000两银子以做回国之资，也是在做秀。与其说李大人是在彰显爱国情怀，毋宁说是一个事事尽心的奴才在向主子撒娇：我为你办了这么多事儿，你却一点面子都不给，叫老朽情何以堪？就是这次出使，他看到美国总统格兰特的儿子家境贫寒时曾大惑不解，哎呀叫了一声，当众感慨道："我真是不能理解，为官者怎么可能这么穷？"李氏父子在日本拥有大量产业，不知道横滨之行后，这些产业是不是也变卖兑现后上交了国库。我没有查，估计有"宰相合肥天下瘦"之称的李中堂不会这样做。

不独李鸿章。一力主战的翁同龢和李鸿章素有过节，当年曾国藩曾上奏弹劾翁同龢的哥哥翁同书，故翁对曾、李的湘淮派系一直不感冒。翁同龢一人而兼帝师、军机，领衔户部、督办军务，竟不顾大局、公器私用，刁难和克扣北洋水师的装备更新经费。以至清军在开战前两年就没有再添置过一艘铁甲舰，舰上装备的速射炮也远逊于日本的联合舰队。他虽是主战派，心里却有自己的小九九：仗打胜了，他有先见之明，自然风光无限；一旦战败也有李鸿章顶雷。事实正是如此，甲午战败后朝廷一片问罪李鸿章的声音，翁同龢没有反躬自省，而是反李大合唱中的男高音。这之后的光绪二十四年（1898），恭亲王奕訢辞世，病重之际光绪皇帝曾亲去探视。病榻之侧，光绪问恭亲王诸臣中谁堪大用？当提及户部尚书翁同龢时，晚年性情依违两可的奕訢竟眉头紧锁，一字一顿道："所谓聚九州之铁，不能铸此错者！"恭亲王当然知道，翁同龢是光绪的老师、精神教父，亦师亦友。他在弥留之际提及此人勃然变色，足见对其怨恨之深。后来的光绪变法，重用翁同龢当为一错。翁同龢是一个典型的中国传统士大夫。士大夫的优点，如人品、文采、操守、清望等，该有的他都具备；士大夫的缺点，如保守、空疏、偏执、门户之见等他也一样不缺。如果未高居庙堂，即便这类缺点发挥到极致，也不过是文人间的同美相妒、呵壁问天罢了，无伤大雅；可惜，翁公位居中枢，他的偏执以及门户之见影响的就是整个朝局。

甲午一战，实际上是现代国家与非现代国家的战争。战争的胜负并不单纯取决于武器的优劣，更是制度之争。明治维新以后，日本脱亚入欧，学习西方体制，天皇的决策基于一个二百人的参谋团队。这些人全部接受过西方的现代军事教育，每一个作战方案的提出都经过详细论证，有各种科学论据支撑；而中国的人治传统则恰恰相反，慈禧一言九鼎，比如她认为，买了军舰、火炮，还有什么必要再花银子去买后续军械？她的知识结构使她不可能认识到，一艘战舰的维护保养花销远远会大于购置费用。可是，却没有人愿意冒罢官丢爵的风险为她普及这一常识。一切皆是以保官肥己为要，贪腐和内耗也就成了去之不掉的毒瘤。

金州城陷翌日，是太后60岁寿辰的正日子，本来准备在颐和园举行的庆典被迫在紫禁城内举行。慈禧端坐于宁寿宫接受皇帝后妃、王公国戚、文武大臣的三跪九拜，列队整齐的乐队高奏《海宇升平日之章》。典乐奏罢，慈禧在太监的搀扶下缓缓站起，她面带微笑，笑中却暗藏杀机："今日令吾不欢者，吾将令其终身不欢。"此时，辽东半岛的金州城内，狼烟未熄，手持长枪的日军士兵正在街上耀武扬威。梁启超有言：中国四千年迷梦是甲午一役而震醒。清政府的瞒盯、腐败、妄自尊大和低能，在甲午一战中显露无遗。

颐和园重建后，慈禧长居于此。1895年2月中旬的一天，在太监、宫女和卫士的跟随下，慈禧漫步湖畔。康寿宫前的玉兰花还没有绽放，只有知春亭前的垂柳隐隐萌出了一抹嫩绿。远方，是蓝天、白云和起伏的山峦；近处，有长提、画舫和那艘永远不会沉没的石船。老妇人的心情不错，前方传来的一个个令人沮丧的战报，似乎并没有影响到她的游兴。当然她心中也有难以释怀的遗憾，就是去年的60大寿没有如愿在颐和园举行，她有些可惜这么好的山水景致，竟没有能够点缀那么一场旷古难有的庆典。这之后，慈禧的整数寿辰大都是在颐和园举办的，算是多少弥补了一点她心里的欠缺。

身着华服的太监一路小跑过来，跪地呈上一份最新的军情奏报。慈禧接过来看后，眉头微蹙，目光一暗，像两盏风中将息的烛火。原来北洋海军提督丁汝昌沉舰自杀，耗资颇巨的北洋海军已全军覆没。只一瞬，慈禧又恢复了常态，她将奏报随手递给近侍太监，用手指向昆明湖中的几只水鸟，问，那是鸬鹚吗？

太监躬身回禀："是，太后，是风头鸬鹚。往年它们要三月初才能飞来，今年早了几天，想必是专为恭迎太后圣驾。这鸟祥瑞的很呐，预示太后洪福齐天，大清国国运昌隆！"

慈禧嘴角一撇，泛起一个来路不明的微笑。这之后4月的一天，她在乐寿堂看了李鸿章签署《马关条约》的奏折，用阴郁的目光瞟了一眼门外绽放的玉兰，只嗯了一声。而后，在太监的搀扶和宫女的簇拥下，抬腿迈过乐寿堂涂着红漆的门槛，走到院子里停留了一会。

那一刻，春光明媚。释然抑或忧伤，想必只有慈禧自个儿知道了。

侧影（5）：1898年的那个夏天

北京。骄阳如火，高大的杨树上，知了躲在茂密的树叶后高一声低一声鸣叫。或许是因其高大而肃穆，颐和园的仁寿殿竟多少有一丝凉意。一位六品服色的中年人紧随太监步入正殿，距离龙椅很远便扑身跪拜，以头触地，诚恐诚惶的恭颂皇帝圣安。

《马关条约》签订后举国震惊、群情激奋，亡国灭族的担忧不再是杞人忧天。京西的颐和园，有机会见证了一场由光绪皇帝奋力主导的变法悲剧。

历史的时针指向1898年6月15日，光绪下诏变法的第五天，这个叫康有为的人奉旨面君。他有理由忐忑而紧张，一来他官阶低微，时任工部主事，区区小吏。按清朝祖制，四品以下的官员没有资格面君，这也是光绪不在紫禁城而在颐和园召见他的原因，算是非正式会见。二是清廷历来严禁读书人上书言事，他没有想到，自己"妄言变法"不但没有获罪，竟然真的直抵圣听，并得到天子青睐，要和自己当面聊聊。昨天晚上，这个学富五车、收徒讲学，一心想变法图强的清末才子一宿未眠。他曾多次上书光绪请求变法，均受阻未达。原以为一腔抱负将付之东流，没想到再次上书得偿夙愿，他能不惶恐吗？他偷偷看了一眼高居于龙椅之上的皇帝，那真是一个英姿勃发的少年英主。目光睿智，尽是关爱之情；神情温润，满怀期许之色。目光相接的那一刻，犹如电光火石在心中掠过，康有为便下定决心为他赴汤蹈火。

光绪第一次见到了这个闻名已久的中年人。当时的细节史无可考，但是我猜想，变法心切的青年皇帝应该会很礼贤下士的命他平身，甚至走下龙椅以手相搀也未可知。这之前皇帝已经读过了他的《应诏统筹全局析》《日本明治变政考》和《俄罗斯大彼得变政记》，对康有为的变法主张极为震撼。西方列强对中国瓜分之势漫延，青年皇帝深感变法图强迫在眉睫。

一君一臣，一长一少，大有相见恨晚之意。高山流水、凤尾瑶琴，光绪皇帝肯定有"得一良器而用之"的欣喜；康公子呢，也一定会生出"良禽择佳木而栖"的感叹。两人推心置腹、痛陈时弊，描绘宏图、豪情满怀。躬身退出勤政殿时，康有为的身份已经从工部主事变成了总理衙门章京，并获得了专折奏事、筹备变法事宜的特权。

这之后不到百日，光绪皇帝连下上百道变法求变的圣旨，内容涉及机构裁撤、冗员消减、推行保甲制度、开筑铁路、举办邮政、废除漕运、兴办学堂等方方面面。

那一段时间，整个中国的命运浓缩在了这一座美轮美奂的皇家园林中。变法的指令频频从这里发出；扼杀变法的阴谋也悄悄在这里酝酿。

或许是被压抑的时间太久了，亲政以后光绪皇帝根本没有实权，一些用人行政皆出西后之手，"上既亲政，以颐和园为颐养母后之所，间日往请安。每日章疏，上阅后皆封送园中"。而且，光绪屁颠屁颠跑到颐和园向慈禧请安，要先跪在殿外听候懿旨，如果慈禧不高兴，把"亲儿子"晾在门外一两个小时的情景也是常有的。光绪明了自己的处境，曾向身边的太监发牢骚说，满朝的文武大臣只唯慈禧马首是瞻，皇帝在他们心中的分量甚至还不如李莲英呢！这次变法获得慈禧首肯，并许诺他可以按照自己想法去做，光绪以为"亲爸爸"被甲午一战打得醒过闷儿了，真的支持他大刀阔斧、变法图强呢，便很有一些"海阔从鱼跃、天高任鸟飞"的豪情。其实，开始变法没几天慈禧就逼着皇帝发出上谕，撤了帝师翁同龢的职；让亲信荣禄顶了李鸿章的要缺，掌控了京城防务；规定凡二品以上大员受封必须先向老佛爷谢恩；光绪就应该明白，他的变法不过是螺蛳壳里做道场，要完全受制于老佛爷。可惜，年轻的皇帝太希望有一番作为了，他意气风发、指点江山、改革时弊、以图自强。但在往返于紫禁城和颐和园之间时，眼瞅着"亲爸爸"的脸色一天比一天难看，不免惊悚战栗。等到他感觉帝位不保、变法将亡时，一切都无法挽回了。弱主、权臣，加上几个挥斥方遒的书生，想改变中国这架破旧马车的走向实在是近乎妄想。

历时103天的戊戌变法——以光绪被囚颐和园玉澜堂、六君子喋血菜市口、慈禧重新训政为标志，在中国近代史上写下了凄怆的一页。

光绪皇帝被囚后境遇凄惨，常常受到太监、宫女戏弄。

进膳时，上百道菜日复一日端到他面前，许多菜已经馊了、臭了，根本不能吃。叫亲近的太监开个小灶，还被慈禧严加训斥。庚子之乱时，光绪在西逃的路上常常独守冷炕，有时候连一床被子都没有。年仅38岁的光绪皇帝黯然离开人世时，御医周景涛曾入内看脉，只见光绪两眼瞪大，四次用手指口，知道光绪是饿急了，但环顾周围，竟连一口冷粥都没有。稍后，光绪便渐无声息了。

光绪皇帝之死，标志着统治中国几千年的皇权专制大幕徐徐落下。撒手人寰的那一刻，他常年被囚的颐和园玉澜堂变成了一座祭坛，咫尺之地、高墙深锁。半勾残月、几片枯叶是这座祭坛的唯一祭品；它们和深秋的萧瑟与凋敝一起，构成了王朝终结的凄凉晚景。因为这之后，一心主张效仿英、日，实行君主立宪的保皇党人，心中最后那一抹光亮也黯然熄灭了。他们明白，光绪之死不是一个个体生命的终结，而是一种政治理想在中国大地的最后陨落。在光绪的巨大投影中，继登大宝的皇帝很难再具有他那样的政治与社会资源了。

这场变革失败的原因，已有汗牛充栋的研究文章。窃以为一是动了慈禧的奶酪；二是帝党上下难以同心、干部又不得力所致。

慈禧不是因循守旧的顽固派，她对新生事物并非一概排斥。照相技术传入中国时被认为是污巧之物，会取人魂魄使人损寿。而从故宫博物院珍藏的大量照片和底片看，老佛爷留存的数量最多，香水、电灯等舶来品她也照单全收。慈禧也不排斥汽车，只是觉得司机坐在她的前面冒犯了她的尊严，要跪着驾驶才不失体统。从慈禧的政治遗嘱中同样可以看出其极度膨胀的私欲。一是不准重用太监；二是不准女人干政。这两条实在打脸，因为权势熏天的安德海、李莲英、小德张三个清朝大太监，都是她一手提拔的。而且李莲英官居二品，正式步入大清高干行列，打破了太监以四品为限的祖制。而女人干政，自清朝开国以来以其为甚。这说明，慈禧对重用太监、女人干政的危害心知肚明，可是为了一己之私可以把所有的国家章程全不当回事。慈禧薨逝，不计其数的珍宝随葬微不足道，大清才是她真正的陪葬品。

慈禧是一个权力欲极强的人，她的价值标准很简单，就是能否满足她对权力的欲望。果如此，她甚至可以在变法的路上走得更远。审时度势，假如康、梁在事关中国前途的变法上，把天平更倾向于慈禧一端，让她能够实际执掌变法帅印，可能就不是康梁出逃，六君子喋血的结果了。可惜，中国皇权的正统观念，加上慈禧、光绪的人性差异，使改革派义无反顾地把光绪当成了变法的旗帜和灵魂。一个自身难保的傀儡皇帝成了改革派唯一的政治资源，他们变法图强的所有主张必须假光绪之手才能得以实施，即便明知道光绪的权力不过是"皇帝的新衣"也不去说破，寄成功于侥幸。

光绪是一位有着仁爱之心的皇帝，十五岁时就著文曰："为人上者，必先有爱民之心，而后有忧民之意。爱之深，故忧之切。忧之切，故一民饥，曰我饥之；一民寒，曰我寒之。凡民所能致者，故悉力以致之；即民所不能致者，即竭诚尽敬以致之。" 不过，光绪皇帝既不是洋务派的皇帝，也不是资产阶级维新派的皇帝，作为维新派的社会基础，民族资产阶级处境软弱，不可能有一个自己的皇帝。准确定位，光绪应该是一个爱国的开明皇帝。他推动变法，固然有清朝国事日危的原因；但很重要的助力，恐怕和康有为"再不变法，皇帝亦死无葬身之地"的警示有关。由于立场的差异和处境的艰难，注定光绪不可能全盘接受康有为资产阶级维新派的主张。康有为说的"国是"，是效法西方，实行宪政；光绪皇帝的"国是"，依然是"中学为体，西学为用"。所以康有为的许多重要奏议，光绪皇帝经常"发交大臣们议复"，议来议去，或则不了了之，或则议出"变通办法"，弄得面目全非。

况且，康有为、谭嗣同等人虽然一腔热血，但是行事鲁莽，其变法主张中亦有不少荒谬之见。据说，荣禄被任命为直隶总督后曾面帝请训，在朝房中问同样等待召见的康有为变法之方。康回答：变法不难，三日足矣。荣禄闻之不解，惊问其故？康有为手一摆：但将二品以上的官尽行杀了，可也。此说是否属实，正史无载，但是康有为的轻狂却是不争的事实。袁世凯就当面向光绪皇帝进言，说皇上睿智英明，身边推行改革的人轻狂毛躁，恐怕会累及皇上。作为当时的旁观者，这话说得不无道理。

年轻气盛的光绪对变法过于急于求成，变法成功了，他的帝位就可以巩固。所以，在103天的新政中颁发的上谕竟多达100多道，改革内容涉及国计民生的方方面面，连修理街道这样的琐事都有谕旨。只是专制的官僚机构臃肿庞杂，官员们养尊处优惯了，即便不骑墙观风，执行力也不敢恭维。因为效率低下，光绪一怒之下将六位部长级大员同时罢免，又一下子裁撤了十多处闲散衙门，致使近万人失去"公务员"待遇，确实有些失之过急；但在一些原则问题上，光绪办事还是很靠谱的。加大变法力度后，新旧矛盾日趋激烈，有一个叫曾廉的举人上书请杀康、梁。谭嗣同闻听后，以"毁谤新政当斩"为由，请求光绪降旨砍去曾廉脑壳。光绪没同意，说："朕变法图新就是要广开言论，怎么能够以言罪人呢？"随着太后亲政的风声越来越紧，康有为又办了一件冒傻气的事儿：围园弑后。稍有政治智慧的人就不难看出，当时帝、后两党实力悬殊，起兵造反胜算几无，偏偏他又病急乱投医，找了一个两面人袁世凯帮忙，一下子将光绪与慈禧的矛盾激化成水火不容。

做为改革派领袖，康有为确实不够称职。变法之初，他建议光绪下旨，让全国人民剪辫子、穿西装，这不是悬崖上翻跟头——作死吗？在《上清帝第五书》中列举他的变法纲领，其中有一条竟是："大借洋款，以举庶政"，也很令人无语。而且，此君刚愎自用、不善变通。创建强学会时，李鸿章捐银2000两以示支持，康有为却让他吃了闭门羹。后来强学会被清朝政府查封，源自御史杨崇伊的奏请，而杨是李的儿女亲家，难保这背后不是李鸿章的主意。在个人品质上，此公也有瑕疵。他主张妇女平等，一生却妻妾成群；"围园弑后"计划败露后，他脚底抹油跑得比谁都快。在国外他大谈帝、后之间的仇恨，称赞光绪可比尧舜，而慈禧不过是一个卑贱的宫女，祸国殃民、篡权乱政。殊不知这样就把已陷入囚笼的恩主置于不仁不孝之地，让慈禧确信光绪有害己之心，动了彻底废除光绪的念头。光绪百口莫辩，在被囚的房间里贴了许多向慈禧称臣的条幅，希望能得到"亲爸爸"一丝垂怜，可是慈禧连正眼都不看一眼，无疑和康有为在海外的激烈言论有关。他伪造"衣带诏"，以救光绪为名四处捐款，却将捐来的巨款置办豪宅、厚养妻妾。

谭嗣同为推行变法慷慨赴死，一句"我自横刀向天笑，去留肝胆两昆仑"令天下动容，但是在变法中他竟提出过这样荒谬的主张：内外蒙古、新疆、西藏、青海，大而寒瘠，毫无利于中国，不如拿来"分卖"给英、俄两国，卖地得款除了偿还对日本的战争赔款以外，"所余尚多，可供变法之用矣"。这和那个变法失败后临危不惧、慷慨赴死的谭嗣同简直不搭界。卖国者皆出于个人私利，所以历来卖国与求荣连为一体；谭嗣同变法是为了强国，变法失败了，命都可以舍得，完全置个人私利于脑后。由此笔者不由想起大禹。大禹治水，三过家门而不入，一直是炎黄子孙大公无私的完美典范。可是他却把氏族首领的位置传给了儿子，建立了中国历史上第一个世袭制的封建王朝：夏。从此普天之下莫非王土，把天下都归了自己，这和那个殚精竭虑、公而忘私的氏族首领哪里有半点相像呢？

同属帝党的翁同龢和康有为也因抵牾而生嫌隙。原本翁同龢对康有为赞赏有加，后来光绪皇帝让翁同龢进呈康有为的书，翁同龢却说与康素无往来。光绪心里纳闷儿，不是你当初玩命向我举荐的康有为吗？但碍于翁帝师身份，他虽心中不快，也只是皱着眉头问了一句：为什么呀？翁答：此人居心叵测。帝问：此前何以不说？翁答：臣近见其《孔子改制考》，知之。此书刊于戊戌正月，书中提出的大同思想和民权平等之说为翁严重不认同，据此推论康有为爁乱圣言，参杂邪说，说明他在变法理念上和康有为相距甚远。更重要的是，康乃小小工部主事，居然收徒讲学、一呼百应，也使做为大儒的他心里很不得劲儿。还有一个忌惮，他怕因为当初举荐康有为而被舆论视为康的后台，在帝、后之争中吃瓜落。翁同龢的被免职是慈禧对维新派的打击，光绪大约也是借坡下驴，正好在康翁之间做出了选择。

慈禧太后剿灭维新派没有遇到任何抵抗，戊戌政变后维新派志士或被杀，或流亡，或退隐，不少人的政治热情衰退，悄悄收起维新派旗帜，甚至对过去激烈的言论表示忏悔。精英阶层如此，千百年来受封建皇权影响的底层老百姓就更是不言而喻了。戊戌六君子为富民强国引颈就诛，在慷慨赴死的路上，迎接他们的却是吃瓜群众的谩骂和不断扔来的臭鸡蛋、烂菜帮！场景和明末民族英雄袁崇焕被崇祯错杀时几无二致。

历史就是一个迷宫，初心与结局往往南辕北辙。那些维新派人士如果真能掌权，以他们的狭隘、偏颇和门户之见，恐怕也会缺乏胸襟和担当，无力医治民族性格中的负面因子，无法解决中国独立自强的问题，不可能使中国独立发展资本主义。民智不开，冥顽不灵，中国仍然走不出殖民地、半殖民地的历史迷局。

探究戊戌变法失败的原因，还有一种说法颇为流行：封建保守观念过于顽固，维新派的主张难有市场。其实不是观念落后，而是利益使然。慈禧并不保守，满朝文武中有现代意识的官员也并非寥寥。恭亲王奕訢所以得了"鬼子六"的绰号，是因为他精通洋务，有变法求新的思想。1848年7月，华盛顿特区为华盛顿纪念塔奠基，并向各州、各国征集纪念物，在来华美国传教士帮助下，浙江宁波府向美国赠送了一块石碑，上刻："华盛顿，异人也。起事勇于胜广，割据雄于曹刘。既已提三尺剑，开疆万里，乃不僭位号，不传子孙，而创为推举之法，几于天下为公，骎骎乎三代之遗意。其治国崇让善俗，不尚武功，亦迥与诸国异。余尝见其画像，气貌雄毅绝伦。呜呼！可不谓人杰矣哉。米利坚合众国以为国，幅员万里，不设王侯之号，不循世及之规，公器付之公论，创古今未有之局，一何奇也！泰西古今人物，能不以华盛顿为称首哉！"碑文的著作权属于徐继畬，时任福建巡抚兼闽浙总督。早于戊戌变法50年，清廷封疆大吏就有了这样的现代意识，观念何来陈旧？百日维新，光绪皇帝的新政诏书像雪片一样颁发，然而，中央二品以上的大臣只有李瑞棻讲新政，地方督抚中只有湖南巡抚陈宝箴积极推行新法。其余各部堂官和各省督抚或观望、延宕，或抵制、公开反对，拒不奉诏，形成"明诏但言其始，则彼必不竞其终"的局面，是他们不明白变法可以图强吗？非也，他们是在骑墙观风、权衡利弊。当初，谭嗣同找到袁世凯，慷慨陈词，力促他围园弑后救皇帝于倒悬时，未必袁氏就没有一股侠义之气从胸中掠过；"杀荣禄如杀一狗耳"，他的慨然应允也不一定就是虚与委蛇，但冷静下来一想，心里确实发毛。他和盟兄徐世昌曾在京城的法华寺溜溜谈过一宿，因为面对光绪皇帝近来的恩宠，他有些蒙圈儿。维新派认为袁世凯拥兵晓义，迥异于一般武夫，可救上者唯有此人。袁世凯曾驻兵朝鲜，抗击日军，参与康有为的强国会，他当然明了变法于积弱之中国的意义，后来他被任命为北洋大臣、直隶总督后，废科举、办学堂、铺铁路、练新军，做了一系列维新派想做而没有做成的事便是证明。不过，要在帝、后之间选边站队，他的原则就与富国强兵无关了，而是怎样对自己有利。徐世昌的话正中其下怀："帝虽一国之主，然当国日浅，势力脆薄，后则两朝总持魁柄，廷臣疆帅，均其心腹，成败之数，可以预卜。与助帝而致祸，宁附后而取功名。"袁氏后来向荣禄告密，说维新派图谋"围园弑后"，致使对他恩宠颇多的光绪皇帝被囚颐和园玉澜堂，也就不奇怪了。

1898年的那个夏天，颐和园的门前一定非常喧嚣热闹。

皇亲国戚、王公大臣们一个个像走马灯一样，进出于勤政殿和乐寿堂，或听旨，或进言，或哭诉，或抗争，或密谋于暗室，或策划于宫中。

表面上，园子里的这个夏天与往年没有什么不同。山桃谢了，丁香开了；丁香谢了，紫薇开了。到了9月下旬，一场秋风，遍地落叶；半夜冷雨，满湖残荷。正是：一声梧叶一声秋，一点芭蕉一点愁。满目悲凉谁可语？大厦将倾难挽留。

侧影（6）：临时军营

细雨靡靡、道路泥泞，一支队伍跌跌撞撞来到颐和园东门。或骑马、或徒步的王公大臣皆未携雨具，悉被淋透，其状萧索凄苦；几驾马车发出吱吱呀呀的声音，更为这支逃难的队伍增添了几分惨淡。

这是1900年8月15日午后。守园的兵丁上前拦住领头的马车，一声断喝："你们长眼睛是出气的吗？没看见这是什么地界儿，竟敢擅闯皇家禁地！"

赶车的把式一拽缰绳，驾辕的白马抬头仰蹄，发出一串嘶鸣。他跳下车，走到兵丁面前低声斥骂："睁开狗眼看一看，车上坐的谁儿？是太后她老人家，你是活腻烦了吗？"

守门的兵丁走到马车前，隔着青布围帘的缝隙往里望了一眼，一个布履蓝衫的村妇正襟危坐。她发不及簪、神情冷漠，兵丁无论如何也不能把眼前这个普通的农妇与威严显赫的老佛爷联系到一起。是那个农妇目光中的冷峻与傲慢，风雨中随行人员的谦恭与卑微，让他们双膝一软，扑身跪在了马车前面。

车中的农妇正是慈禧。以八国联军攻入北京为标志的庚子之乱，其助推者就是这个老太婆。开始，慈禧对盲目排外、杀戮洋人的义和团持否定态度，仅1900年4月到6月两个多月，慈禧在颐和园发出剿灭义和团的"上谕"就有20多道。但她听说西方诸国让她"归政"，联想到百日维新后，她要废帝另立的设想也是因为洋人干预没能实现时，不由怒火中烧，悍然下诏对西方诸国宣战。并对义和团由剿变用，鼓励拳民杀洋人、烧教堂、围攻外国使馆和商社，企图利用义和团的力量钳制西方诸国。

无奈一开战，义和团的"金刚不败"之身抵挡不住帝国主义的洋枪洋炮。

其时，经历了洋务运动的清军已经完成了现代化改装。美国春田兵工厂的博物馆里，陈列一挺诺顿菲尔特速射枪，上面写着："英吉利，诺顿菲尔特，敬赠李中堂。"此枪是1900年八国联军攻占天津时缴获，这场战役中联军共缴获清军上百挺这种机枪。庚子之乱时，荣禄手下守卫京城的武卫军、守卫天津的武毅军，全部德械装备，每一军都拥有上百门现代火炮，两挺马克西姆机枪，上百挺被称为排枪的诺顿菲尔特速射机枪；即使驻守京城装备最差的甘军董福祥部，人手一支的马蒂尼亨利步枪也是当时英军的制式装备。意大利海军中将西蒙在战后写给英国公使的信中就自叹弗如："清军最新式的曼里彻式卡宾枪的型号，比联军中的奥匈部队列装的卡宾枪更为先进，是为刚出厂的新品；而克虎伯大炮比德军现役的所有大炮口径更大、瞄准更精、射程更远、更为新式。战斗伊始就意外缴获清军这么多先进武器，等于给联军1.6万名军人配备全副武装还有富余，只可惜我们的士兵一人只有两只手。"义和团的武器装备虽然不及正规军，但因为扶清灭洋，竟获得了到军械所自取武器的特权。

装备精良、兵力数十倍于敌的清兵，面对拼凑成军、长途跋涉，在人数和武器装备上大大处于劣势的八国联军，一触即溃。沿途设防的官军一听到枪声即作鸟兽散；偶有接敌者也不过是放上几枪扭头就跑。拱卫京师的甘军自诩骁勇之师，以迎战为名出城，未放一枪却向敌人进兵的反方向一路狂奔而去。

15号清晨6点，辅国公载澜飞驰入宫，说夷兵已攻至东华门。太后知事情已到最后关头，要跳水自杀。载澜拉住她衣服说："不如且避之，徐为后计。"这才涕泣而出，携皇帝、皇后仓皇出逃，选择西安作为避难地。西安远离沿海，洋人鞭长莫及；又是六朝古都，生活质量可以得到保障。更深层的原因是，西安城坚兵勇，地方行政长官又系皇家亲信。到西安避难，不会被突发的地方武装势力围攻，不会被地方官员出卖；综合考量，安全系数较高。

西逃出京，慈禧在颐和园做了一次短暂的停留。因为有了1860年清漪园被烧的教训，她不知道还能不能回来，想把颐和园的珍宝带走。但此时已有枪炮声隐约传来，时间实在来不及了，于是进颐和园喝了几口延年井的水，无奈地挥了一下手，起身逃命。

八国联军一路血洗沿途各州县，迎接他们的是城头高悬的"拳匪"首级。奉旨与西方列强斡旋的李鸿章已下令对洋兵"持白旗相迎"。不过，进入保定的联军仍将持白旗的清廷官员"枭首示众"，因为他们曾纵容义和团，虽然后来也全力剿杀"拳匪"，但是功过不能相抵。被打了脸的李鸿章还是热脸紧贴冷屁股，命令河南巡抚：如洋兵到豫，丰备牛羊诸品礼貌相迎。他和庆亲王奕劻奉旨回到北京与洋人议和时，卫队被全部解除武装，实际上成了受到"礼遇"的俘虏。见到各国公使，老哥儿俩没敢表示出一丝一毫的怨怼，反而卑躬屈膝的感谢各国出兵的盛情。

慈禧前脚离开颐和园，沙俄侵略军后脚即攻入。其后，英国和意大利侵略军也破门而进，他们在这里疯狂地掠夺和破坏，能运走的悉数运走，运不走的便打成粉碎。万寿山的最高处是智慧海，今日智慧海墙壁上的无头佛像就是当年联军士兵损坏所致。他们还把这里当做临时兵营，盘桓一年有余。至于在同一时间段死于种族主义排华暴行中的华人，则被完全忽略了。以至一位美国传教士不得不发出这样的感叹："比起中国最糟糕的义和团的残暴程度来，在基督教的美国城乡中对中国人的暴行，有过之无不及。但是对前者的报复是浩大的军事讨伐和巨额的赔款，而后者则几乎没有一件事受到过惩罚。"

想起一则故事。一位食人族的酋长曾就读于西方某大学。

学成之日，有人问他你回去后还会吃人吗？酋长回答：当然，不过再吃人时我会使用刀叉。

联军攻入北京，就像一群强盗站在了被他们打开的宝库前面，整个北京城，包括颐和园被他们任意洗劫。传教士成了侵略军的向导，士兵们爱杀就杀、爱拿就拿，统帅部特许军队公开抢劫三日。洋兵杀人无算，街上尸骸枕藉。他们抓到强壮的华人挖坑掩埋尸体，又将埋尸人尽行击杀，亦埋坑中。当时在北京的英国记者辛普生曾记载他亲眼目击的情形：法国步兵之前队路遇一群中国人逃生，其中有兵丁、平民和"拳匪"，法国兵用机关枪把他们逼进一个死胡同里，扫射了约十五分钟，不留一个活口。

打着文明的旗号，八国联军一路烧杀抢掠，在北京城又大开杀戒，其实就像那个食人族的酋长，用的虽然是标志文明程度的刀叉，但也无法掩盖其凶残、野蛮的本性。

联军在北京城各自划分了势力范围，对紫禁城却相约不与占领。也就是说，依然承认清朝政府。八国联军攻入北京后，清廷已是一具无力反抗的躯壳，列强要想瓜分易如反掌。为什么他们没有这样做呢？因为如野火般蔓延的义和团，使他们不得不对瓜分后的前景望而生畏。在太平天国战争以前，西方列强还视清廷为障碍，后来他们发现清廷原来是一堵墙，有了这堵墙，他们反倒可以避免风雨的侵袭，获取更多的在华利益。

正如曾任江西巡抚的刘坤一所言：“洋人所重者利，所畏者民……自知非仗朝命，无以制中国之民，图中国之利。”

清朝政府也确实没有让他们失望。逃到西安的慈禧命奕劻、李鸿章为全权大臣向西方列强乞和，对本来按她的命令与洋人为敌的义和团痛加剿除，惩办了全部主战官员，拆除了大沽到北京沿线的所有炮台，赔偿了四亿五千万两白银，发布上谕，要“量中华之物力，结与国之欢心”。在西安惶惶不可终日的慈禧接到奏报，得知丧权辱国的《辛丑条约》内容时，竟然龙颜大悦。因为这个条约尽管为任何一个主权国家所不容，但是没有把她作为庚子之乱的罪魁祸首加以惩戒。她心里明镜儿一样，是她下旨向西方十一国宣战，是她下令围攻外国驻华使馆和商社，如果要惩治动乱祸首，她自然首当其冲。她在西安终日郁郁寡欢、寝食难安，就是怕洋人盯住她的脑袋不放。现在好了，人家依然承认她的实际统治地位，有这一条就足够了。赔4.5亿两白银算什么？在京城圈定国中之国算什么？自北京至山海关沿铁路重要地区的十二个地方驻扎外国军队算什么？或杀，或流放，或撤职当初主战的一百多名王公大臣算什么？清政府分派亲王、大臣赴德、日两国“谢罪”算什么？只要不动我老佛爷的项上人头，能让我继续执掌权柄就行！

其实，联军在确定需要惩处的清朝官员名单时，慈禧确实名列榜首。议和的李鸿章当然不干，这是他必须坚守的底线。

联军的将领们经过反复权衡，也认为李鸿章的意见不无道理，时下只有慈禧可以稳定清朝局面，更好地为列强服务。于是在最后把她剔除了，却把瑞亲王载漪列入。载漪何许人也？他的儿子已确立为皇位继承人，位置至尊至贵，可慈禧看了奔儿都没打一个就欣然接受了。只要不要我的命别的一概好说，载漪之子的储君位置自然就吹灯拔蜡了。连拦住她投河的那个辅国公载澜，因为执行她的命令率兵攻打过教堂，也遵照洋人要求，被她一道谕旨发配到新疆永远监禁不复录用。

西逃时慈禧只能坐马车，一路颠颠簸簸，被晃得晕头转向。而且西北大地哀嚎遍野，她有再多的钱财也买不到果腹的食物，竟然用昂贵的翡翠首饰换取过乞丐手里的窝窝头。出恭时连手纸都缺少，有时只能用几片树叶草草了事。1901年9月，丧权辱国的《辛丑条约》安抚了各国列强，在北京一应事务被妥善打点后，漂泊近一年的慈禧和光绪准备回銮。

这次返京，沿途修建了多处行宫和驿站；所经之路黄土铺路、清水净街，地方官员为巴结她，在接待上竭尽奢华。从保定到北京的一段路，她乘坐的是卢汉铁路公司提供的皇家专用銮驾车厢。虽然以前的老照片有些泛黄，但是这列皇家专列的奢华还依稀可见：金黄色的车厢外表，中间的厢窗泛着白色。车厢外侧还有代表九五之尊的腾龙雕刻纹案。宝座设在宽敞的车厢中部，内壁上挂着皇族专用的丝毯，呈耀眼的金黄色。宝座是宽座的黄绒沙发，上面铺着珍贵的白狐裘皮。宝座后方是一面很大的镜子，上面雕有两条威武的五爪龙。地上铺着当时欧洲贵族中最流行的深红花地毯。当时正值严冬，宝座前面有一个很大的烤火盆。该公司被比利时控制，所以提供奢华的皇家车厢，是想获得在中国修建铁路的权限。

本来用不了一个月的路程，慈禧一路游山玩水竟耗时90多天。其排场和阵仗，那里像一个西逃的"农妇"返京，分明是凯旋的天子回銮。她是刻意为之，她没有战胜任何人，她回来了就是胜利。官员与民众对她的毕恭毕敬、诚恐诚惶与她西逃前没有什么两样，这足以证明，她的权威没人可以挑战。她需要用这一点震慑她的臣民，也需要用这一点向西方刷新自己的存在感。西方诸国也真的暗自窃喜，没有把慈禧当做头号战犯加以惩处。他们惊讶地看到，上百名主战的王公大臣或杀或贬，古老的中国波澜不兴：而一个老太婆逃难回京，却可以惊天动地。

当然，慈禧是很记打的。得到西方列强"恩准"回京后，她看到颐和园虽然被洗劫一空，但毕竟没有像上次一样付之一炬，内心竟是一阵窃喜。抓紧修复后，老太婆把颐和园变成了媚外的重要场所。不仅设西餐、奏西乐，家具也是一水儿西洋风格。每到春暖花开的季节，这位本来极端仇视西方、曾下令攻打各国驻华使馆的皇太后，必设宴招待各国使节和他们的夫人，满脸堆笑的陪他们赏花、游湖，还颇为感慨地说："外人皆极尽情理，从前大臣不让我见他们，使早能如此，必无庚子之祸。"

1908年春夏之交的北京。蓝天如洗、百花盛开。

碧波荡漾的昆明湖畔，正在举行一场隆重的下水仪式。在西洋乐队奏响的鼓号声中，一艘造型优美、装饰华贵的皇家游艇徐徐下水。身着官服的清朝高管们一个个拍手相庆，他们称颂老佛爷宏德齐天，感叹大清朝威服四海。在众人的叩拜和称颂中，慈禧从座椅上站起来，由太监搀扶着走上游艇。马达启动，游艇剪开一路水花驶向湖心。

这艘被慈禧命名为"永和号"的游艇是日本政府所赠。原来，日俄两国为了各自在辽东半岛和朝鲜的利益，刚刚在中国的东北地区展开了一场大战。精壮的男人被日俄两国掳去成为劳役，在战场上死于非命；数不清的妇女、儿童和老人则在隆隆的炮声中成为战争冤魂。令人惊诧的是，清政府面对这样一场严重侵犯国家主权，给中国人民带来巨大灾难的战争竟宣布保持中立，还私下里支援了日本一批制盐。为表达对慈禧的谢意，日本政府特意让神户造船厂赶制了这艘游艇。

此时，距八国联军攻入北京，日军把颐和园当成临时兵营刚刚过去了6年。昆明湖中还有当年死去的冤魂；万寿山上还有当年留下的弹孔。

侧影（7）：最后一道挽幛

1901年，慈禧在晚清的政治赌盘上，投下了她人生的最后一注筹码：变法。

慈禧这时候提出变法，一是为了在西方列强面前进一步刷存在感，把自己打扮成主张变法、实行新政的旗手；二是为了应对国内危机。因为《辛丑条约》的签订，使神州大地到处埋伏着待燃的火种，不但下层百姓对腐朽的清王朝已充满绝望情绪，上层社会的士绅、商人、中小地主和新兴的资产阶级，对于清朝政权的不信任感也空前增长。慈禧必须做做样子，让人们感到这个政权在弃旧图新、中兴有望。

还没有离开西安时，慈禧就以自己的名义发布文告，赌咒发誓："变法一事，关系甚重，朝廷立意坚定，志在必行；唯有变法自强，舍此更无他策。"回到北京后，她让皇上立马接见各国公使；自个儿则在颐和园与公使夫人套磁。以前因为觐见礼仪，接见外国使节和夫人是一件长期引发麻烦的事。慈禧所以一改祖制，采取了很多新派做法，就是要向西方诸国表明：她的政权并非顽固守旧，而是能够顺应列强需要。西方诸国也乐观其成，因为这个老太婆所说的变法自强，不过是重弹洋务派老调而已。

慈禧要变法，有一个绕不过的坎儿：怎样为自己正名。当初，她诛杀六君子、囚禁光绪帝，理由就是光绪推行的变法乃首倡邪说，惑世诬民。如今她变法的内容较之更甚，怎么办？这当然难不住慈禧。在宣布要变法的上谕中，她一锤定音画了条线："康逆之谈新法，乃乱法也，非变法也。"

结论有了，论据何在？那就不必说了，权力就是这么任性。

清政府真能实行富国强民的变法吗？庚子之乱前，英国传教士李提摩太曾经向李鸿章提议，政府应该拿出100万两白银投资教育。李摇摇头说，政府拿不出这么多钱。李提摩太急了，双肩一耸，摊开双手说："这是种子钱，将来会有百倍的回报。"李鸿章盯着李提摩太的蓝眼睛问：什么时候能看到回报？李提摩太回答：大概需要20年。李鸿章自嘲地一笑：我们可等不了那么久。就是这个李中堂，死后留给子孙的财产多达四千多万两白银。要知道，当年康熙盛世留给雍正朝的国库存银不过八百万两，只相当于李中堂私人财产的五分之一，说李中堂富可敌国绝非诳语。中国历代王朝中，明清两代的官员俸禄较低，康熙年间，一个总督的年俸不过一百六十两银子。李鸿章虽然官居极品，但朝廷给他发的工资和各种补贴加一起，也不及这个数字的零头。钱哪来的？无非是公器私用、权钱交易所得。可是当国家需要区区一百万两白银投资教育时，他摇摇头，一句话就给否决了。清朝权贵集团处事皆以自身利益为核心，触碰了这条底线，什么样的改革也不可能推行下去。

慈禧在1906年宣布预备立宪时是有私心的：她列出了一个为期9年的时间表。今日慈禧的拥趸哀叹，如果她不是在公布时间表后溘然长逝，中国很有可能将成为日本、英国那样的君主立宪国家，民主宪政的曙光早就照耀中国了。这实在天真的可爱。切莫忘了，慈禧提出君主立宪时已经七十二岁，人生七十古来稀，在医学不发达的近代中国已属高寿。慈禧自知不可能老而不死，即便活过八十岁，年老体衰、精力不济，她还会醉心于权力场上的游戏吗？所以，她列出九年的时间表，并不是从国家、民族大义出发，是在打着自己的小算盘：在可以预见的有生之年，继续享受独裁和专制带给她的精神快感。

慈禧的任性，还可以通过一件小事有所体察。1904年慈禧太后废除了科举制度，在最后一届殿试中，她御览由八位阅卷大臣呈送的原案，发现殿试第一名的状元叫朱汝珍，不由皱了皱眉，拿起朱笔，将状元和榜眼调了个个儿。并非是这个朱汝珍的试卷有什么问题，只因他是广东人，洪秀全、康有为、孙中山都是广东人，西太后最讨厌广东人。而且，这个状元的名字中有个珍字，容易让人联想起被她推入井中的珍妃。朱汝珍做梦也想不到，他会因为这样匪夷所思的原因，与状元失之交臂。

由这样一批自私、狭隘，没有世界目光的人主导改革，能够成功才怪。

　　变法的指挥部一直设在颐和园。慈禧先是以庆亲王奕劻、大学生李鸿章组成"督办政务处"；成立商部，改革军制，又在科举考试中废除了八股文，再下令把各地原有的书院改成学堂，要求各省设大学堂，各府设中学堂，各县设小学堂。接着又命令各省选派学生，用官费送到外国留学。这些新政大都是百日维新中光绪皇帝明令提倡，政变后被慈禧太后扼杀过的。至于要各省派遣留学生，这是在百日维新中还没有正式提出的过的办法。

　　事情的诡异在于，同样的事情由光绪提出，就是祸国殃民、大逆不道，由她提出甚至有过之而无不及，则变成了"变通政治，力图自强"。其实，甲午战败后，明晓厉害、精于权术的慈禧就明白了，大清朝不变法将社稷难保，关键是由谁主持变法。百日维新时，慈禧因为甲午战败，政治声誉受到影响；又置身于一个动辄祖制、有着排斥"女主"政治传统的朝代，不得不离开了权力中心。她是一个政治上的功利主义者，对权力有着近乎病态的迷恋。颐和园的山光水色根本无法令她开心，她在昆明湖畔漫步，在万寿山上观景，但是她的心始终在朝堂之上。一有机会，肯定要夺回梦寐以求的权力。

　　几经犹豫，慈禧决定接受到国外"考察政治"归来的大臣建议：由清朝政府颁布宪法，实行君主立宪。这可真是一个石破天惊的改革，慈禧为什么接受了呢？她并不是要顺应时代潮流，而是为了抵制革命。在颐和园听取考察归来的大臣汇报时，这个老太婆实实在在被惊出了一身冷汗。使臣告诉她，革命党影响之大已令人震惊，孙文的反清演说听众动辄数千人，会场上群情激奋、互动热烈。革命党人发行的报纸印数几万，所到之处皆被抢购一空，人心思变成为潮流，只靠镇压已无济于事，要另辟蹊径才能消除统治危机。什么蹊径？宣布实行立宪，"于政治上导以新希望"，以达到"解散乱党"之目的。

1906年9月1日慈禧在颐和园宣布预备立宪，不久颁布上谕要改革官制。这是改革的"深水区"，最容易触及各方利益。它的推出必须要有相互制衡的机制和出于公心的议事机构。慈禧让袁世凯主导这个官制改革方案，而此时的袁世凯，已经接任了李鸿章死后留下的空缺，成了朝廷重臣，权力和野心在同步膨胀。这个方案的核心是，以责任内阁取代军机处。袁世凯与他的政治盟友、庆亲王奕劻谋定，由奕出任未来的内阁总理大臣，他任副职。内阁总理大臣和副总理大臣代替皇帝行使权力。皇帝发布的谕旨，未经内阁副署则不发生效力，袁氏几乎对自己的野心毫不掩饰。一时，朝廷震动、谤语如潮，就连一些汉臣也接连上折慈禧，指斥袁世凯的责任内阁实际上就是袁氏专权，庆亲王奕劻将徒有其名，权力必集中于权高位重的袁氏之手，不过是军机处换了一块责任内阁的牌子而已。因为西方的责任内阁，有议院的监督、限制，难以专权。而袁氏炮制的这个官制改革方案，根本没有议院什么事儿。代行皇权的责任内阁即不对皇上负责，也不对议院负责，袁世凯不是掌握了中枢实权吗？

这当然不是慈禧愿意看到的，她的君主立宪是为了消除内忧外患，以使"皇位永固"。1907年开始筹建资政院，从人员构成、议事内容和程序看，要完全受制于皇帝；这之后颁布的《钦定宪法大纲》23条，"君上大权"就有14条，规定皇帝有权颁行法律、黜陟百司、设官制禄、宣战议和、解散议院、统帅海陆军、总揽司法权等，还是典型的皇权专制。

初秋的颐和园，黄菊绽开、枫叶如火。慈禧居住的长寿宫，每天都有人去上折、哭诉，闹得慈禧寝食难安。她的改革本来就是想比划比划，向洋人刷一刷自己的存在感，没承想演变成了一场争夺权力的官场闹剧，真是让慈禧不胜其烦。她发牢骚说，我如此为难，真不如跳进昆明湖死了干净。说这话的慈禧当然是矫情，所谓得了便宜卖乖。一拨拨的王公大臣求见她，进言或者哭诉都不重要，重要的是恰到好处地满足了慈禧行使权力的心理需求。如果门庭冷落，她或许才会有跳河寻死的心呢。烦是事实，累也是事实，但另一个不争的事实是：烦、累并愉悦着。

推行改革，肯定要触及权贵利益。百日维新和慈禧主导的新政，是历史留给清政府的两次自我重生机会。遗憾的是，对体制内真正主张变革的人，清廷不惜用最激烈的手段进行清洗和镇压。它的腐败和愚昧就在于，只要权贵利益稍一受损必全力反对，完全缺乏战略眼光做整体的权衡，从而使社会变革的责任历史落在了体制外的人身上。以强力摧毁旧国家机器的革命，一般都会伴随腥风血雨，非忍无可忍，没有人愿意铤而走险。孙中山是坚定的资产阶级革命派，组织过多次推翻清王朝的武装暴动。1895年以推翻清王朝为目的的广州起义失败后，他和参加起义的战友被视为毒蛇猛兽，听到的全是赌咒和谩骂；而1900年惠州起义失败后，却赢得了广泛的惋惜和同情，直到辛亥革命一声枪响，结束了统治中国两千多年的封建帝制。不过，最早孙中山也曾写信给李鸿章希望改革，被置之不理才走上了武装推翻清王朝的革命道路。有人说辛亥革命是清王朝一再拒绝改革逼出来的，确是诛心之论。

其实，西方列强也并不真愿意看到中国完成民主宪政。他们对维新派的声援，也是从自身利益出发，其标准是对在华利益有益还是有害。日本、法国都曾对孙中山的革命活动表示出兴趣，但是当清朝政府提出异议时，日本政府就不准孙中山滞留日本，法国也把孙中山逐出了越南。孙中山虽然在英国和美国不乏友人，但是他的革命活动却很少得到同英国、美国官方接近的人的赞助。因为英国和美国政府觉得，保持在清朝统治下的中国现状，或许对他们最为有利。所以对百日维新和慈禧改革持赞同态度，是因为这种改革不过是洋务运动的翻版：

"中学为体，西学为用"。通商、做买卖、有大把的银子进账，有什么不好呢？这种改革并不能使睡狮觉醒、卧龙飞天，而且可以使他们的在华利益进一步扩大。经过传教士李提摩太等人的游说，美、英等国在庚子之乱后获得的战争赔款，又有相当一部分回流中国，建立了诸多大学，大力发展了近代中国开启民智的现代文明教育。他们认为，发生在庚子年的义和团运动，正是由于民众的愚昧与无知所致，而扫除愚昧与无知的最好办法只有教育。他们不希望在获取中国的利益时，这种盲目的排外情绪再一次野蛮宣泄。

慈禧的新政，本想为大清献上一桌丰盛的佳肴，以挽救这具随时会倒毙的政治僵尸；一些举措也值得称道，比如满汉可以通婚、废除科举、禁吸鸦片等等，但对于一艘已经四处漏水的沉船，几只沙袋怎么能够阻止其倾覆？为支付巨额的庚子赔款，朝廷对原有的赋税加码征收，新创的杂税又层出不穷；各省官吏大肆贪污中饱私囊，并以筹款办理新政的名义自行增加捐税。底层百姓苦不堪言，对所谓新政日趋绝望。这次改革，成了行将就木的大清国最后一道挽幛。

临湖依山的乐寿堂，是慈禧在颐和园的寝宫。我去的时候，玉兰、海棠和牡丹竞相绽放，满庭花香。慈禧当年种下这三种花儿，是取"玉堂富贵"之意。如今花香依旧，做为一种政治理想，老佛爷企盼的"玉堂富贵"却永远成了泡影。

伴随她撒手人寰，那一道挽幛终于挂在了残喘待终的大清灵前。

我在颐和园行走。红衣白帽的导游举着小旗，引领一群外国游客参观玉澜堂。她说百日维新失败后，光绪皇帝长期囚禁于此，郁郁寡欢、百无聊赖，只能靠敲击木鼓消磨时光。

老外有些惊诧。导游小姐说得不错，光绪是京剧票友，曾为"亲爸爸"上台助兴，如同乾隆皇帝当年为孝圣宪皇太后登台献艺。只不过，乾隆玩票，是母慈子孝的佳话；光绪击鼓，则是迫于慈禧淫威的讨好献媚之举。慈禧重新训政后，用砖砌死通道，小庭幽院，便映衬了光绪生命的全部投影。头上，只有一方蓝天；脚下，不过百尺青砖。陪伴青年皇帝的是冬天的飞雪、秋日的落红，心中的郁闷与说不尽的幽怨。

距一个王朝的落幕已逾百年。日月轮转、山河变换，我的耳畔仿佛又响起了那孤寂、凄婉的击鼓声。它从历史的迷雾中传来，一声声，如诉如泣，倾诉着王朝更替的真相；一阵阵，唏嘘忧婉，感叹着世道人心的变迁……

完稿于2019年4月10号·三亚

定稿于2019年5月18号·北京

后记：谢谢你给我的爱

　　后记，一般与文集有关，比如选编的原则、文章的体例、写作的得失等。我原本也打算这样写，可是无意中看到朋友圈一个链接：《像努力站立的你致敬》。文章记述了一个叫蒋萌的男孩儿挑战残疾，自学成才的故事。这使我想起了第一次见到蒋萌的情景：40年前的一个傍晚，我敲开了人民日报编辑蒋元明的家门，那时牙牙学语的蒋萌还坐在床上。我没有想到，他以后的人生会那么坎坷；更没有想到，总是一脸阳光的元明兄竟然经历了那么沉重的人生压力。

　　认识元明兄40年了。那时候，我刚调入中国青年出版社，性格内向，除非工作需要，很少攀附文坛的名人大咖。元明兄虽然只年长我几岁，杂文却已写得风生水起，在当时文坛很有一些名声。可不知为什么，一向对名人敬而远之的我和他却一见如故。每次见面都会开几句玩笑，甚至会轻叩其头，以示熟络和亲近。而名声和位置远在我之上的元明兄，也从来不装腔作势、居高临下，谈谈写作、唠唠家常，随意得很。那次冒昧造访，就是元明兄要为尚未婚配的我做红娘。

那时我在写作上刚刚学步，大约是八十年代初，突然接到元明兄电话，约我写一篇纪念孙中山先生的杂文。我受宠若惊，稿子寄出后心里没底，担心文字稚嫩而有负他的期许，忍不住打电话要撤回稿件。没想到元明兄听我说了缘由，只风轻云淡地回了一句：稿子已经上版，明天见报。这使我备受鼓舞，又不断寄给了他一些习作。散文《明天不封阳台》经他手编发后，先后被收入苏教版的初二语文课本和香港的中学语文教材。前不久见到元明兄说起此事，他一脸懵懂，居然已经忘得一干二净。他就是这样一个人，从来不记挂对别人的帮助。回想起来，自那篇纪念中山先生的杂文《望各自爱 以继余志》发表以来，我先后与《人民日报》文艺部的石英、郭运德、王必胜、徐怀谦等多位编辑打过交道，深感这种真诚待人的作风被一直传承了下来。或许是年龄差距较大吧，现任"大地"主编董宏君及编辑王子潇，学养丰厚、为人正派，对我这样一个退休老头更是谦逊有礼，表现出了极好的职业素养。和他们接触，让我常常觉得如沐春风。

我很庆幸，接触过的编辑基本是学问和德性俱佳的人。迄今为止，我已经发表了各种体裁的文学作品近500万字，这里面有我付出的劳作，也浸透着编辑的心血。我在《人民文学》发表过几部中篇报告文学，均系韩作荣邀约。其中的《世纪之泣：艾滋病的现状、未来与思考》《败军之帅：记国家女排前主教练栗晓峰》在当时属于敏感题材，因涉及诸多人事，需要承担一定风险。听《人民文学》的朋友后来告诉我，老韩编发这两篇文章是承担了压力的，可他没有向我吐露过一个字，我们成为同事后也从未提及。如今老韩英年早逝，追忆起他当年对我的帮助，思念之情便如泉水般喷涌。韩小蕙与我同龄，散文写得极好，收放自如、张弛有度，字里行间有金戈铁马之声，却无矫揉造作之态。我们很早就相识，她在任《光明日报》副刊主编时，给了我许多支持。特别令我感动的是，她退休时主动引荐我认识了报社两名优秀的青年编辑：饶翔和赵玙。这两位年轻人待人诚恳，工作上认真负责、谦逊谨慎，全然没有大报编辑的冷傲与偏执。还有刘茵大姐，我在《当代》和《中华文学选刊》上刊发的作品都是她经手编发的，某年全国报告文学评奖，做为评委的她特意打来电话，让我把正在《南方周末》连载的《洋行里的中国女雇员》复印若干给她，因为她觉得参评的有些作品还不如这一篇。我婉拒了大姐的好意，但永远铭记了她的这一份情谊。我们的交往淡如白水，刘茵大姐生前从未喝过我的一杯清茶。此刻，我谨以虔诚的心态，采秋菊一朵遥祭于大姐灵前。

　　我的写作大体分为两个时期：一是20世纪八九十年代。那时候，初出茅庐、精力充沛，一篇五六万字的报告文学从采访到完成两三个月就可出手。当时《南方周末》销量巨大，在权延赤兄组的饭局上，我与该报副总编游雁凌相识。这是一条外表俊俏，性格豪放的好汉：疾恶如仇、直言快语。当晚他乘火车返穗，带走了我的中篇报告文学：《昨夜星辰：当代青年自杀备忘录》和《洋行里的中国女雇员》。没想到他很快打来电话，告之马上陆续连载。和游雁凌仅有两面之缘，听说他后来调离报社去某企业当老总了。日月轮转，倏忽之间已经过去了30多年，当年挥斥方遒的游总也该两鬓飘霜了吧？可记否在京城曾一醉方休；勿相忘，一个叫杜卫东的朋友一直在为你默默祝福。我更不会忘记柳萌先生对我的提携与帮助。20世纪80年代，他在《新观察》任杂文组长，编发过我多篇杂文，还向主编推荐了我的中篇纪实文学：《都市里的保姆世界》和《北京城的"吉普赛人"》，并破天荒地得以在这本极有影响力的杂志上连载。柳萌先生前年驾鹤西去，我再一次感到了失去亲人般的哀痛。直到今天，都不愿相信他已经与我们天人相隔。想写一篇追思他的文字，几次落笔均难以成文。亲爱的兄长，对你的思念已经深植于心，终有一天会变为血泪凝成的祭文。回想起来，那一时期给予我帮助的编辑实在太多了。肖关鸿和许锦根，两位有情有义的上海男人，分别主持《文汇报》的"笔会"和《解放日报》的"朝花"。印象中，我投寄给他们的散文和杂文，每每寄出不久便会收到编排精美的样报。如今两位兄长该年届古稀了吧？失联虽久，但你们的真情厚谊，我一刻也未曾忘怀。

我写作的第二个高峰期是退休至今。1997年调入中国作家协会后，我的写作基本处于休眠状态。退休5年，发表了近200万字作品，字数几乎赶上了退休前30多年的总和。这首先要感谢艾克拜尔。临近退休时艾总问我有什么打算？我说写长篇。他立即说，写好后可以给《中国作家》。我把厚厚一摞《江河水》的稿件放在他的案头时没抱什么希望，70多万字的长篇，想在期刊上发表实在太难了。没过多久，我接到了《中国作家》编辑部主任陈亚军的电话，马上预感《江河水》将被刊用。果然，漂亮而能干的亚军告诉我，她和责编俞胜读过《江河水》，评价很高。艾克主编听了汇报当即拍板，马上撤换稿件分两期全文刊发。我还要感谢光明日报出版社的资深编辑谢香。我们同赴贵州参加文学活动，回京后我根据参观的见闻写了一篇历史文化散文：《目光》。承蒙饶翔不弃，在《光明日报》以整版推出。谢香说，她就是看到这篇散文后决定向我组稿。经她手，我在光明日报出版社接连出版了散文集、长篇小说和近100万字的《江河水》电视剧本。在纸版书极不景气的当下，她在2年中出版了我3部并不赚钱的书。她说，她看中的是我作品中的清新浩然之气，真是令我感动。而聪慧精干的彭诚则是我心中的侠女，她毕业于北大中文系，学识广博、待人真诚，寄给她的短文编发之快每每令我感叹，我的两部长篇小说也是经她手得以在检察日报连载。如今她上调最高检察院影视中心，这样一位德艺双馨的编辑，无论从事什么行业都可以活出一份人生的精彩。还有杨晓声、任健、宁新路、朱小平和华静，退休后，他们对我的写作都给予了真诚的帮助。我们之间的交往没有世俗与功利，只有彼此的认同和欣赏。

往事并不如烟。并非过去了的都了无痕迹，一些人或事如同金色的书签，会永远镶嵌在生命的册页中。40年间，许多编辑成了挚友，也有一些编辑从未谋面或忘记了名字，但是你曾经的一个微笑或一句问候，常常会走进我的回忆，成为我生命中一道美丽的风景。我本想逐一列出你们的名字，于是悉心在记忆的屏幕上搜索，发现那竟是一个难以穷尽的名单。我只能把你们储存在心灵的圣殿，时时接受我真诚的祝福。

借用一句歌词：谢谢你给我的爱，今生今世我不忘怀。

图书在版编目（CIP）数据

陶人：远古之神 / 杜卫东著 . —北京：民主与建
设出版社，2019.9
（名家散文自选集）
ISBN 978-7-5139-2630-0

Ⅰ . ①陶… Ⅱ . ①杜… Ⅲ . ①中国文学—当代文学—
作品综合集 Ⅳ . ① I217.2

中国版本图书馆 CIP 数据核字（2019）第 191079 号

陶人：远古之神
TAORENYUANGUZHISHEN

出 版 人	李声笑
总 策 划	李继勇
著 者	杜卫东
责任编辑	刘树民
封面设计	宋双成
出版发行	民主与建设出版社有限责任公司
电 话	（010）59417747　59419778
社 址	北京市海淀区西三环中路 10 号望海楼 E 座 7 层
邮 编	100142
印 刷	三河市冠宏印刷装订有限公司
版 次	2019 年 10 月第 1 版
印 次	2019 年 10 月第 1 次印刷
开 本	787mm×960mm　1/16
印 张	25 印张
字 数	280 千字
书 号	ISBN 978-7-5139-2630-0
定 价	39.80 元

注：如有印、装质量问题，请与出版社联系。